财务与会计类应用型创新系列规划教材

U0738852

Auditing

# 审计学

主 编 尉玉芬
副主编 潘华萍 徐 兰

ZHEJIANG UNIVERSITY PRESS
浙江大学出版社
·杭州·

## 图书在版编目(CIP)数据

审计学 / 尉玉芬主编. — 杭州:浙江大学出版社,
2023.5
ISBN 978-7-308-23682-9

Ⅰ. ①审… Ⅱ. ①尉… Ⅲ. ①审计学 Ⅳ.
①F239.0

中国国家版本馆 CIP 数据核字(2023)第 066923 号

# 审 计 学
SHEN JI XUE

主　编　尉玉芬

副主编　潘华萍　徐兰

| | | |
|---|---|---|
| **策划编辑** | 柯华杰 | |
| **责任编辑** | 高士吟 | |
| **责任校对** | 郑成业 | |
| **封面设计** | 春天书装 | |
| **出版发行** | 浙江大学出版社 | |
| | (杭州市天目山路148号　邮政编码310007) | |
| | (网址:http://www.zjupress.com) | |
| **排　版** | 杭州朝曦图文设计有限公司 | |
| **印　刷** | 广东虎彩云印刷有限公司绍兴分公司 | |
| **开　本** | 787mm×1092mm　1/16 | |
| **印　张** | 14.25 | |
| **字　数** | 288千 | |
| **版 印 次** | 2023年5月第1版　2023年5月第1次印刷 | |
| **书　号** | ISBN 978-7-308-23682-9 | |
| **定　价** | 49.00元 | |

# 前　言

审计学的教材一直因概念抽象、行文晦涩、理论空洞、实操不易成为教与学的"天书"。但是如果找到规律,你会发现学习审计学其实并不困难,还很有趣。为此,本教材开发了一些独具特色的学习板块,帮助你快速掌握审计学的相关知识。

**学习目标:**通过知识、能力、价值3个维度帮助你明晰学习旅程的目的地。本教材结合应用型本科高校对实践能力的高标准,在学习目标设置上,注重能力目标的落地和可测量。与此同时,在知识和能力建构的基础上,实现"贯彻真实"的课程理想和"公正、法治、敬业、诚信"价值观的渗透。

**导入案例:**导入案例源于审计实务,最新前沿资讯折射实务痛点问题。聚焦痛点问题,激发深入探究的兴趣。

**二维码资源:**本教材将浙江省线上一流课程资源、团队教师的教学成果、校企合作成果等以二维码的形式嵌入,资源内容丰富、与时俱进,旨在打造"以学为中心"的多维立体学习共同体。

**本章小结:**本部分概述一章的主要观点,以帮助你预览和复习该章。建议你在阅读本章前先阅读"本章小结",以便对接下来所学的内容有所了解,然后在学完本章之后再重新阅读"本章小结",以便总结和巩固你刚刚学到的知识和技能。

**思考题:**本书每章都以提出一系列重要的问题开始,通过学习你将获得相关的方法来解决问题。在每章末,我们会提出思考的问题。解答每一个问题都需要你具有怀疑的态度和批判性的思维技巧。

最后,我们还有一个学习小建议:本教材运用大量案例来说明最重要的观点,但如果你在学习的时候能够自己举例,那么你会把这些知识掌握得更透彻。这个习惯将会使各种信息内化为你自己的知识。此外,你也可以登录"学银在线"平台(xueyinonline.com),获取审计学更多的学习资源。

祝愿大家在我们共同热爱的领域中拥有一次难忘的学习旅程。

# 目　录

# 第一章　初识审计

视频 1-1 审计学课程导学

## 【学习目标】

● 知识目标

简述审计的含义及构成要素。

区分审计的类别。

解释审计产生的动因。

列举会计师事务所不同的组织形式。

比较会计师事务所提供的鉴证业务和其他相关服务业务的区别。

● 能力目标

调查实务中会计师事务所的组织形式,比较不同组织形式的优缺点,提高信息整合能力。

调查实务中会计师事务所的不同业务形态,分析其特征,判断其分类,提高审计分析能力。

● 价值目标

通过实践调查,养成用证据说话的审计思维。

通过案例分析,洞悉审计的本质,理解审计在国家经济监督中的作用,增强经济监督的责任感和使命感。

通过了解审计发展史,尤其是中国审计发展史,牢记审计初心——贯彻真实。

简述成为一名审计师的必备条件,完善自身的职业规划。

## 【导入案例】

### 会计师事务所成"出报告平台"，做"卖章式"审计①

资料1-1 质量
检查典型案例

2022年12月23日，浙江省注册会计师协会发布《浙江省会计师事务所执业质量检查典型案例》，其中，"出报告平台"、"卖章式"审计以及阴阳审计报告成为典型现象。

（1）A所出卖资质，允许其他单位和个人以本所名义承办业务。为扩大事务所规模，A所与其他机构或个人合作，以返还高额提成方式招揽业务。A所大部分业务部门的负责人由外单位人员担任，且非注册会计师。他们自行承接业务，由外部团队编制审计报告和工作底稿后，送至A所出具报告，定期以咨询费、服务费发票报销的形式结算业务合作费。各业务部门"分灶吃饭"，拥有独立的银行账户，资金收支独立于A所，个别业务部门甚至拥有独立的税控分机，能单独开具发票、收款。

（2）B所与某县农业农村局签订农村集体经济审计服务合同，为该县农村集体经济组织出具审计报告384份，平均每份报告408.85元，存在以低于成本价承揽业务的违规情形。B事务所为承揽业务压低报价的行为，会引发行业低价恶性竞争。对事务所自身来讲，异常低价，难以覆盖审计成本，从业人员倾向于减少审计程序，甚至不执行审计程序，直接出具审计报告，审计质量无法保证。低价竞争会"累死自己"，"饿死同行"，也是"卖章式"审计现象的原因之一。

（3）C所提交给某国有资产监督管理办公室的审计报告意见类型为标准无保留意见，审计范围为：2019年12月31日合并及母公司资产负债表、2019年度合并及母公司利润表、合并及母公司现金流量表、合并及母公司所有者权益变动表。而审计底稿中存档的审计报告的意见类型为保留意见，审计范围为：2019年12月31日资产负债表、2019年度利润表、现金流量表及所有者权益变动表。这即是典型的阴阳审计报告。

导入案例中，会计师事务所置审计准则于不顾，铤而走险成为"出报告平台"，做"卖章式"审计。这引发我们思考：审计或审计报告有何价值？什么是审计？本章将从审计的含义与分类、审计的产生与发展、注册会计师行业发展现状这几个方面进行阐述，让您对审计有一个初步的了解。

---

① 资料来源：浙江省会计师事务所执业质量检查典型案例[EB/OL].(2022-12-23)[2023-01-15].https://www.zicpa.org.cn/NewsTrends/Announcement/23607233.html.

# 第一节 审计是什么

## 一、审计的含义

审计是由独立、专业人士(审计师)为确定和报告特定信息与既定标准之间的符合程度,而收集和评价有关这些信息的证据,并将其传达给利害关系人(信息使用者)的过程。审计的含义如图 1-1 所示。

视频 1-2 审计的定义

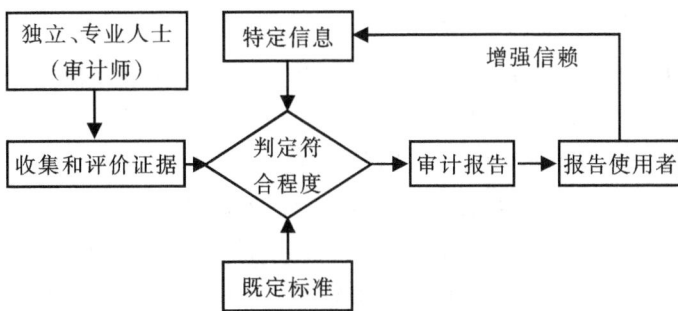

图 1-1 审计的含义

可以从以下几个方面理解审计的含义。

### (一)特定信息

要执行审计,必须存在可验证的特定信息。特定信息的存在形式是多种多样的,审计师通常对量化信息如财务报表、纳税申报表等进行审计,也对较为主观抽象的信息如计算机系统的效果以及生产经营效率等进行审计。

### (二)既定标准

用以评价特定信息的标准也根据被审特定信息的不同而不同。例如,财务报表审计所依据的标准可能是会计准则,内部控制审计所依据的标准可能是内部控制规范,纳税申报表审计所依据的标准可能是相关的税收法规。

### (三)收集和评价证据

证据是审计师用来确定被审计信息是否按照既定标准表述的所有资料。审计证据的形式多种多样,包括交易的电子和文件数据、与外部的书面和电子沟通、审计师的观察以及被审计对象的口头陈述等。获得充分、适当的审计证据对于实现审计目的是非常重要的。审计师必须确定所需证据的类型和数量,评价证据与既定标准是否相符。这是每一次审计的关键环节。

### (四)独立、专业人士

审计是一项非常专业的工作,涉及大量复杂的职业判断。一方面,审计师必须具备相应的专业胜任能力;另一方面,审计是一项需要公信力的第三方鉴证工作,必须秉承客观公正的原则,审计师应与被审计对象保持独立。合格的审计师应当满足专业胜任能力与独立性的统一,这样才能合理保证既能够有效发现问题又能如实揭示问题。

### (五)审计报告

审计过程的最后阶段就是编制审计报告。这是审计师向报告使用者传达审计结果的一种手段。预期使用者,是指预期使用或者依赖审计结果做出决策的各方。审计报告是向预期使用者传递信息的重要媒介之一,是审计的最终产品。

根据上述审计的定义,我们可以用以下定义来阐述财务报表审计。

财务报表审计是注册会计师对财务报表是否不存在重大错报提供合理保证,以积极方式提出审计意见,提高除管理层之外的预期使用者对财务报表信赖的程度。

可以从以下几个方面加以理解财务报表审计的含义。

(1)审计的目的是改善财务报表的质量或内涵,增强预期使用者对财务报表的信赖程度。

(2)审计的基础是独立性和专业性,通常由具备专业胜任能力和独立性的注册会计师来执行,注册会计师应当独立于被审计单位和预期使用者。

(3)审计的用户是财务报表的预期使用者,即审计可以有效满足财务报表预期使用者的需求,包括股东、债权人、监管机构等。例如,上市公司年报审计的预期使用者主要是上市公司股东;企业向银行贷款,银行要求企业提供一份能反映财务状况且经过注册会计师审计的财务报表,那么银行就是该审计报告的预期使用者。

(4)注册会计师应当提供合理保证,不能提供绝对保证。

--------

**【小贴士】**

(1)"合理保证"水平可以理解为低于百分之百但接近百分之百,也即注册会计师不能将审计风险降低至零。

（2）由于审计的固有限制，注册会计师据以得出结论和形成审计意见的大多数审计证据是说服性的而非结论性的，审计只能提供合理保证，不能提供绝对保证。

（5）审计的最终产品是审计报告。审计报告就是注册会计师传递给有关财务报表使用者的审计结果。

## 二、审计要素

本部分以注册会计师财务报表审计为例，介绍审计要素。

审计要素包括：审计业务的三方关系人、财务报表、财务报表编制基础、审计证据和审计报告。

视频 1-3 审计要素

### （一）审计业务的三方关系人

审计业务的三方关系人分别是指注册会计师、被审计单位管理层（责任方）和财务报表预期使用者。审计业务三方关系人之间的关系是：注册会计师对由被审计单位管理层（责任方）负责编制的财务报表实施审计工作，获取审计证据，形成审计结论，发表审计意见，以增强除管理层（责任方）之外的财务报表预期使用者对财务报表的信赖程度。

#### 1. 注册会计师

注册会计师是指取得注册会计师证书并在会计师事务所执业的人员，通常是指项目合伙人或项目组其他成员，有时也指其所在的会计师事务所。注册会计师的责任是按照审计准则的规定，对财务报表发表审计意见。注册会计师通过签署审计报告确认其责任。

#### 2. 被审计单位管理层（责任方）

被审计单位管理层是指对财务报表编制负责的组织或人员，即责任方。财务报表审计并不能减轻管理层或治理层的责任。

资料 1-2 会计证书的介绍
资料 1-3 管理层、治理层和注册会计师的责任区别

#### 3. 预期使用者

预期使用者是指预期使用审计报告和财务报表的组织或人员。预期使用者分为管理层和除管理层之外的预期使用者。预期使用者可能是特定的使用者，例如，用于申请政府补贴的专项审计报告的预期使用者为政府相关部门。若注册会计师无法识别使用审计报告的所有组织和人员，则预期使用者主要是指那些与财务报表有重要和共同利益的主要利益相关者。例如，在上市公司财务报表审计中，预期使用者主要是指上市公司全体股东。

**【小贴士】**

管理层与财务报表预期使用者可能是同一方,也可能不是同一方。例如,某公司同时设有董事会和监事会,监事会需要对董事会和管理层负责编制的财务报表进行监督。责任方和预期使用者虽然来自同一企业,但不是同一方。又如,一家企业的高层管理人员(预期使用者)可能聘请注册会计师对该企业的全资子公司管理层(责任方)直接负责的特定经营管理活动进行审计,但高层管理人员对全资子公司承担最终责任。责任方与预期使用者是同一方。

### (二)财务报表

财务报表审计中,审计对象是被审计单位的历史财务状况、经营成果和现金流量。审计对象信息,即财务状况、经营成果和现金流量的载体是财务报表。

### (三)财务报告编制基础

财务报告编制基础是财务报表审计中的标准。财务报表编制基础分为通用目的的编制基础和特殊目的的编制基础。通用目的的编制基础,旨在满足广大财务报表使用者共同的财务信息需求的财务报告编制基础,主要是指会计准则和会计制度。特殊目的的编制基础,旨在满足财务报表特定使用者对财务信息需求的财务报告编制基础,包括计税核算基础、监管机构的报告要求和合同的约定等。

### (四)审计证据

审计证据是指注册会计师为了得出审计结论和形成审计意见而使用的必要信息,包括会计记录中含有的信息和其他信息。

### (五)审计报告

注册会计师应当对财务报表在所有重大方面是否符合适当的财务报表编制基础,以书面报告的形式发表审计意见。

视频 1-4 审计的分类

## 三、审计的分类

### (一)按审计主体分类

审计主体是执行审计的一方。根据国内外审计的发展和现状,审计按其主体,可分为国家审计、注册会计师审计和内部审计。

国家审计(政府审计),是由国家审计机关依法独立对被审计单位的会计凭证、会计账簿、财务会计报告以及其他与财政收支、财务收支有关的资料和资产,监督财政收支、财务收支的真实性、合法性、效益性的行为。在我国,中华人民共和国审计署、各地的审计局、审计署派驻国务院各部门和各地的特派员办事处都属于国家审计机关。国家审计的特殊性在于它具有强制性。为了构建与国家治理体系和治理能力现代化相互适应的审计监督机制,国家审计的内容从基础性的预算执行审计逐渐扩展到决算草案审计、金融审计、社保资金审计、扶贫资金审计、资源环境审计、绩效审计、重大政策措施落实情况跟踪审计、经济责任审计等。

注册会计师审计(社会审计、民间审计、独立审计),是由民间审计组织(即会计师事务所这类非官方的审计机构)接受委托而实施的审计。注册会计师审计最大的特点在于由外部的独立审计人员执行并服务于与作为第三方的财务报表使用者(受托审计)。

内部审计,是由企事业单位内部相对独立的专职审计机构或职员,对本单位部门及其下属组织进行的审计。这种审计机构或人员,独立于财会部门,直接接受本部门、本单位董事会下设的审计委员会或本部门、本单位主要负责人的领导,依法对本部门、本单位及其下属单位的财务收支、经营管理活动及其经济效益进行内部审计监督。内部审计除了通常的财务审计外,还包括物资采购审计、建设项目审计、信息系统审计、内部控制审计、舞弊审计、绩效审计、经济责任审计等。

这三类审计既相互区别又彼此联系。如表1-1所示,这三类审计在审计主体、经费来源、审计权限、审计客体、审计目标和审计依据上存在差异。

表1-1　国家审计、注册会计师审计、内部审计的对比

| 类型 | 国家审计 | 注册会计师审计 | 内部审计 |
|---|---|---|---|
| 审计主体 | 国家审计机关与国家审计人员 | 会计师事务所与注册会计师 | 内部审计机构与内部审计人员 |
| 经费来源 | 预算 | 被审计单位 | 本单位预算 |
| 审计权限 | 除社会审计的权限外,还依法享有封存账册和资产权、通知有关单位制止违规行为权、审计结果通报与公告权、处理处罚权等。权限较大、权威性高 | 要求提供和报送资料权、检查数据资料权、调查取证权等。权限有限、权威性不高 | 与社会审计相同 |

续　表

| 审计客体 | 被审计单位的财政、财务收支,及依法规定的其他事项 | 被审计单位的财务报表 | 组织经营管理的各方面 |
|---|---|---|---|
| 审计目标 | 财政、财务收支的真实性、合法性和效益性 | 财务报表编制的合法性与公允性 | 经营管理的效率与效果 |
| 审计依据 | 《中华人民共和国审计法》《中华人民共和国国家审计准则》及其配套指南和解释 | 《中华人民共和国注册会计师法》《中国注册会计师执业准则》及其配套指南和解释 | 《审计署关于内部审计工作的规定》《中国内部审计准则》及其配套指南和解释 |

这三类审计之间的联系至少包括:其一,从基本属性看,三类审计均具有"审计"的基本属性,即为独立第三方的公正性工作。其二,从方法体系看,三类审计在整体审计流程、具体审计程序方面具有一致性或相似性。比如,三类审计的整体审计流程相似,均遵循计划审计工作、执行审计工作、完成审计工作以及出具审计报告等基本流程。其三,从战略协同看,三类审计各有侧重、相互配合。国家审计专注于行政事业单位和国有机构的法定监督,注册会计师审计专注于企业的外部监督,内部审计则定位于各类型组织的内部监督。三类审计分别从不同领域、不同层次构建起审计监督体系,共同推进国家治理体系和治理能力现代化。

### (二)按内容和目的分类

审计按内容和目的分类,可分为财务报表审计、合规性审计和经营审计。

财务报表审计是确定财务报表整体(被验证的信息)是否按照适用的标准进行编制并对此发表意见。它主要是对被审计单位的财务报表与会计资料进行审计。为确定财务报表是否按照适用的会计准则进行公允列报,审计人员应当收集证据以确定报表是否存在重大错报或其他错报。

合规性审计是指审计人员确定被审计单位在执行业务的过程中是否遵循了特定的法律、法规、程序或规则,或者是否遵守经营合同或财务报告的要求。合规性审计的既定标准有很多方面,其中最为普遍的应属于政府某机构的各种规章制度。例如,审计企业和个人是否按照税法及时申报纳税,或者检查企业的工薪率是否符合工薪法规定的最低限额等。

经营审计也称为管理审计或绩效审计,是审计人员为了评价被审计单位经营活动的效果和效率,而对其经营程序和方法进行的审计。它的审计内容是根据被审计单位的经营目标与制度,对被审计单位的内部控制制度、人事管理制度等方面的效果与效率进行考核

测试 1-1 即测即评

和评价并提出改进措施。例如,对快递公司寄发包裹过程中的效率、正确性及客户满意度进行评价。

# 第二节　我们为什么需要审计

## 一、审计产生的动因

老李投资了一家奶茶店,聘请财务管理班的张同学当店长,奶茶店全权委托给张同学管理。老李期望奶茶店的投资收益能跑得赢通货膨胀、跑得赢股市。张同学期望老李开的工资能达到星巴克店长的水平,上班时间短一些,可以请女朋友喝免费的奶茶。到年底时,张同学向老李汇报奶茶店的利润情况,老李可以相信张同学的汇报吗? 在此案例中,审计业务涉及三方关系人,包括审计委托人老李(通常是财务所有者)、被审计人奶茶店经理张同学(通常是财产的经营管理者)以及审计受托人(独立、专业的审计师),如图1-2所示。其审计关系可以描述为:审计委托人(所有者)老李委托被审计人(经营管理者)张同学管理其财产,被审计人经营管理所有者的财产并定期报告财产管理状况。这种委托代理关系是审计活动的基础关系。

可见,财产所有权与经营权分离后,由于财产所有者与经营管理者之间信息不对称,财产所有者通过委托审计的方式获得高透明度的信息。财产所有者需要审计,实质上是审计对经济活动进行鉴别证明的一种专业服务。

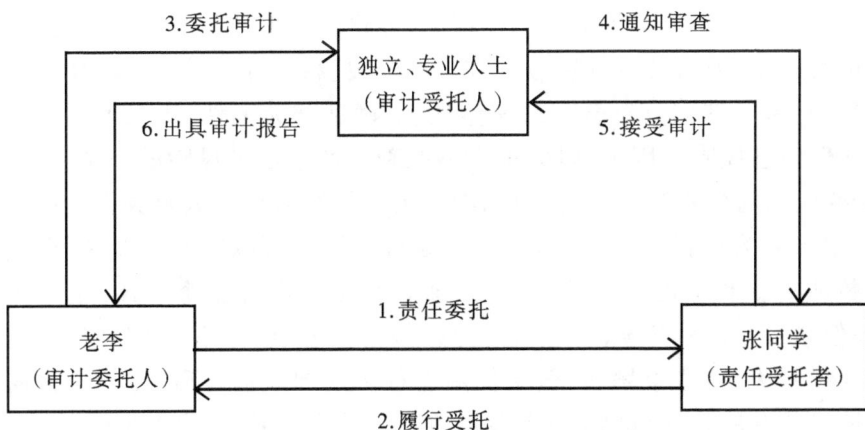

图1-2　审计中的三方关系人

基于上述逻辑,形成了关于审计动因的几种理论假说。

### 1. 监督假说

监督假说的理论基础是委托代理理论。委托代理的双方存在潜在的利益冲突,如果没有进行监督,追求个人利益最大化的代理人会耗费更多的资源去完成原本可以不需要耗费那么多资源就能完成的事情,从而资源的最优配置就无法实现。理性的投资者在对公司证券进行估值时,会将委托代理成本考虑进去,作为估值的减损项,从而导致股价的下降。因此,代理人存在动机去建立一种机制,以示对其自身的机会主义行为进行了约束,从而向投资者证明自己的行为是符合委托人的利益的。聘请独立的审计人员进行审计,就是这种自我约束机制之一。

### 2. 信息假说

该假说将审计视为一种降低信息风险的活动。基于此,该假说又分为信号传递理论和信息系统理论。信号传递理论认为,高素质的企业为了避免"柠檬市场"现象,就必须向市场传递高质量的财务信息。独立第三方所执行的审计可作为一种可信的信号,将其与低素质的企业区分开来。信息系统理论是随着会计信息决策有用观的出现而得到推行的,该理论强调审计的本质在于提高信息的可信性和决策的有用性。

例如,某银行向企业提供贷款时需要考虑的因素有:事实上银行确定贷款利率主要考虑的无风险利率、客户的经营风险和信息风险。信息风险反映的是制定经营决策所依据的信息不正确的可能性。随着社会经济环境日益复杂,决策者获得不可靠信息的概率与日俱增。例如,信息间接来自他人,或者信息提供者与信息使用者的目标不一致,都会增加信息故意或无意错报的可能性;大量或者复杂的交易使得产生错误信息的可能性提高了,并且错误信息有可能被大量信息掩盖而不易被发现。审计对无风险利率、客户的经营风险均无影响,但对信息风险有重大影响,因为已审信息含有这样一个假设:审计后的信息之所以适用于决策过程,是基于它们具有合理的完整性、准确性和无偏性,决策者利用已审信息可以降低信息风险。因为,财务报表不准确是产生信息风险的一个可能因素。假如,借款人的财务报表已经过审计,则会提升银行对借款人财务报表的信赖程度,从而银行认为存在的信息风险微小,银行的风险可以实质性地降低,进而借款人的整体借款利率也会降低。又如,某大型集团公司总计有100亿元的带息负债,即使该债务的利率降低1个百分点,每年也可节约1亿元的利息支出。随着企业规模扩大,业务量增多,信息使用者权衡成本效益之后,可能认为应对信息风险最好的办法就是简单地让其保持在一个合理高度。通过执行独立审计降低信息风险是一个可行的办法。随着社会经济的发展,信息使用者对降低信息风险的需求越来越大,例如财务报表是否有重大错报、内部控制是否有效、借款人是否遵守借款合同相关条款,甚至竞赛组织是否公平,网络服务是否具有私密性、安全性等方面，都可以通过审计来降低信息使用者使用相关信息做出决策的风险。

### 3. 保险假说

该假说认为，一旦企业经营失败，审计师很可能被起诉，这样就给投资者提供了一种保护措施。假如投资者是依据审计过的财务报表做出公司证券买卖决策的，并由此遭受了利益损失，法律上就提供了某种程度的针对审计师的追索权。因此，审计师可能给投资损失者提供一定的补偿。向审计师追索的成功与否以及金额多少取决于所执行的法律系统。但不论是在哪种观念下的法律系统中，审计总能为投资者提供一定程度的保险，从而在一定程度上补偿他们的损失。

视频 1-5　注册会计师的产生与发展

## 二、审计的产生和发展

英文中的"审计"（audit）一词源于拉丁文"听"的意思。审计的最初形态早在公元前就有所体现，当时已经出现专门的官员负责对其他官员向国王或皇帝的口头报告进行听证，以确定报告的准确性和真实性，这也是最早的国家审计。与国家审计和内部审计相比，注册会计师审计产生较晚，本节主要对注册会计师审计的起源和发展进行介绍。

### （一）西方注册会计师审计的产生与发展

在西方国家，注册会计师审计起源于意大利，形成于英国，发展于美国。

16世纪末期，意大利威尼斯出现了最早的合伙制企业，随着合伙制企业的不断壮大，部分合伙人没有时间或者精力参与企业管理，于是他们就委托其他合伙人管理合伙企业事务。没有参与管理的合伙人希望有一个独立的第三方对合伙企业的经营情况进行监督与检查。这就是早期的、处于萌芽状态的注册会计师审计。

现代意义上的注册会计师审计产生于英国。1720年，英国发生"南海公司事件"，为实施破产清算，英国议会委派会计师查尔斯·斯奈尔对南海公司的账目进行查核并出具了报告书。查尔斯·斯奈尔因此被公认为世界上第一位注册会计师。18世纪初期到19世纪中叶，产业革命的完成推动了资本主义商品经济的发展，在西方出现了股份公司。这一组织形式的出现，使得公司的所有权和经营权

资料 1-4　英国南海公司泡沫

分离，对经营管理人员进行监督很有必要。1844年，英国政府为了保护广大股票持有者的利益，颁布了《公司法》，规定股份公司必须设监察人，负责审查公司

账目。当时的监察人一般由股东担任,但股东大多并不熟悉会计业务和审查方法,难以有效监督。所以,1845年修订的《公司法》规定,股份有限公司可以聘请职业会计师协助办理此项业务。这一规定无疑对注册会计师审计的发展起到了推动作用。1853年,在苏格兰成立了爱丁堡会计师协会,该协会是世界上第一个执业会计师专业团体,它的成立标志着注册会计师审计职业的诞生。随后,英国的注册会计师审计队伍迅速扩大。但此时的英国注册会计师审计没有成套的方法和理论依据,只是出于查错纠弊的目的,对大量的账簿记录进行逐笔审查,即详细审计(账项基础审计)。

伴随英国的资本输出,英国注册会计师审计制度也开始向世界传播。美国南北战争结束后,英国巨额资本流入美国,起到了促进其经济发展的积极作用。为了保护广大投资者和债权人的利益,英国的执业会计师远涉重洋到美国开展注册会计师审计业务。与此同时,美国也很快形成了自己的注册会计师审计队伍。1887年,美国公共会计师协会成立。1917年,该协会更名为美国会计师协会。1957年,又改名为美国注册会计师协会(AICPA),成为世界上大型的注册会计师协会。20世纪初,受第二次工业革命的影响,美国逐渐成为世界经济的中心。为使银行做出正确的放贷决策,1909年,美国银行业协会决定对经过注册会计师资产负债表审计的贷款企业优先放贷。这标志着注册会计师行业开始从鉴证服务模式向增信服务模式拓展。资产负债表审计完全有别于早期的详细审计。首先,就审计目的而言,它不局限于查错纠弊,同时注重查证报表整体;其次,在审计方法上,从详细审计转向抽样审计,大大提高了审计效率,降低了审计成本。1929—1933年,美国发生经济大危机,大批企业倒闭,投资者和债权人对企业的关注从资产负债表逐渐转移至利润表。1933年和1934年,美国国会相继通过《联邦证券法案》和《联邦证券交易法案》,明确要求所有拟上市及上市公司必须向美国证券交易监督委员会提交经注册会计师审计的完整财务报表,并将注册会计师的职责从"资产负债表审计"扩充为"财务报表审计",要求注册会计师就上市公司是否按照统一的公认会计准则编制财务报表进行保证。美国的这一强制审计要求,促进了西方社会各阶层加速对会计准则、审计准则的研究。许多国家的会计职业团体制定和实施了会计准则和审计准则。这一阶段的审计特点是,注册会计师为提高审计效率,将审计的视角转向企业的管理制度,特别是会计信息赖以生成的内部控制制度,即根据内部控制制度完善与否决定审计工作的重点,即制度基础审计。

第二次世界大战后,跨国公司得到空前发展,这也带动了注册会计师的业务向世界范围扩展,形成了国际会计师事务所。这些国际会计师事务所,如普华永道、德勤、安永、毕马威,它们通过遍布世界各地的事务所,在国际经济活动中起着重要作用。与此同时,审计技术也在不断完善,抽样审计方法普遍运用,系统导向审计方法得到推广，审计准则逐步完善，审计理论体系开始建立，注册会计师服务范围扩大到代理纳税、代理记账等业务。20世纪60年代以后，科学技术飞跃进步，新技术和新方法成功运用于经济管理领域，给企业管理的各个方面带来了思想和观念的变革，也促进了审计技术的进步和管理咨询业务的发展。系统导向审计技术不断完善，不太成熟的风险导向审计技术开始运用到审计工作中。注册会计师的业务范围从传统审计项目拓展到管理咨询服务。注册会计师从适应公司管理手段的改变和改进经营管理的需要出发，开发了电子数据处理系统审计和计算机辅助审计技术，注册会计师在社会经济生活中发挥着巨大的作用。21世纪初，随着安然等一批美国公司财务丑闻的揭露及安达信国际会计师事务所的崩塌，美国实施了《萨班斯-奥克斯利法案》，强化了对公司内部控制的要求和对外部注册会计师的监管。为了适应这种形势，国际审计和保证委员会及美国等发达国家的职业会计师组织，修改了相关的审计准则，推行适合于揭露财务报表重大错报的经营风险导向审计，审计技术和方法不断科学化。

### （二）我国注册会计师审计的产生与发展

中国注册会计师审计的起源要晚于西方国家。我国注册会计师审计的发展大致经历了三个阶段。

第一阶段：起步阶段（20世纪初至1948年）。中国的注册会计师审计始于辛亥革命之后，当时一批爱国会计学者鉴于外国注册会计师包揽我国注册会计师业务的现实，为了维护民族利益与尊严，积极倡导创建中国的注册会计师职业。1918年9月，北洋政府农商部颁布了我国第一部注册会计师法规——《会计师暂行章程》，并于同年批准谢霖先生为中国的第一位注册会计师。1921年，谢霖先生创办了中国第一家会计师事务所——正则会计师事务所。此后，北洋政府又逐步批准了一批注册会计师，建立了一批会计师事务所，包括潘序伦会计师事务所（就是现在的立信会计师事务所的前身）。1930年，国民政府颁布了《会计师条例》，确立了会计师的法律地位。

第二阶段：探索阶段（1949年至2005年）。中华人民共和国成立初期，社会审计在经济恢复工作中发挥了积极的作用，但后来由于推行苏联式高度集中的计划经济模式，在较长时间内，社会审计制度退出了经济舞台。改革开放后，社会审计制度得以恢复。1980年12月，财政部颁布了《关于成立会计顾问处的暂行规定》，标志着我国的注册会计师制度进入了恢复起步阶段。1981年1月1日，我国恢复注册会计师审计制度后的第一家会计师事务所——上海会计师事务所成立。1986年，新中国第一部注册会计师法规——《中华人民共和国注册会计师条例》颁布。1988年，注册会计师的全国性职业组织中国注册会计师协会（以下简称"中注协"）成立，注册会计师制度开始进入全面发展的时代。1993

年10月,《中华人民共和国注册会计师法》(以下简称"《注册会计师法》")颁布,从此,我国注册会计师审计得到迅速发展。

第三阶段:国际趋同与快速发展阶段(2005年以后至今)。2006年,我国审计开始实现与国际审计准则趋同。2010年,我国对38项审计准则进行了修订。2016年12月,中注协修订印发《中国注册会计师审计准则第1504号——在审计报告中沟通关键审计事项》等12项审计准则。2019年4月,中注协修订了《中国注册会计师审计准则第1101号——注册会计师的总体目标和审计工作的基本要求》等18项审计准则。2020年12月,中注协修订了《会计师事务所质量管理准则第5101号——业务质量管理》等三项准则。2020年1月3日,中注协修订了《中国注册会计师审计准则第1211号——重大错报风险的识别和评估》等两项准则。

回顾中国注册会计师审计发展历程,既有历史的继承,也有时代的创新;既有凯歌前进中的胜利,也有遭遇挫折时的艰辛。总结经验,我们能得到一些历史启示:坚持党的领导是中国审计发展史的鲜明特征。习近平总书记指出:"国家治理体系和治理能力是一个国家的制度和制度执行能力的集中体现。"[①]注册会计师审计是国家治理体系的重要组成部分,只有适应信息技术的迅猛发展、不断更新审计理念和审计方法,才能更好发挥注册会计师审计在国家治理体系中的重要作用。

# 第三节　你想成为一名审计师吗

注册会计师审计连同国家审计、内部审计构成审计监督体系的"三驾马车",在国家经济监督体系中发挥着不可或缺的重要作用。中共中央提出了全面建成小康社会、全面深化改革、全面依法治国、全面从严治党的战略布局要求。"四个全面"对改进和完善国家经济监督体系、促进国家治理体系和治理能力现代化提出了更高要求,这离不开注册会计师审计的支持、配合和保障。本节以注册会计师审计行业为例介绍该行业的发展现状。

## 一、会计师事务所的发展现状

截至2022年9月末,我国共有会计师事务所9034家(含3家整改的会计师事务所),分所1275家(见表1-2)。全行业为全国5000多家上市公司、11000多家

---

① 习近平.习近平谈治国理政(第三卷)[M].北京:外文出版社,2020.

新三板企业和500多万家企事业单位提供审计鉴证和其他专业服务。总体而言,注册会计师行业持续健康发展,已成为我国社会主义市场经济的重要制度安排,国家治理体系的重要力量,财会监督的重要组成部分。

视频 1-6 会计师事务所的组织形式

表1-2　我国各组织形式会计师事务所的数量和占比

| 组织形式 | 数量/家 | 占比/% |
|---|---|---|
| 普通合伙所 | 5096 | 56.43 |
| 特殊普通合伙所 | 86 | 0.95 |
| 有限责任所 | 3833 | 42.44 |
| 个人独资所 | 16 | 0.18 |
| 合　计 | 9031 | 100 |

我国会计师事务所按组织形式可以分为普通合伙所、特殊普通合伙所、有限责任所和个人独资所(见表1-3)。

表1-3　我国会计师事务所的组织形式

| 组织形式 | 责任类型 |
|---|---|
| 普通合伙所 | 无限连带责任 |
| 特殊普通合伙所 | 无过失合伙人有限责、过失合伙人无限责任或无限连带责任 |
| 有限责任所 | 有限责任 |
| 个人独资所 | 无限责任 |

为促进会计师事务所做大做强,国家鼓励大中型会计师事务所采用特殊普通合伙组织形式。采用特殊普通合伙组织形式的会计师事务所,一个合伙人或者数个合伙人在执业活动中因故意或重大过失造成合伙企业债务的,应当承担无限责任或者无限连带责任,其他合伙人以其在合伙企业中的财产份额为限承担有限责任。合伙人在执业活动中因非故意或重大过失造成合伙企业债务以及合伙企业其他债务的,由全体合伙人承担无限连带责任。

## 二、会计师事务所的业务范围

视频 1-7 会计师事务所的业务范围

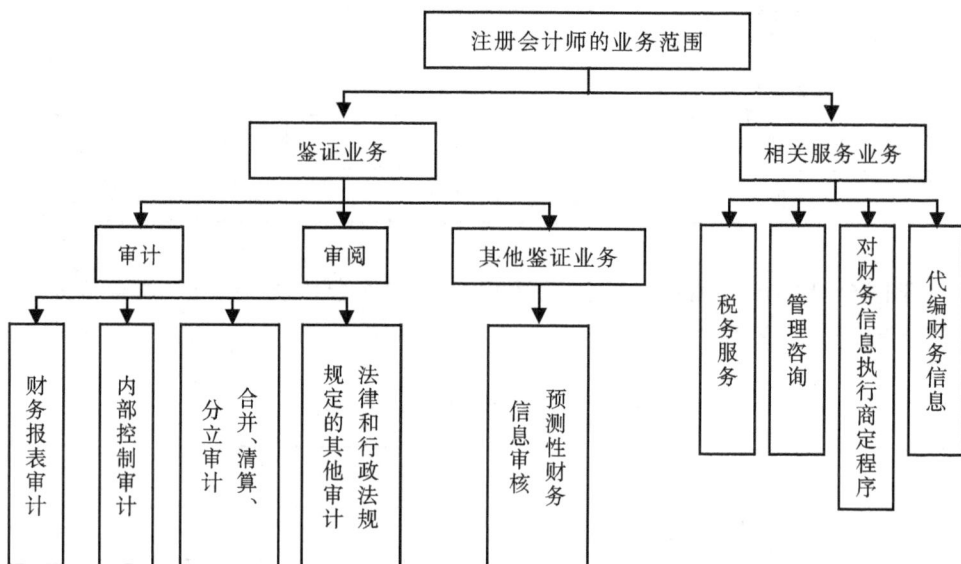

注册会计师的专业服务根据其是否提供保证划分为鉴证业务与相关服务业务(如图1-3所示)。鉴证业务包括审计、审阅和其他鉴证业务。相关服务业务包括税务服务、管理咨询、代编财务信息和对财务信息执行商定程序等。

图1-3 注册会计师业务范围

### (一)鉴证业务

鉴证业务是指注册会计师对鉴证对象信息提出结论,以增强除责任方之外的预期使用者对鉴证对象信息信赖程度的业务。鉴证业务旨在增进某一鉴证对象信息的可信性。

鉴证业务的保证程度分为合理保证和有限保证。合理保证,是指注册会计师在财务报表审计中提供的一种高水平但并非绝对的保证,这种保证程度低于100%,但通常高于90%。鉴证业务无法提供绝对保证的原因在于其本身的固有局限,具体包括:①鉴证对象信息的生成过程涉及大量的判断,其中包括一些主观性决策(如会计估计、会计政策选择);②注册会计师获取证据的能力,受到实务和法律上的限制,例如,注册会计师没有被授予特定的法律权利(如搜查权),被审计单位通过精心策划和蓄意实施舞弊进行隐瞒;③基于在合理的时间内以合理的成本完成审计的需要,要求处理所有可能存在的信息是不切实际的。

资料 1-5 中国注册会计师鉴证业务基本准则

### 1. 审计

审计属于合理保证(高水平保证)的鉴证业务,注册会计师将审计业务风险降至审计业务环境下可接受的低水平,以此作为以积极方式提出审计意见的基础。

【小贴士】

审计业务是法定业务,其他组织和个人不得承办。

### 2. 审阅

审阅属于有限保证(低于审计业务的保证水平)的鉴证业务,注册会计师将审阅业务风险降至审阅业务环境下可接受的水平,以此作为以消极方式提出审阅结论的基础。

以下分别以财务报表审计和财务报表审阅为例,两类鉴证业务的差异如表1-4所示。

资料 1-6 中国注册会计师审阅准则第2101号

表1-4 合理保证和有限保证鉴证业务的对比

| 业务类型 | 合理保证的鉴证业务（如财务报表审计） | 有限保证的鉴证业务（如财务报表审阅） |
|---|---|---|
| 鉴证业务目标 | 在可接受的低审计风险下,以积极方式对财务报表整体发表审计意见,提供高水平的保证 | 在可接受的审阅风险下,以消极方式对财务报表整体发表审阅意见,提供有意义水平的保证(低于审计业务的保证水平) |
| 证据收集程序 | 通过一个不断修正的、系统化的执业过程,获取充分、适当的证据,证据收集程序包括检查、观察、询问、函证、重新计算、重新执行、分析程序等 | 通过一个不断修正的、系统化的执业过程,获取充分、适当的证据,证据收集程序受到有意识的限制,主要采用询问和分析程序获取证据 |
| 所需证据数量 | 较多 | 较少 |
| 鉴证业务风险 | 较低 | 较高 |
| 鉴证对象信息的可信性 | 较高 | 较低 |

续　表

| 业务类型 | 合理保证的鉴证业务<br>（如财务报表审计） | 有限保证的鉴证业务<br>（如财务报表审阅） |
|---|---|---|
| 提出结论的方式 | 以积极的方式提出结论。例如："我们认为，ABC公司财务报表已按照企业会计准则的规定编制，在所有重大方面公允反映了ABC公司202×年12月31日的财务状况以及202×年度的经营成果和现金流量。" | 以消极的方式提出结论。例如："根据我们的审阅，我们没有注意到任何事项使我们相信，ABC公司财务报表没有按照企业会计准则的规定编制，未能在所有重大方面公允反映被审阅单位的财务状况、经营成果和现金流量。" |

### 3. 其他鉴证业务

其他鉴证业务是注册会计师执行的除审计和审阅业务以外的鉴证业务，根据鉴证业务的性质和业务约定的要求，其保证程度可能是合理保证，也可能是有限保证。

资料1-7 中国注册会计师其他鉴证业务准则第3101号和第3111号

### （二）相关服务业务

相关服务业务是非鉴证业务，包括对财务信息执行商定程序、代编财务信息、税务服务和管理咨询等。相关服务业务通常不像鉴证业务那样对注册会计师提出独立性要求。在提供相关服务时，注册会计师不能提供任何程度的保证。

#### 1. 税务服务

税务服务通常包括税务代理和税务筹划。会计师事务所的税务代理一般是帮助其审计客户和非审计客户编制公司和个人纳税申报表并办理纳税事项；税务筹划是会计师事务所，站在客户的角度，从客户的利益出发，根据纳税发生时间和范围等的不同，为客户制定不同的纳税方案。这些方案通常都是在符合相关法律法规的前提下，能够使客户尽量少缴纳税金的方案。

资料1-8 中国注册会计师相关服务准则第4101号和第4111号

#### 2. 管理咨询

管理咨询是目前多数会计师事务所都会向客户提供的服务，其目的是帮助客户提高经营效率。管理咨询服务的范围较广，对包括公司的治理结构、信息系统、预算管理、人力资源管理等方面提供意见和建议。当前，管理咨询服务已经成为会计师事务所收入的主要来源之一。

#### 3. 代编财务信息

代编财务信息的目的是，注册会计师运用会计而非审计的专业知识和技能，代客户编制一套完整或非完整的财务报表，或代为收集、分类和汇总其他财务信息。注册会计师执行代编业务使用的程序并不旨在、也不能对财务信息提出任何鉴证结论。在任何情况下,如果注册会计师的姓名与代编财务信息相联系,注册会计师应当出具代编业务报告。

### 4. 对财务信息执行商定程序

对财务信息执行商定程序的目的是,注册会计师对特定财务数据、单一财务报表或整套财务报表等财务信息执行与特定主体商定的具有审计性质的程序,并就执行的商定程序及其结果出具报告。商定程序业务报告,只报告所执行的商定程序及其结果,不发表任何鉴证意见。

## 三、注册会计师行业未来发展趋势

### (一)行业服务模式从鉴证服务、增信服务向增值服务拓展

注册会计师审计的发展历史表明,注册会计师行业服务模式的每一次演进都与技术革命引起的商业模式变革息息相关。当下,以"大智移云物"(即大数据、人工智能、移动互联网、云计算、物联网)为代表的数字技术正与商业活动深度融合,持续颠覆现有的商业模式,以数据为关键要素的数字经济成为经济高质量发展的新引擎,推动着包括战略变革、流程再造等一系列新现实需求的产生。以审

视频 1-8 大数据环境下的审计

计业务为核心的鉴证服务模式与增信服务模式已不能完全满足经济高质量发展对注册会计师行业的需求,客观上要求我国注册会计师服务向专业化和价值链高端延伸,实现行业服务模式从鉴证服务、增信服务向增值服务拓展。从历史逻辑来看,国际注册会计师行业从鉴证服务、增信服务再向增值服务的拓展,为行业服务模式创新提供了经验借鉴;从现实条件来看,我国注册会计师行业已构建起较完善的专业标准体系、组织平台体系和业务目录体系,为实现行业服务模式从鉴证服务、增信服务向增值服务拓展奠定了现实基础。

### (二)行业走向国际化

在"做强做大"和"走出去"战略的引领下,在中国审计准则与国际审计准则持续趋同的推动下,我国注册会计师行业的国际化程度和国际影响力显著提升,一批中国注册会计师跻身各国际会计网络的决策管理层。例如,信永中和、天职国际等会计师事务所在境外取得新突破。

测试 1-2 即测即评

**[本章小结]**

审计是由独立、专业人士(审计师)为确定和报告特定信息与既定标准之间的符合程度,而收集和评价有关这些信息的证据,并将其传达给利害关系人(信息使用者)的过程。以注册会计师财务报表审计为例,审计要素包括:审计业务的三方关系人、财务报表、财务报表编制基础、审计证据和审计报告。审计按其主体,可分为国家审计、注册会计师审计和内部审计。审计按内容和目的分类,可分为财务报表审计、合规性审计和经营审计。审计产生的根本动因是财产所有权与经营权分离后产生的委托代理关系,由此形成了三种不同的理论假说,即监督假说、信息假说和保险假说。从审计技术的演进看,可将审计分为账项基础审计(详细审计),制度基础审计和风险导向审计。我国注册会计师审计虽然起步较晚,但目前已建立了完善的审计职业规范体系并实现国际趋同。注册会计师的专业服务根据其是否提供保证划分为鉴证业务与相关服务业务。鉴证业务包括审计、审阅和其他鉴证业务。相关服务业务包括税务服务、管理咨询、代编财务信息、对财务信息执行商定程序等。

**[思考题]**

1. 什么是审计?审计的定义中包含哪些核心要素?
2. 注册会计师审计、国家审计、内部审计之间有哪些区别与联系?
3. 审计产生的动因是什么?
4. 鉴证业务有哪些类型?相关服务业务有哪些类型?

# 第二章 审计基本要求

## 【学习目标】

● 知识目标

简述注册会计师执业准则体系的构成。

熟悉注册会计师审计准则的具体内容及其应用指南,并了解审计准则问题解答的内容。

解释注册会计师审计职业道德基本原则。

运用注册会计师审计职业道德概念框架判断对遵循职业道德基本原则的不利影响。

列举不同类型的注册会计师法律责任及其成因。

● 能力目标

列举典型的审计失败案例,指出注册会计师违反的具体法律法规或职业道德,提升知法守法的自律能力。

结合具体审计环境,判断注册会计师的独立性问题,提升审计分析能力。

结合行业现状,完善自身的职业发展规划,提升风险管理能力。

● 价值目标

培养底线思维,树立公正法治意识,领会法治中国的核心要义。

培养服务思维,树立诚信服务意识,感悟党的二十大报告提出的"弘扬诚信文化、健全诚信建设长效机制"的精神内涵。

培养专业品德,树立勤勉尽责意识,将个人职业荣誉感与我国资本市场的高质量发展,中华民族伟大复兴的中国梦紧密联系。

# 【导入案例】

瑞华之殇　行业之痛①

瑞华会计师事务所(特殊普通合伙)是由原中瑞岳华和原国富浩华在平等协商基础上于2013年4月联合成立的一家专业化、规模化、国际化的大型会计师事务所,是我国第一批被授予A+H股企业审计资格、第一批完成特殊普通合伙转制的民族品牌专业服务机构,系美国PCAOB登记机构,业务涉及股票发行与上市、公司改制、企业重组、资本运作、财务咨询、管理咨询、税务咨询等领域。

瑞华总部位于我国首都北京。独特的地理位置和深厚的并购背景使其拥有强大的专业技术力量。瑞华拥有众多分支机构,服务40多家央企和300多家上市公司。合并成立以来,连续多年是我国最大的会计师事务所,国内业务量不输于普华永道(全球排行第一)。2013年合并之初,公司拥有合伙人360余人,注册会计师2500余人,业务人员9000余人,其中"会计领军(后备)人才"20余人。到2016年,瑞华的营业收入已突破40亿元人民币,在国内事务所中排行首位。

瑞华是在大规模合并扩张过程中发展壮大的,然而并没有从整体上构建起有效的审计质量管理体制和监管机制。2019年1月,康得新的银行存款账面余额显示为153亿元,却还不上15亿元的债务。该公司的债务危机正式开始,银行的账户被冻结,引起了证券市场广泛关注。2019年7月5日,证监会对康得新下发了市场禁入事先告知书。结果认定康得新2015—2018年连续4年净利润实际为负,累计虚增利润高达119亿元,创下历史之最,15万股民受害。康得新披露的年报连续4年存在"虚假记载"和"重大遗漏",而瑞华竟在康得新实施舞弊期间都对其财务报表发表"标准无保留意见",涉嫌违法,于2019年7月8日被证监会正式立案调查。对康得新的审计失败在瑞华的发展史上产生了举足轻重的影响,瑞华遭遇了"滑铁卢",不仅深陷舆论谴责,负面消息不断也引发了客户的"解约潮",各分所合伙人开始流向天健会计师事务所、信永中和会计师事务所等。在康得新事件尚处于调查阶段时,瑞华又被曝出卷入成都市华泽钴镍材料股份有限公司欺诈事件。根据证监会和中注协网站发布的信息,2018年由瑞华担任审计机构的A股公司为315家,而2019年则下降为30家,同比下降幅度达到90.5%,2020年更是没有担任任何一家上市公司的审计机构。

是什么原因让瑞华从原本的内资第一大所面临如此困境?我国现行有哪些

---

① 资料来源:许文静,惠卿,路童等.瑞华之殇　行业之痛[EB/OL].[2023-01-16].http://www.cmcc-dlut/Cases/Detail/580/.

制度、规范来约束会计师事务所和审计人员,使其勤勉履职、压实其责任?除了注册会计师执业准则、注册会计师职业道德规范外,会计师事务所和审计人员的法律责任又如何界定?本章将讨论《中国注册会计师执业准则》在注册会计师执业中的应用,《中国注册会计师职业道德守则》对注册会计师的道德、独立性和其他道德要求,注册会计师如何在执业过程中保持职业怀疑,合理运用职业判断以及注册会计师的法律责任。

# 第一节　审计准则

执行审计工作的基本要求是遵守审计准则,遵守职业道德,保持职业怀疑,合理运用职业判断。

我国注册会计师职业规范体系由注册会计师职业道德规范和注册会计师执业准则两个层次组成。注册会计师执业准则体系受注册会计师职业道德规范统御。

审计准则是审计人员在执行审计业务的过程中应遵守的行为规范,是衡量审计人员审计工作质量的权威性标准。建立和实施审计准则,可以提高审计工作质量,赢得社会公众的广泛信赖,维护审计组织和审计人员的合法权益,促进审计经验的广泛交流。

我国的审计准则具体分为国家审计准则、注册会计师执业准则和内部审计准则三大类。本节主要阐述注册会计师执业准则。

## 一、注册会计师执业准则体系概述

中国注册会计师协会(简称"中注协")负责拟定中国注册会计师执业准则,报财政部批准后实施。1995年12月,中注协正式颁布第一批共10项准则,其中明确了独立审计准则是中国注册会计师职业规范体系的重要组成部分,主要包括基本准则、具体准则与实务公告、执业规范指南三部分;1996年12月,中注协颁布第二批包括《独立审计准则第9号——内部控制与审计风险》《中国注册会计师职业道德基本准则》等在内的共11项准则。至此,我国注册会计师执业规范基本框架初步形成。2005年12月,财政部和中国审计准则委员会明确提出完善中国审计准则体系、加快实现国际趋同的主张,并制定了国际趋同的工作计划。2006年2月,与国际审计准则趋同的《中国注册会计师执业准则》(共计48项)及其应用指南颁布,自2007年1月1日起实施。为了保持与国际审计准则的持续

视频 2-1 注册会计师执业准则基本体系

趋同和适应发展变革环境中的现实需要,中注协分别于2010年、2016年、2019年、2020年、2021年、2022年对准则进行了修订或拟定。截至2023年1月,财政部发布的《中国注册会计师执业准则》,共计53项,如图2-1所示。此外,中注协还发布了针对执业准则的应用指南和16项审计准则问题解答。

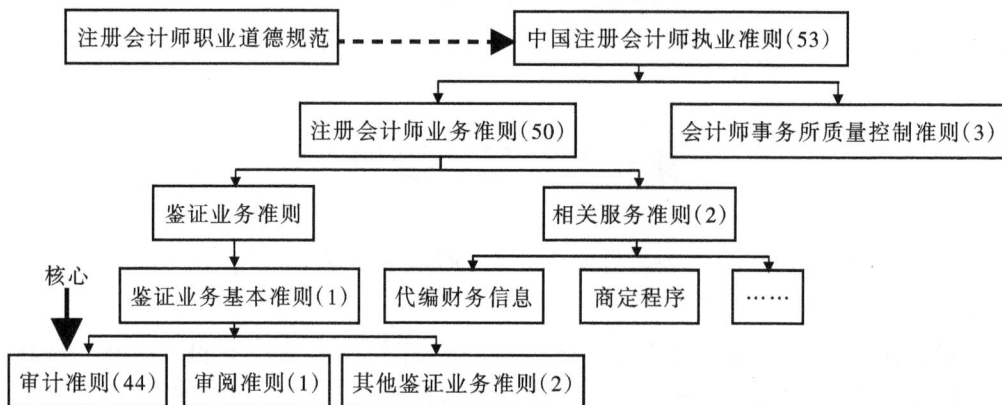

图2-1 中国注册会计师执业准则体系

## 二、注册会计师执业准则体系具体构成

注册会计师执业准则体系由中国注册会计师执业准则、针对执业准则的应用指南以及审计准则问题解释共同构成。其中,中国注册会计师执业准则包括注册会计师业务准则(共50项)和会计师事务所质量控制准则(共3项)。前者指引注册会计师如何执行业务,后者指导会计师事务所如何管控质量。

### (一)注册会计师业务准则

注册会计师业务准则由鉴证业务准则和相关服务准则构成,共50项。鉴证业务准则是整个执业准则体系最主要的部分,共48项,分两个层次:第一层次是起统领作用的鉴证业务基本准则;第二层次按照鉴证业务提供的保证程度和鉴证对象的不同,分为审计准则、审阅准则和其他鉴证业务准则。

鉴证业务基本准则是为了规范注册会计师执行鉴证业务,明确鉴证业务的目标、适用范围、鉴证业务要素以及注册会计师执行鉴证业务的总体要求。

审计准则是注册会计师执行历史财务信息审计业务的规范。在提供审计服务时,注册会计师对被审计信息是否不存在重大错报提供合理保证,并以积极方式提出结论,共44项。

审阅准则是注册会计师执行历史财务信息审阅业务的规范。在提供审阅服务时,注册会计师对被审阅信息是否不存在重大错报提供有限保证,并以消极方式提出结论,共1项。

其他鉴证业务准则是指除了审计准则和审阅准则以外,与鉴证有关的其他准则。

相关服务准则,是指注册会计师执行代编财务信息、执行商定程序等非鉴证业务的规范,共2项。

### (二)会计师事务所质量控制准则

会计师事务所质量控制准则,是指会计师事务所在执行各类业务时应当遵守的质量控制政策和程序,是对会计师事务所质量控制提出的制度要求。会计师事务所应当根据质量控制准则并结合具体情况,制定合适的质量控制制度,以合理实现质量控制的两大目标:一是保证会计师事务所及其人员遵守法律法规、职业道德规范以及业务准则规定;二是保证会计师事务所和项目负责人根据具体情况出具恰当的报告。财政部已发布3项质量控制准则,即《会计师事务所质量控制准则第5101号——业务质量管理》(2020年11月19日修订)、《会计师事务所质量控制准则第5102号——项目质量复核》(2020年11月19日发布)、《中国注册会计师审计准则第1121号——对财务报表审计实施的质量管理》(2020年11月19日修订)。前两项准则从会计师事务所层面进行规范,适用于包括鉴证业务在内的各项业务;第三项准则从执行审计项目的负责人层面进行规范,仅适用于审计业务。这三项准则联系密切,前两者是后者的制定依据。注册会计师执业准则的具体构成见表2-1。

资料2-1　会计师事务所质量管理准则第5101号和5102号
资料2-2　中国注册会计师审计准则第1121号

表2-1　注册会计师执业准则具体构成

| 序号 | 类别 | | 具体名称 | 颁布/修订时间 |
|---|---|---|---|---|
| 1 | 基本准则 | | 中国注册会计师鉴证业务基本准则 | 2022年1月5日修订 |
| 2 | 审计准则 | 一般原则与责任 | 中国注册会计师审计准则第1101号——注册会计师的总体目标和审计工作的基本要求 | 2022年1月5日修订 |
| 3 | | | 中国注册会计师审计准则第1111号——就审计业务约定条款达成一致意见 | 2022年1月5日修订 |
| 4 | | | 中国注册会计师审计准则第1131号——审计工作底稿 | 2022年1月5日修订 |
| 5 | | | 中国注册会计师审计准则第1141号——财务报表审计中与舞弊相关的责任 | 2019年2月20日修订 |
| 6 | | | 中国注册会计师审计准则第1142号——财务报表审计中对法律法规的考虑 | 2019年2月20日修订 |

续　表

| 序号 | 类别 | | 具体名称 | 颁布/修订时间 |
|---|---|---|---|---|
| 7 | 审计准则 | 一般原则与责任 | 中国注册会计师审计准则第1151号——与治理层的沟通 | 2022年1月5日修订 |
| 8 | | | 中国注册会计师审计准则第1152号——向治理层和管理层通报内部控制缺陷 | 2010年11月1日修订 |
| 9 | | | 中国注册会计师审计准则第1153号——前任注册会计师和后任注册会计师的沟通 | 2010年11月1日修订 |
| 10 | | 风险评估与应对 | 中国注册会计师审计准则第1201号——计划审计工作 | 2022年1月5日修订 |
| 11 | | | 中国注册会计师审计准则第1211号——通过了解被审计单位及其环境识别和评估重大错报风险 | 2019年2月20日修订 |
| 12 | | | 中国注册会计师审计准则第1221号——计划和执行审计工作时的重要性 | 2019年2月20日修订 |
| 13 | | | 中国注册会计师审计准则第1231号——针对评估的重大错报风险采取的应对措施 | 2019年2月20日修订 |
| 14 | | | 中国注册会计师审计准则第1241号——对被审计单位使用服务机构的考虑 | 2010年11月1日修订 |
| 15 | | | 中国注册会计师审计准则第1251号——评价审计过程中识别出的错报 | 2019年2月20日修订 |
| 16 | | 审计证据 | 中国注册会计师审计准则第1301号——审计证据 | 2016年12月23日修订 |
| 17 | | | 中国注册会计师审计准则第1311号——对存货、诉讼和索赔、分部信息等特定项目获取审计证据的具体考虑 | 2019年2月20日修订 |
| 18 | | | 中国注册会计师审计准则第1312号——函证 | 2010年11月1日修订 |
| 19 | | | 中国注册会计师审计准则第1313号——分析程序 | 2010年11月1日修订 |
| 20 | | | 中国注册会计师审计准则第1314号——审计抽样 | 2010年11月1日修订 |
| 21 | | | 中国注册会计师审计准则第1321号——审计会计估计(包括公允价值会计估计)和相关披露 | 2010年11月1日修订 |
| 22 | | | 中国注册会计师审计准则第1323号——关联方 | 2010年11月1日修订 |
| 23 | | | 中国注册会计师审计准则第1324号——持续经营 | 2016年12月23日修订 |
| 24 | | | 中国注册会计师审计准则第1331号——首次审计业务涉及的期初余额 | 2019年2月20日修订 |
| 25 | | | 中国注册会计师审计准则第1332号——期后事项 | 2016年12月23日修订 |
| 26 | | | 中国注册会计师审计准则第1341号——书面声明 | 2016年12月23日修订 |

续 表

| 序号 | 类别 | | 具体名称 | 颁布/修订时间 |
|---|---|---|---|---|
| 27 | 审计准则 | 利用其他主体的工作 | 中国注册会计师审计准则第1401号——对集团财务报表审计的特殊考虑 | 2022年1月5日修订 |
| 28 | | | 中国注册会计师审计准则第1411号——利用内部审计人员的工作 | 2022年1月5日修订 |
| 29 | | | 中国注册会计师审计准则第1421号——利用专家的工作 | 2022年1月5日修订 |
| 30 | | 审计结论 | 中国注册会计师审计准则第1501号——对财务报表形成审计意见和出具审计报告 | 2022年1月5日修订 |
| 31 | | | 中国注册会计师审计准则第1502号——在审计报告中发表非无保留意见 | 2019年2月20日修订 |
| 32 | | | 中国注册会计师审计准则第1503号——在审计报告中增加强调事项段和其他事项段 | 2022年1月5日修订 |
| 33 | | | 中国注册会计师审计准则第1504号——在审计报告中沟通关键审计事项 | 2016年12月23日发布 |
| 34 | | | 中国注册会计师审计准则第1511号——比较信息:对应数据和比较财务报表 | 2019年2月20日修订 |
| 35 | | | 中国注册会计师审计准则第1521号——注册会计师对其他信息的责任 | 2016年12月23日修订 |
| 36 | | 特殊领域审计 | 中国注册会计师审计准则第1601号——对按照特殊目的编制基础编制的财务报表审计的特殊考虑 | 2021年12月9日修订 |
| 37 | | | 中国注册会计师审计准则第1602号——验资 | 2006年2月15日发布 |
| 38 | | | 中国注册会计师审计准则第1603号——对单一财务报表和财务报表特定要素审计的特殊考虑 | 2021年12月9日修订 |
| 39 | | | 中国注册会计师审计准则第1604号——对简要财务报表出具报告的业务 | 2021年12月9日修订 |
| 40 | | | 中国注册会计师审计准则第1611号——商业银行财务报表审计 | 2006年2月15日发布 |
| 41 | | | 中国注册会计师审计准则第1612号——银行间函证程序 | 2006年2月15日发布 |
| 42 | | | 中国注册会计师审计准则第1613号——与银行监管机构的关系 | 2006年2月15日发布 |
| 43 | | | 中国注册会计师审计准则第1631号——财务报表审计中对环境事项的考虑 | 2006年2月15日发布 |

续　表

| 序号 | 类别 | | 具体名称 | 颁布/修订时间 |
|---|---|---|---|---|
| 44 | 审计准则 | 特殊领域审计 | 中国注册会计师审计准则第1632号——衍生金融工具的审计 | 2006年2月15日发布 |
| 45 | | | 中国注册会计师审计准则第1633号——电子商务对财务报表审计的影响 | 2006年2月15日发布 |
| 46 | 审阅准则 | | 中国注册会计师审阅准则第2101号——财务报表审阅 | 2006年2月15日发布 |
| 47 | 其他鉴证业务准则 | | 中国注册会计师其他鉴证业务准则第3101号——历史财务信息审计或审阅以外的鉴证业务 | 2006年2月15日发布 |
| 48 | | | 中国注册会计师其他鉴证业务准则第3111号——预测性财务信息的审核 | 2006年2月15日发布 |
| 49 | 相关服务准则 | | 中国注册会计师相关服务准则第4101号——对财务信息执行商定程序 | 2006年2月15日发布 |
| 50 | | | 中国注册会计师相关服务准则第4111号——代编财务信息 | 2006年2月15日发布 |
| 51 | 质量控制准则 | | 会计师事务所质量管理准则第5101号——业务质量管理 | 2020年11月19日修订 |
| 52 | | | 会计师事务所质量管理准则5102号——项目质量复核 | 2020年11月19日发布 |
| 53 | | | 中国注册会计师审计准则第1121号——对财务报表审计实施的质量管理 | 2020年11月19日修订 |

测试 2-1 即测即评

# 第二节　职业道德

　　社会要有序运行,道德约束必不可少。人们将普遍持有的道德价值标准写入法律,但由于价值标准属于判断性质,许多道德价值标准(如关注、谨慎、勤勉)都无法写入法律。社会期望执业人员的品行水准高于法律要求,对执业人员的道德行为有特殊要求。这种特殊要求即职业道德。

　　职业道德就是同人们的职业活动紧密联系的符合职业特点所要求的道德准

则和行为规范,是职业品德、职业纪律、专业胜任能力及职业责任等的总称。

对审计师而言,让信息使用者认为审计师具有独立性和专业胜任能力是非常关键的。如果信息使用者认为审计师并没有提供有价值的服务(降低信息风险),那么审计报告和其他鉴证报告的价值就会降低,对审计的需求也将因此而减少。因此,社会上存在促使审计师按照较高职业水准提供服务的巨大需求。本节主要阐述注册会计师审计职业道德。

## 一、注册会计师职业道德构成体系

为了规范注册会计师协会会员的职业行为,进一步提高职业道德水平,维护职业形象,中国注册会计师协会自组建以来一直非常重视职业道德教育和职业道德标准建设。1992年,中注协依据《中华人民共和国注册会计师条例》颁布《中国注册会计师职业道德守则(试行)》;1996年,依据《中华人民共和国注册会计师法》正式颁布《中国注册会计师职业道德基本准则》;2002年,发布《中国注册会计师职业道德规范指导意见》,以对如何遵循职业道德原则加以具体指导。

视频 2-2 职业道德概念及构成体系

2009年首次制定并发布了与IFAC(International Federation of Accounts,国际会计师联合会)全面趋同的《中国注册会计师职业道德守则》和《中国注册会计师协会非执业会员职业道德守则》,自2010年7月1日起施行。此外,为注册会计师正确理解职业道德守则,解决实务问题提供细化指导和提示,中注协于2014年发布《中国注册会计师职业道德守则问题解答》,自2015年1月1日起施行。

为顺应新时代对注册会计师诚信和职业道德水平提出的更高要求,并保持与IFAC职业道德准则的持续动态趋同,中注协于2020年12月17日发布了《中国注册会计师职业道德守则》和《中国注册会计师协会非执业会员职业道德守则》,自2021年7月1日起施行。其中,《中国注册会计师职业道德守则》包括《中国注册会计师职业道德守则第1号——职业道德基本原则》《中国注册会计师职业道德守则第2号——职业道德概念框架》《中国注册会计师职业道德守则第3号——提供专业服务的具体要求》《中国注册会计师职业道德守则第4号——审计和审阅业务对独立性的要求》和《中国注册会计师职业道德守则第5号——其他鉴证业务对独立性的要求》。注册会计师职业道德构成体系具体内容见图2-2。

资料 2-3 中国注册会计师职业道德守则第1至5号

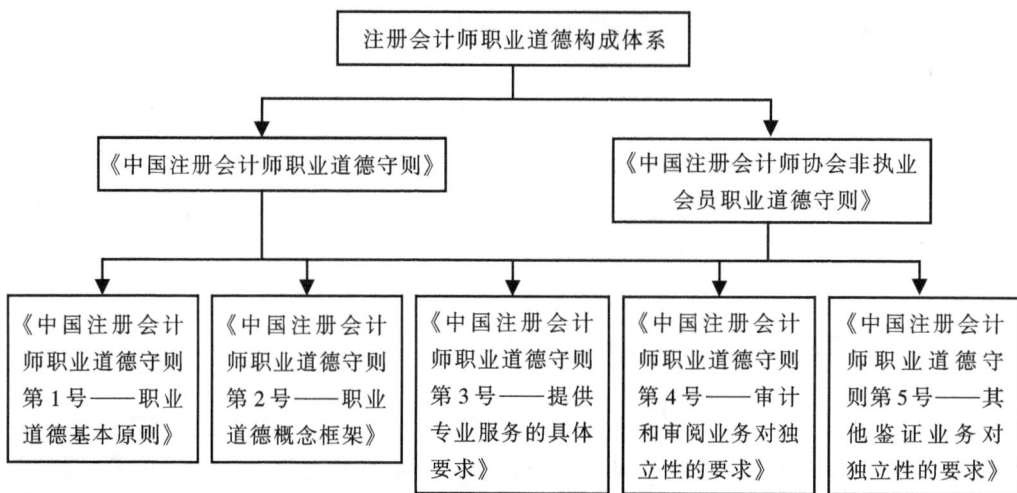

图2-2　注册会计师职业道德构成体系

## 二、注册会计师职业道德基本原则

与注册会计师职业道德有关的基本原则包括诚信、客观和公正、独立性、专业胜任能力和勤勉尽责、保密、良好的职业行为。

### （一）诚信

诚信原则要求注册会计师应当在所有的职业活动中保持正直、诚实守信。诚信是注册会计师行业存在和发展的基石,在职业道德基本原则中居于首要地位。注册会计师如果认为业务报告、申报资料、沟通函件或其他方面的信息存在下列问题,则不得与这些有问题的信息发生牵连:①含有严重虚假或误导性的陈述;②含有缺乏充分依据的陈述或信息;③存在遗漏或含糊其词的信息,而这种遗漏或含糊其词可能会产生误导。

视频2-3 注册会计师职业道德基本原则

注册会计师如果注意到已与有问题的信息发生牵连,应当采取措施消除牵连。

## 【拓展资料】

### 小王考CPA需要告知师傅吗[①]

小王即将毕业于上海一所大学的会计系。2006年6月,小王去了几家会计

① 资料来源:李若山,刘大贤.审计学[M].北京:经济科学出版社,2006.

师事务所面试,最终接受了某国际会计师事务所审计部的初级实习生的职位。

小王的项目经理老李以严格要求而著称。他特别要求小王按照计划与规定的程序来完成审计任务。一开始,他们相处得非常融洽。

有一次,老李在与小王共进午餐时,问她有没有报名参加今年的CPA考试。小王因担心考不好,所以与老李说没报名,但打算明年报考。老李鼓励小王报考,并愿意借给她复习资料。在年末的几个月中,小王在计划时间内完成了老李分配给她的审计工作,审计工作底稿也做得非常好。老李对小王的工作十分满意。12月上旬,小王吃惊地发现自己CPA考试全通过了。她告诉了老李这一好消息,但老李反应很冷淡。

有一天,小王接到合伙人打来的电话,让小王去他的办公室见他。小王原以为合伙人可能因她通过了CPA考试,要嘉奖她。没想到合伙人竟然告诉她,老李与合伙人关于小王考试撒谎的事情谈过几次话,老李表示未来的任何业务都不会让小王参加,因为他认为小王不值得信赖,甚至还建议将小王解雇。因为她的行为表明她不够诚实,不符合注册会计师应有的职业道德。其他合伙人也同意老李的意见。最后,小王伤心地离开了这一著名的国际会计师事务所。

### (二)客观和公正

客观原则要求注册会计师应当实事求是,不得由于偏见、利益冲突或他人的影响而损害自己的职业判断。公正原则要求注册会计师应当公平对待利益各方,不以牺牲一方的利益为条件而使另一方受益。例如,注册会计师面临被审计单位解除业务约定的威胁,而出具满足被审计单位要求的审计报告,即违反了客观和公正原则。

【小贴士】

　　客观和公正原则适用于注册会计师提供的各种专业服务,而不局限于鉴证业务。

### (三)独立性

独立性原则要求注册会计师执行审计、审阅业务及其他鉴证业务时,应当与客户保持独立,不得因任何利害关系影响其客观性。独立性是鉴证业务的灵魂,是专门针对注册会计师从事审计和审阅业务、其他鉴证业务而提出的职业道德基本原则。独立性包括实质上的独立性和形式上的独立性:

(1)实质上的独立性。实质上的独立性是一种内心状态,使得注册会计师在提出结论时不受损害职业判断的因素影响,诚信行事,遵循客观公正原则,保持职业怀疑。

（2）形式上的独立性。形式上的独立性是一种外在表现,使得一个理性且掌握充分信息的第三方,在权衡所有相关事实和情况后,认为会计师事务所或审计项目团队成员没有损害诚信原则、客观公正原则或职业怀疑。

【思考2-1】W注册会计师拥有被审计单位5万元的债券,即W注册会计师与被审计单位有经济利益关系。W注册会计师在审计过程中发现被审计单位存在重大错报。

（1）如果W注册会计师担心披露该错报可能会影响被审计单位已发行债券的兑付,受此影响,W注册会计师在发表审计意见时没有揭示该重大错报。

（2）如果W注册会计师未受此影响,在发表审计意见时揭示了该重大错报。根据上述情形,讨论W注册会计师的独立性。

【小贴士】

（1）中国注册会计师协会非执业会员以及注册会计师执行非鉴证业务时,由于不需要承担对第三方报告的责任,因此没有独立性要求。

（2）实质上独立与否很难界定,即使实质上独立,形式上不独立也会降低信息使用者对审计报告的信赖程度,从而使审计失去意义。因此,实务中,通常以比较容易判断的形式上的独立作为独立性的评价依据。

### （四）专业胜任能力和勤勉尽责

#### 1.专业胜任能力

专业胜任能力是指注册会计师具有知识、经验和专业技能,能够经济、有效地完成客户委托的业务。注册会计师应该通过学习、培训和执业实践获取和保持专业胜任能力。注册会计师应当持续了解并掌握当前法律、技术和实务的发展变化,将专业技能和知识始终保持在应有的水平,确保为客户提供具有专业水准的服务。当注册会计师在会计或审计以外的领域不具有专长时,可以利用有关专家的工作,从而使项目组具备应有的专业胜任能力。

视频2-4 职业判断

专业服务要求注册会计师运用专业知识和技能提供服务时合理运用职业判断。

【小贴士】

职业判断是指在审计准则、财务报告编制基础和职业道德要求的框架下,注册会计师综合运用相关知识、技能和经验,做出适合审计业务具体情况、有根据的行动决策。职业判断是注册会计师行业的精髓。职业判断涉及注册会计师执业的各个环节。一方面,职业判断贯穿注册会计师执业的始终,从决定是否接受业务委托,到出具业务报告,注册会计师都需要做出职业判断;另一方面,职业判断涉及注册会计师职业中的各类决策,包括与具体会计处理相关的决策、与审计程序相关的决策,以及与遵守职业道德要求相关的决策。

### 2. 勤勉尽责

勤勉尽责,又称应有的职业关注或应有的职业谨慎,是指注册会计师应遵守职业准则的要求并保持应有的职业怀疑,认真、全面、及时地完成工作任务。勤勉尽责是注册会计师执业中非常重要的一个基本原则,是指注册会计师持有慎重的实务观念,理智地运用其所拥有的知识,认识并适当注意自己的经验,做出相当于社会合理期望水平的判断。

资料 2-4 中国注册会计师审计准则问题解答第 1 号

【小贴士】

职业怀疑是指注册会计师执行审计业务的一种态度,包括采取质疑的思维方式,对可能表明由于错误或舞弊导致错报的情况保持警觉,以及对审计证据进行审慎评价。

视频 2-5 职业怀疑

### (五)保密

注册会计师应当对职业活动中获知的客户信息及所在会计师事务所的涉密信息予以保密。根据该原则,注册会计师应当遵守下列要求:

(1)警觉无意中泄密的可能性,包括在社会交往中无意泄密的可能性,特别要警觉无意中向关系密切的商业伙伴或近亲属泄密的可能性。

【小贴士】

《中国注册会计师职业道德守则》中的近亲属包括主要近亲属(配偶、父母、子女)与其他近亲属(兄弟姐妹、祖父母、外祖父母、孙子女、外孙子女)。

【思考2-2】在一次聚会上,W注册会计师与其同学讨论了其客户单位乙公司收购甲公司计划的可行性,一个月后乙公司公告了该收购计划。

讨论:W注册会计师是否违反注册会计师职业道德?

(2)对所在会计师事务所内部的涉密信息保密。

(3)对职业活动中获知的涉及国家安全的信息保密。

(4)对拟承接的客户向其披露的涉密信息保密。

(5)在未经客户授权的情况下,不得向会计师事务所以外的第三方披露其所获知的涉密信息,除非法律法规或职业准则规定注册会计师在这种情况下有权利或义务进行披露。

(6)不得利用因职业关系而获知的涉密信息为自己或第三方谋取利益。

(7)不得在职业关系结束后利用或披露因该职业关系获知的涉密信息。

(8)采取适当措施,确保下级员工以及为注册会计师提供建议和帮助的人员履行保密义务。

(9)在终止与客户的关系后,注册会计师应当对以前职业活动中获知的涉密信息保密。

(10)如果变更工作单位或获得新客户,注册会计师可以利用以前的经验,但不得利用或披露以前职业活动中获知的涉密信息。

在某些情况下,保密原则是可以豁免的。下列情况中,注册会计师可能会被要求披露涉密信息,或者披露涉密信息是适当的,不被视为违反保密原则:

(1)法律法规要求披露,例如为法律诉讼准备文件或提供其他证据,或者向适当机构报告发现的违反法律法规的行为。

(2)法律法规允许披露,并取得了客户的授权。

(3)注册会计师有职业义务或权利进行披露,且法律法规未予禁止,主要包括下列情形:

①接受注册会计师协会或监管机构的执业质量检查;

②答复注册会计师协会或监管机构的询问或调查;

③在法律诉讼、仲裁中维护自身的合法权益;

④遵守职业准则的要求,包括职业道德要求;

⑤法律法规和职业准则规定的其他情形。

## (六)良好的职业行为

注册会计师应当遵守相关法律法规,避免发生任何损害职业声誉的行为。注册会计师在向公众传递信息以及推介自己和工作时,应当客观、真实、得体,不得夸大宣传提供的服务、拥有的资质或获得的经验;不得贬低或无根据地比较其他注册会计师的工作；不得暗示有能力影响有关主管部门、监管机构或类似机构。

## 三、注册会计师职业道德概念框架

### （一）职业道德概念框架的内涵

职业道德概念框架是解释注册会计师职业道德问题的思路和方法，用以指导注册会计师：①识别对职业道德基本原则的不利影响；②评价不利影响的严重程度；③必要时采取防范措施消除不利影响或将其降低至可接受的水平。在运用职业道德概念框架时，注册会计师应当运用职业判断，其决策判断过程如图2-2所示。

视频2-6 职业道德概念框架

### （二）职业道德概念框架的运用

#### 1. 识别不利影响因素

注册会计师对职业道德基本原则的遵循可能受到多种因素的不利影响。不利影响的性质和严重程度因注册会计师提供服务类型的不同而不同。可能对职业道德基本原则产生不利影响的因素包括自身利益、自我评价、过度推介、密切关系和外在压力。

因自身利益产生的不利影响，是指由于某项经济利益或其他利益可能不当影响注册会计师的判断或行为，而对职业道德基本原则产生的不利影响。

因自我评价产生的不利影响，是指注册会计师在执行当前业务的过程中，其判断需要依赖其本人或所在会计师事务所以往执行业务时做出的判断或得出的结论，而该注册会计师可能不恰当地评价这些以往的判断或结论，从而对职业道德基本原则产生的不利影响。

因过度推介产生的不利影响，是指注册会计师倾向客户的立场，导致该注册会计师的客观公正原则受到损害而产生的不利影响。

因密切关系产生的不利影响，是指注册会计师与客户存在长期或密切的关系，导致过于偏向客户的利益或过于认可客户的工作，从而对职业道德基本原则产生的不利影响。

视频2-7 对遵循职业道德基本原则产生不利影响的因素

因外在压力产生的不利影响，是指注册会计师迫于实际存在的或可感知到的压力，导致无法客观行事而对职业道德基本原则产生的不利影响。各种不利影响因素的具体情形见表2-2。

表2-2　对遵循职业道德基本原则的不利影响因素及示例

| 不利影响 | 可能产生不利影响的具体情形示例 |
|---|---|
| 自身利益 | (1)注册会计师在客户中拥有直接经济利益；<br>(2)会计师事务所的收入过分依赖某一客户；<br>(3)会计师事务所以较低的报价获得新业务,而该报价过低,可能导致注册会计师难以按照适用的职业准则要求执行业务；<br>(4)注册会计师与客户之间存在密切的商业关系；<br>(5)注册会计师能够接触到涉密信息,而该涉密信息可能被用于谋取个人私利；<br>(6)注册会计师在评价所在会计师事务所以往提供的专业服务时,发现了重大错误 |
| 自我评价 | (1)注册会计师在对客户提供财务系统的设计或实施服务后,又对该系统的运行有效性出具鉴证报告；<br>(2)注册会计师为客户编制用于生成有关记录的原始数据,而这些记录是鉴证业务的对象 |
| 过度推介 | (1)注册会计师推介客户的产品、股份或其他利益；<br>(2)当客户与第三方发生诉讼或纠纷时,注册会计师为该客户辩护；<br>(3)注册会计师站在客户的立场上影响某项法律法规的制定 |
| 密切关系 | (1)审计项目团队成员的主要近亲属或其他近亲属担任审计客户的董事或高级管理人员；<br>(2)鉴证客户的董事、高级管理人员,或所处职位能够对鉴证对象施加重大影响的员工,最近曾担任注册会计师所在会计师事务所的项目合伙人；<br>(3)审计项目团队成员与审计客户之间长期存在业务关系 |
| 外在压力 | (1)注册会计师因对专业事项持有不同意见而受到客户解除业务关系或被会计师事务所解雇的威胁；<br>(2)由于客户对所沟通的事项更具有专长,注册会计师面临服从该客户判断的压力；<br>(3)注册会计师被告知,除非其同意审计客户某项不恰当的会计处理,否则计划中的晋升将受到影响；<br>(4)注册会计师接受了客户赠予的重要礼品,并被威胁将公开其收受礼品的事情 |

### 2. 评价不利影响的严重程度

　　如果发现存在可能违反职业道德基本原则的情形,注册会计师应当评价其对职业道德基本原则的不利影响。在评价不利影响的严重程度时,注册会计师应当从性质和数量两个方面予以考虑。如果存在多项不利影响,应当将多项不利影响组合起来一并考虑。

资料 2-5 昂贵的恋爱

　　注册会计师对不利影响严重程度的评价还受到专业服务性质和范围的影响。例如,向属于公众利益实体的审计客户提供非鉴证服务,相对于向非公众利益实体审计客户提供相同的非鉴证服务,可能会对客观公正原则产生更大程度的不利影响。

### 3. 应对不利影响

如果认为对职业道德基本原则的不利影响超出可接受的水平，注册会计师应当确定是否能够采取防范措施消除不利影响或将其降低至可接受的水平。

注册会计师应当通过采取下列措施应对不利影响：

（1）消除产生不利影响的情形，包括利益或关系。

（2）采取可行并有能力采取的防范措施将不利影响降低至可接受的水平；防范措施是指注册会计师为了将对职业道德基本原则的不利影响有效降低至可接受的水平而采取的行动，该行动可能是单项行动，也可能是一系列行动。

视频 2-8　职业道德基本原则不利影响因素的防范措施

防范措施随事实和情况的不同而有所不同。举例来说，在特定情况下可能能够应对不利影响的防范措施包括：向已承接的项目分配更多时间和有胜任能力的人员，可能能够应对因自身利益产生的不利影响；由项目组以外的适当复核人员复核已执行的工作或在必要时提供建议，可能能够应对因自我评价产生的不利影响；向鉴证客户提供非鉴证服务时，指派鉴证业务项目团队以外的其他合伙人和项目组，并确保鉴证业务项目组和非鉴证服务项目组分别向各自的业务主管报告工作，可能能够应对因自我评价、过度推介或密切关系产生的不利影响；由其他会计师事务所执行或重新执行业务的某些部分，可能能够应对因自身利益、自我评价、过度推介、密切关系或外在压力产生的不利影响；由不同项目组分别应对具有保密性质的事项，可能能够应对因自身利益产生的不利影响。

（3）拒绝或终止特定的职业活动。

【思考 2-3】ABC 会计师事务所在 202×年上市公司年报审计过程中，遇到以下情形（见表 2-3），请分析下列情形对遵循职业道德基本原则产生的不利影响及相应的防范措施。

表 2-3　对遵循职业道德基本原则产生不利影响的常见情形及相应的防范措施

| 序号 | 情形 | 不利影响类型 | 防范措施 |
| --- | --- | --- | --- |
| 1 | 甲公司财务困难，应付 ABC 会计师事务所上一年的审计费用 500 万元一直没有支付。经双方协商，ABC 会计师事务所同意甲公司延期一年支付。在此期间，甲公司按银行同期贷款利率支付资金占用费 | | |
| 2 | 注册会计师 A 的父亲通过二级市场拥有被审计单位 1000 股股票 | | |

续　表

| 序号 | 情形 | 不利影响类型 | 防范措施 |
|---|---|---|---|
| 3 | 注册会计师B已连续5年担任乙上市公司年度财务报表审计的签字注册会计师。根据有关规定,在审计该公司202×年报时,ABC会计师事务所决定不再由B注册会计师担任签字注册会计师,B仅仅担任外勤审计负责人 | | |
| 4 | 由于被审计单位丙公司降低审计收费导致ABC会计师事务所审计收入不能弥补审计成本,ABC会计师事务所决定不再对丙公司下属的一个重要分公司进行审计,以审计范围受限为由,出具了保留意见的审计报告 | | |
| 5 | ABC会计师事务所202×年初为被审计单位丁公司担任法律诉讼的第一辩护人 | | |

测试 2-2 即测即评

# 第三节　注册会计师的法律责任

目前,我国注册会计师行业已形成以《中华人民共和国注册会计师法》为主体,《中华人民共和国会计法》《中华人民共和国证券法》《中华人民共和国公司法》等法律、相关司法解释以及财政部、证监会、国资委等相关部门制定的法律规范体系。会计师事务所或注册会计师因违约、过失或欺诈给被审计单位或其他利害关系人造成损失的,按照有关法律法规应承担相应的法律责任。

## 一、注册会计师法律责任的具体形式

视频 2-9 注册会计师的法律责任

注册会计师的法律责任包括行政责任、民事责任和刑事责任。行政责任是在违反注册会计师行业管理规范时应当受到相关政府部门给予的处罚。民事责任是在侵犯其他主体经济利益后应当进行赔偿的责任,主要是指赔偿受害人的经济损失。刑事责任是指触犯《中华人民共和国刑法》所必须承担的法律后果。这三种责任可以单独追究，也可以同时追究。例如，注册会计师违反规定受到财政部等行政处罚时，也可能受到民事和刑事制裁；注册会计师在触犯刑法受到刑事起诉时，也可能因侵犯民事主体经济利益而同时受到附带的民事诉讼，并将受到行政处罚。三种责任的具体处罚形式见表2-4。

表2-4　注册会计师法律责任的类型及原因

| 类型 | 原因 | 处罚 |
|---|---|---|
| 行政责任 | 违约、过失引起 | 对注册会计师个人的处罚，包括警告、暂停执业、吊销注册会计师证书等；对会计师事务所的处罚，包括警告、没收违法所得、罚款、暂停执业、撤销等 |
| 民事责任 | 违约、过失、欺诈引起 | 赔偿受害人的损失 |
| 刑事责任 | 欺诈引起 | 按有关法律程序判处一定的徒刑 |

## 二、注册会计师法律责任的成因

注册会计师法律责任的成因包括违约、过失和欺诈。

### (一)违约

违约，是指合同的一方或多方未能达到合同条款的要求，当违约给他人造成损失时，注册会计师应负违约责任，比如会计师事务所在商定的期间内未能递交纳税申报表，或违反了与被审计单位订立的保密协议等。

### (二)过失

过失是指在一定条件下没有保持应有的职业谨慎。评价注册会计师的过失是以其他合格注册会计师在相同条件下可做到的谨慎为标准的。当过失给他人造成损失时，注册会计师应负过失责任。过失按程度不同可分为普通过失和重大过失。普通过失，有时也称为一般过失，通常是指没有保持职业上应有的谨慎，对注册会计师而言，是指没有完全遵循专业准则的要求。重大过失，是指连基本的职业谨慎都没有保持。对注册会计师而言，是指没有遵循专业准则或没有按照专业准则要求执行审计。

### (三)欺诈

欺诈又称舞弊，是指以欺骗或坑害他人为目的的一种故意行为。具有不良动机是欺诈的重要特征,也是欺诈与普通过失和重大过失的主要区别之一。例如,明知委托单位的财务报表有重大错报却加以虚假陈述,并出具无保留意见的审计报告。

一般而言,违约和过失可能使注册会计师承担行政或民事责任。欺诈,可能会使注册会计师承担民事责任和刑事责任。

## 三、规避注册会计师法律诉讼的措施

### (一)缩小期望差距

审计委托者、利益相关者和社会大众等对审计质量的无限期望与注册会计师及会计师事务所对审计质量的有限期望之间形成了一种差距,这种差距就是审计期望差距。审计期望差距构成了注册会计师法律责任形成的根本原因。缩小期望差距,就是要让广大报表使用者明确注册会计师的责任,不要认为财务报表经过审计后,注册会计师可以查找到所有的问题,注册会计师应该对财务报表负责。

### (二)谨慎受托

谨慎受托,是指注册会计师在接受委托时,应该对被审计单位的风险进行评估,选择适合的被审计单位,并与被审计单位签订业务约定书,规范双方的责任与义务。

注册会计师应该审慎选择客户,特别关注陷入财务和法律困境的委托单位、频繁变更委托的单位以及管理当局品质不正的单位。注册会计师在接受委托之前,应充分关注被审计单位及其所在行业的经济环境,关注风险的高低,加强对被审计单位的了解。注册会计师应与被审计单位签订审计业务约定书,以保护自身和会计师事务所的利益。

### (三)严格标准执业

严格标准执业,是指注册会计师在执业过程中要严格遵守相关的规范和准则。注册会计师只有遵守专业规范,在执业时保持应有的职业谨慎,才可能减少或者避免过错的发生,规避法律诉讼。

### (四)诉讼准备

诉讼准备,是指事务所应提取风险基金和购买责任保险,并聘请熟悉注册会计师法律责任的律师。由于财务报表使用者对注册会计师职业的错误理解以及经济补偿利益的驱动,注册会计师及会计师事务所难免不涉及法律诉讼。因此,建立职业风险基金和购买职业保险是对会计师事务所极为必要的保护措施。一旦发生法律诉讼,会计师事务所应聘请熟悉注册会计师法律责任的律师,参与法律诉讼。

测试 2-3 即测即评

**[本章小结]**

执行审计工作的基本要求是遵守审计准则,遵守职业道德,保持职业怀疑,合理运用职业判断。我国注册会计师职业规范体系由注册会计师职业道德规范和注册会计师执业准则两个层次组成。其中,注册会计师执业准则体系由中国注册会计师执业准则、针对执业准则的应用指南以及审计准则问题解释共同构成。其中,中国注册会计师执业准则包括注册会计师业务准则(共50项)和会计师事务所质量控制准则(共3项)。前者指引注册会计师如何执行业务,后者指导会计师事务所如何管控质量。职业道德就是同人们的职业活动紧密联系的符合职业特点所要求的道德准则和行为规范,是职业品德、职业纪律、专业胜任能力及职业责任等的总称。与注册会计师职业道德有关的基本原则包括诚信、客观和公正、独立性、专业胜任能力和勤勉尽责、保密、良好的职业行为。职业道德概念框架是解释注册会计师职业道德问题的思路和方法,用以指导注册会计师,包括识别对职业道德基本原则的不利影响,评价不利影响的严重程度,必要时采取防范措施消除不利影响或将其降低至可接受的水平。可能对职业道德基本原则产生不利影响的因素包括自身利益、自我评价、过度推介、密切关系和外在压力。注册会计师的法律责任包括行政责任、民事责任、刑事责任。注册会计师法律责任的成因包括违约、过失和欺诈。

**[思考题]**

1. 注册会计师执业准则体系包括哪些方面?其核心内容是什么?

2. 注册会计师职业道德的基本原则有哪些?

3. 我国注册会计师法律责任有哪些?产生不同的法律责任的具体原因有哪些?

**[案例分析题]**

1. 讨论分析下列事项是否对注册会计师A的独立性产生不利影响,并说明理由。

(1)注册会计师A拥有华兴公司超过1%的股权,华兴公司聘请A审计其

202×年财务报表。

(2)注册会计师 A 长期为华兴公司代理记账和代编财务报表,华兴公司聘请 A 审计其 202×年财务报表。

(3)华兴公司聘请注册会计师 A 审计其 202×年财务报表,A 的妻弟担任华兴公司的董事。

(4)华兴公司新收购互联网金融业务,由互联网金融杰出人物担任部门经理。注册会计师 A 不熟悉互联网金融业务。

(5)注册会计师 A 在 202×年初拟为华兴公司担任法律诉讼的第一辩护人。该法律诉讼所涉及金额对其财务报表无重大影响。华兴公司聘请 A 审计其 202×年财务报表。

(6)注册会计师 A 持有华兴公司 100 股股票,市值 600 元。由于数额较小,注册会计师 A 在接受审计委托前,未处理该股票。

2. D 注册会计师负责对上市公司丁公司 202×年财务报表进行审计。202×年,丁公司管理层通过与银行串通编造虚假的银行进账单和银行对账单,虚构了一笔大额营业收入。D 注册会计师实施了向银行函证等必要审计程序后,认为丁公司 202×年度财务报告不存在重大错报,出具了无保留意见审计报告。

在丁公司 202×年度已审计财务报表公布后,股民甲购入了丁公司股票。随后,丁公司财务舞弊案件曝光,并受到证监会的处罚,其股票价格大幅下跌。为此,股民甲向法院起诉 D 注册会计师,要求其赔偿损失。D 注册会计师以其与股民甲未构成合约关系为由,要求免于承担民事责任。

讨论:

(1)为了支持诉讼请求,股民甲应当向法院提出哪些理由?

(2)请指出 D 注册会计师提出的免责理由是否正确,并简要说明理由。

(3)在哪些情形下,D 注册会计师可以免于承担民事责任?

第二章案例分析
题参考答案

# 第三章　审计目标、审计证据、审计程序与审计工作底稿

## 【学习目标】

● 知识目标

简述审计的总体目标,解释管理层认定及具体审计目标。

简述审计证据的含义,叙述审计证据的特征。

简述审计程序的含义,列举审计程序的种类。

简述审计工作底稿的含义,叙述审计工作底稿的格式和要素及管理要求。

● 能力目标

具备基本审计程序的设计能力,能针对具体审计环境设计合理的审计程序,收集恰当的审计证据,实现审计目标。

具备审计逻辑分析能力,迁移运用透过现象看本质的审计思维,分析实务中的审计问题。

● 价值目标

能"不忘初心、牢记使命",树立经济监督的责任感和使命感。

能"贯穿真实",说真话、办真事、用真情,将个人的理想和抱负融入国家建设中。

# 【导入案例】

## 技术许可收入何以为证？中兴财光华口说无凭①

资料 3-1 行政处罚决定书：中兴财光华

2016年,斯太尔动力股份有限公司(以下简称"斯太尔")通过虚构技术许可业务,将其从江苏中关村科技产业园管理委员会预收的20000万元政府奖励资金,包装成子公司斯太尔动力(江苏)投资有限公司(以下简称"江苏斯太尔")与江苏中关村科技产业园控股集团有限公司(以下简称"苏控集团")的三款非道路柴油发动机技术许可收入。2016年斯太尔财务报表虚增营业收入18867.92万元,虚增利润总额18847.72万元,虚增净利润14135.79万元,并将亏损披露为盈利。中兴财光华对斯太尔2016年度财务报表进行了审计,并于2017年4月26日出具了标准无保留意见的审计报告,审计收费为180万元,签字注册会计师为杨海龙和王雅栋。

中兴财光华在审计斯太尔2016年度财务报表时,江苏斯太尔被评估为错报风险高的重要组成部分,江苏斯太尔2016年度技术许可协议相关业务被评估为可能存在重大错报风险的领域。但是中兴财光华未按审计准则的规定执行审计程序,未能获取充分、适当的审计证据。

审计底稿显示,江苏斯太尔与苏控集团签订技术许可协议的日期为2016年12月6日,该协议经斯太尔股东大会审议的日期为2017年1月16日。江苏斯太尔向苏控集团发出发动机样机的发货单日期为2016年12月14日,而苏控集团验收单的收货日期为2016年12月12日。此外,负责生产发动机的斯太尔动力(常州)发动机有限公司(以下简称"常州斯太尔")向江苏斯太尔销售三台样机的预发货日期为2016年12月21日。中兴财光华在对前述技术许可事项执行审计程序时,未对技术许可协议的签订日期早于股东大会审议日期,收货日期早于发货日期等异常情形予以充分关注。

2016年12月26日,中兴财光华审计人员赴苏控集团,对苏控集团唐某昊进行了访谈和当面函证,斯太尔时任财务总监姚某全程现场陪同。中兴财光华未保持职业怀疑并审慎评价姚某的行为对函证和访谈获取的审计证据效力的不利影响,未能就相关收入获取充分、适当的审计证据。

中兴财光华在访谈苏控集团唐某昊时,了解到苏控集团对技术许可的交易标的进行了资产评估,但对方以涉及商业机密为由拒绝提供。在未获取相关评

---

① 资料来源:中国证监会行政处罚决定书(中兴财光华会计师事务所、杨海龙、王雅栋)〔2021〕52号[EB/OL].(2021-07-28)[2023-01-13].http://www.csrc.gov.cn/csrc/c101928/c1560152/content.shtml.

估报告的情况下,中兴财光华未考虑实施其他替代程序。

经查,为前述交易进行资产评估的评估机构北京中尊华资产评估有限公司不具备证券期货业务资格,评估服务费23万元由斯太尔通过其时任财务总监姚某的银行账户支付。

2021年7月28日,证监会对中兴财光华在审计斯太尔2016年度财务报表时未勤勉尽责,出具的2016年度审计报告存在虚假记载的行为予以处罚。

导入案例中,审计证据、审计程序和审计工作底稿在证监会调查审计失败过程中发挥了重要作用。那么,什么是审计证据、审计程序、审计工作底稿?它们对实现审计目标的作用是什么?

# 第一节　审计目标

## 一、审计目标的含义

审计目标是指审查和评价审计对象所要达到的目的与要求,它是指导审计工作的指南。审计目标分为审计总体目标和具体审计目标。

审计总体目标,是指注册会计师为完成整体审计工作而达到的预期目的。根据《中国注册会计师审计准则第1101号——财务报表审计的目标和一般原则》,在执行财务报表审计工作时,注册会计师的总体目标是:①注册会计师对财务报表整体是否不存在舞弊或错误导致的重大错报提供合理保证,并对财务报表的合法性和公允性发表审计意见。②按照审计准则的规定,根据审计结果对财务报表出具审计报告,并与管理层沟通。合法性是指被审计单位财务报表是否按照适当的财务报告编制基础编制。公允性是指被审计单位的财务报表是否在所有重大方面公允反映其财务状况、经营成果和现金流量。

视频3-1 审计目标
资料3-2 中国注册会计师审计准则第1101号

## 二、具体审计目标的层次和内容

注册会计师需要对财务报表发表意见,因此,首先其需要明确管理层通过财务报表想明确或隐含表达的意思(管理层认定),然后去一一验证这些认定是否正确。因此,具体审计目标,是指注册会计师通过实施审计程序以确定管理层在财务报表中确认的各类交易、账户余额、披露层次认定是否恰当。

注册会计师在了解每个项目的认定后,就很容易确定每个项目的具体审计目标。所以注册会计师的具体审计目标与管理层认定是一一对应的关系(见表3-1)。

表3-1　管理层认定及其具体审计目标

| 关于所审计期间各类交易、事项及相关披露的认定及其具体审计目标 | 关于期末账户余额及相关披露的认定及其具体审计目标 |
| --- | --- |
| 发生 | 存在 |
| 完整性 | 权利和义务 |
| 准确性 | 完整性 |
| 截止 | 准确性、计价和分摊 |
| 分类 | 分类 |
| 列报 | 列报 |

各认定项目的含义及其对应的具体审计目标如下。

### (一)关于所审计期间各类交易、事项及相关披露的认定及其具体审计目标

关于所审计期间各类交易、事项及相关披露的认定反映的是企业在一定期间内所开展经营活动及其成果的信息,通常对应利润表账户。该类认定分为以下六个具体认定。

#### 1. 发生

发生认定,是指记录或披露的交易和事项已发生,且这些交易和事项与被审计单位有关。

视频3-2　管理层认定(1)

具体审计目标:确认已记录的交易是真实发生的。违反该目标将导致"虚增或高估"问题。例如,拟IPO(initial public offering,首次公开募股)的公司,为达到上市指标,虚构销售收入,则违反了营业收入的发生认定(营业收入的发生认定错报)。

#### 2. 完整性

完整性认定,是指所有应当记录的交易和事项均已记录,所有应当包括在财务报表中的相关披露均已包括。

具体审计目标:确认所有已发生的交易和事项是否都已记录。违反该目标将导致"虚减或低估"问题。例如,某电商企业为了节税,隐瞒收入,则违反了营业收入的完整性认定(属于营业收入的完整性认定错报)。

### 3. 准确性

准确性认定,是指与交易和事项有关的金额及其他数据已恰当记录,相关披露已得到恰当计量和描述。

具体审计目标:确认已记录的交易是按照正确金额反映的。违反该目标将导致金额"多计或少计"问题。例如,销售交易中发出商品的数量与发票账单上的数量不符,或是开具发票账单时使用了错误的销售价格,或是发票账单中的乘积计算或加总有误,或是在销售账中记录了不恰当的金额,则已记录的销售交易金额不准确,违反了营业收入准确性认定(属于营业收入的准确性认定错报)。

(1)准确性认定与发生认定之间的区别

【例3-1】网店的客服,为把荷花酒打造成网红产品,通过刷单大幅提升销量,属于营业收入的发生认定错报(已记录的销售交易不应当记录)。

【例3-2】网店的会计小张,在财务系统中录入荷花酒的单价时,错将198元/盒录为189元/盒,导致本年的每一笔销售收入均少计,属于营业收入的准确性认定错报(已记录的销售交易是对真实发出商品的记录,但金额多计或少计)。

(2)完整性认定与准确性认定之间的区别

【例3-3】网店的荷花酒账面价值100元/盒,受负面舆论的影响,网店已下调为88元/盒。会计小张仍然按100元/盒确认为存货价值,属于资产减值损失的完整性认定错报(真实发生的资产减值没有记录)。

【例3-4】网店的荷花酒账面价值100元/盒,受负面舆论的影响,网店已下调为88元/盒。会计小张按88元/盒确认为存货价值,同时确认12元资产减值损失时未考虑销售税费,属于资产减值损失的准确性认定错报(真实发生的资产减值记录了,但是金额多计或少计)。

### 4. 截止

截止认定,是指交易和事项已记录于正确的会计期间。

具体审计目标:确认接近资产负债表日的交易记录于恰当的期间。违反该目标将导致"提前或推迟确认"问题。例如,如果本期交易推迟到下期记录,或下期交易提前到本期记录,则均属于截止认定错报。

以下情况均属于截止认定错报:

【例3-5】某高校在网店购买一批古法年糕作为教职工的春节福利。下单日期为20×2年12月31日,确认收货日期为20×3年1月3日。该店会计小张将该笔收入记入20×2年收入(提前)。

【例3-6】某高校在网店购买一批古法年糕作为教职工的春节福利。下单日期为20×2年12月30日,确认收货日期为20×2年12月31日,开票日期为20×3年1月3日。会计小张将该笔收入记入20×3年收入(推迟)。

### 5. 分类

分类认定,是指交易和事项已记录于恰当的账户。

具体审计目标:确认被审计单位记录的交易经过适当分类。违反该目标将导致"串户"问题。例如,如果将现销记录为赊销,将出售经营性固定资产所得的收入记录为营业收入,将应予资本化的利息记入财务费用,将应收账款记入其他应收款,则属于分类认定错报。

### 6. 列报

列报认定,是指交易和事项已被恰当地汇总或分解且表述清楚,相关披露在适用的财务报告编制基础下是相关的、可理解的。

具体审计目标:确认被审计单位的交易和事项已被恰当地汇总或分解且表述清楚,相关披露在适用的财务报告编制基础下是相关的、可理解的。例如,未将一年内到期的长期应收款列入一年内到期的非流动资产;将长期应付款总账余额直接列报,未扣除未确认融资费用。

### (二)关于期末账户余额及相关披露的认定及其具体审计目标

关于期末账户余额及相关披露的认定反映的是企业截至特定时点多账户余额信息,通常对应资产负债表账户。该类认定分为以下六个具体认定。

视频 3-3 管理层认定(2)

### 1. 存在

存在认定,是指记录的资产、负债和所有者权益都是存在的。存在认定错报主要与财务报表组成要素的高估有关。

具体审计目标:确认资产负债表上表述的各项资产、负债和权益账户的余额在资产负债表日是否存在。违反该目标将导致"虚增或高估"问题。

【例3-7】甲医药连锁店账面存货100万元,注册会计师A监盘时发现存货仅有90万元,属于存货存在认定错报。

【例3-8】乙公司向甲公司销售货物,货款100万元,截至资产负债表日未收回。注册会计师A向甲公司函证该应收账款,甲公司回函所欠货款已支付,核实后证据显示甲公司确已支付,属于应收账款存在认定错报。

### 2. 权利与义务

权利与义务认定,是指记录的资产由被审计单位拥有或控制,记录的负债是被审计单位应当履行的偿还义务。

具体审计目标:确认资产是否属于被审计单位的权利,负债是否属于被审计单位的义务。

【例3-9】注册会计师A审计甲公司固定资产时,发现甲公司将经营性租入机器设备记入本公司固定资产,属于固定资产权利认定错报。

【例3-10】注册会计师A在审计中发现,将关联方的应付广告费记入本公司其他应付款,属于其他应付款的义务认定错报(非存在认定错报)。

### 3. 完整性

完整性认定,是指所有应当记录的资产、负债和所有者权益均已记录,所有应当包括在财务报表中的相关披露均已包括。

具体审计目标:确认所有应当列入的金额是否均已列入。违反该目标将导致"虚减或低估"问题。例如,如果客户的应收账款实际发生,但在应收账款明细表中却遗漏记录,则属于完整性认定错报。

【例3-11】甲公司为纺织印染企业,因污染问题被当地居民起诉。注册会计师B询问甲公司的法律顾问该事项,法律顾问认为甲公司极有可能败诉,赔偿金额约为1000万元,注册会计师B未发现甲公司账面记录中涉及该事项,属于违反预计负债、营业外支出的完整性及列报认定。

### 4. 准确性、计价和分摊

准确性、计价和分摊认定,是指资产、负债和所有者权益以恰当的金额包括在财务报表中,与之相关的计价或分摊调整已恰当记录,相关披露已得到恰当计量和描述。

具体审计目标:确认资产、负债和所有者权益以恰当的金额包括在财务报表中,与之相关的计价或分摊调整已恰当记录。例如,期末没有对应收账款足额计提坏账准备致使高估应收账款金额,固定资产未正确计提折旧,无形资产未正确摊销,均属于准确性、计价和分摊认定错报。

【例3-12】甲公司一项专利技术于20×2年7月30日购入,会计小张当年按5个月摊销,属于违反无形资产的准确性、计价和分摊认定。

【例3-13】甲公司的一项设备闲置多年,已无转让价值。注册会计师C检查发现甲公司未计提该设备相关的资产减值损失,属于违反固定资产的准确性、计价和分摊认定,违反资产减值损失的完整性认定。

### 5. 分类

分类认定,是指资产、负债和所有者权益已记录于恰当的账户。

具体审计目标:确认资产、负债和所有者权益已记录于恰当的账户。

【例3-14】甲公司应收乙公司的销货款,被记录在其他应收款中,属于违反应收账款的分类认定。

【例3-15】甲公司为引进高管建造的宿舍已完工,高管已入住,但甲公司因为该在建工程未完成竣工决算,未将其转为固定资产,属于违反固定资产分类认定,管理费用的完整性认定。

### 6. 列报

列报认定,是指资产、负债和所有者权益已被恰当地汇总或分解且表述清楚,相关披露在适用的财务报告编制基础下是相关的、可理解的。

具体审计目标:确认资产、负债和所有者权益已被恰当地汇总或分解且表述清楚,相关披露在适用的财务报告编制基础下是相关的、可理解的。例如,未披露重大固定资产抵押、银行存单质押、未决诉讼等,属于列报认定错报。

【思考3-1】奥瑞德2016年报显示,其应收账款从2015年底的4.05亿元暴增至2016年底的11.46亿元,余额净增长7.41亿元,同比增长182.96%,一年时间应收账款翻了近3倍!查阅其前五大应收账款单位发现,天宝光电科技有限公司是2016年奥瑞德的第一大客户,当年为奥瑞德贡献5.18亿元营业收入,占营业收入总额的35.00%,当年这家公司的应收账款余额高达4.17亿元。

工商资料显示,天宝光电于2016年7月8日成立,注册资金1亿元,其注册信息、地址、股东、法人代表,都与奥瑞德参股的另一家公司宝塔光电一模一样。而且奥瑞德是宝塔光电的股东,持股比率为30.00%,宝塔光电是天宝光电的股东,持股比率为15.00%,因此,奥瑞德也是天宝光电的股东。

讨论:注册会计师应收账款审计应重点关注哪些认定?

【思考3-2】华锐风电2010—2012年应收账款前五大客户如表3-2所示。

表3-2　华锐风电2010—2012年应收账款前五大客户名单

| 2010年 | 2011年 | 2012年 |
| --- | --- | --- |
| 华电国际山东物资有限公司 | 华能阜新风力发电有限责任公司 | 华能阜新风力发电有限责任公司 |
| 内蒙古华电辉腾锡勒风力发电有限公司 | 河北德和新能源开发有限公司 | 华电国际物资有限公司 |
| 华能阜新风力发电有限责任公司 | 内蒙古北方龙源风力发电有限责任公司 | 华能国际电力股份有限公司 |
| 山东鲁能物资集团有限公司 | 华能国际物资有限公司 | 内蒙古北方龙源风力发电有限责任公司 |
| 上海东海风力发电有限公司 | 华能国际电力股份有限公司 | 内蒙古华电辉腾锡勒风力发电有限公司 |

从表3-2中可以明显看出,2011年应收账款大客户中,河北德和新能源、内蒙古北方龙源风力、华能国际电力,分别成为新增的第二、第三、第五大客户。但2012年,河北德和新能源却迅速退出了前五大客户的名单。值得注意的是:河北德和新能源这家企业,成立于2009年,2011年便迅速成为华锐风电的前五大客户之一,但在2012年就不再是其前五大客户之一。

天眼查数据显示,河北德和新能源公司成立仅2年,注册资本19亿元,实缴资本9300万元。然而这家企业却大手笔采购了华锐光电8.29亿元的风机。

讨论:注册会计师应收账款审计应重点关注哪些认定?

【思考3-3】2014年10月,恒顺众昇与MMS签订了总金额为7985万美元,折合人民币4.95亿元的建造合同。合同初始条款约定,将在2014年12月完成第一批次交付验收,剩余批次预计将于2015年完成最终交付验收。然而,该合同在2016年1月发生了变更,合同金额变更为9.2亿元,同时披露了项目的完工进度为17.74%。

证监会认定恒顺众昇存在多项信息披露违规行为和提前确认收入调节利润的行为。其中,涉嫌提前确认收入金额巨大,2014年虚增收入2.92亿元,利润1.4亿元。

之所以2014年发生的事件,监管层2018年才发现,就是因为完工百分比法作祟。在完工百分比法中,完工进度很难量化,而完工进度又直接影响了收入确认的数额,因此很多企业都会想方设法钻此漏洞。

测试 3-1 即测即评

讨论:注册会计师应收账款审计应重点关注哪些认定?

# 第二节　审计证据

视频 3-4 审计证据的定义

## 一、审计证据的含义

审计证据,是指注册会计师为了得出审计结论,形成审计意见而使用的所有信息,包括构成财务报表基础的会计记录所含有的信息和其他信息。

审计证据的内容及举例见表3-3。

表3-3　审计证据的内容及举例

| 审计证据 | 会计记录中含有的信息 | 原始凭证 | 如发票、支票存根、电子资金转账记录 |
| --- | --- | --- | --- |
| | | 记账凭证 | 如记录采购原材料的记账凭证 |
| | | 总账和明细账 | 如应收账款总账与明细账,银行存款日记账等 |
| | | 未在记账凭证中反映的对财务报表的其他调整 | 如编制财务报表时的重分类调整、编制合并财务报表时的内部交易抵销调整 |
| | | 支持成本分配、计算、调节和披露的手工计算表和电子数据表 | 如制造费用分配表 |

续 表

| 审计证据 | 其他信息 | 从被审计单位内部或外部获取的会计记录以外的信息 | 如被审计单位会议记录、内部控制手册、询证函的回函、分析师的报告、与竞争者的比较数据、合同、人事档案等 |
|---|---|---|---|
| | | 通过询问、观察和检查等审计程序获取的信息 | 检查存货获取是否存在的证据(监盘表)等 |
| | | 注册会计师自身编制或获取的可以通过合理推断得出结论的信息 | 注册会计师编制的各种计算表、分析表,如所得税计算表、利息计算表等 |

　　财务报表依据的会计记录中包含的信息和其他信息共同构成了审计证据,两者缺一不可。如果没有前者,审计工作将无法进行;如果没有后者,可能无法识别重大错报风险。只有将两者结合起来分析,才能将审计风险降至可接受的低水平,为注册会计师发表审计意见提供合理基础。比如,大额应收账款的存在认定不能只凭会计记录,还需要函证来获得证据。

　　审计证据在性质上具有累积性,主要是在审计过程中通过实施审计程序获取的,还包括以前审计中获取的信息或会计师事务所接受与保持客户或业务时实施质量控制程序获取的信息。审计证据既包括支持和佐证管理层认定的信息,也包括与这些相矛盾的信息,某些情况下,甚至信息的缺乏(如管理层拒绝提供注册会计师要求的声明)也构成审计证据。

## 二、审计证据的特征

　　审计证据要具有较强的证明力,就必须具有充分性和适当性两大特征。注册会计师应当保持职业怀疑态度,运用职业判断,评价审计证据的充分性和适当性。

视频 3-5 审计证据的特征(1)

### (一)充分性

　　审计证据的充分性是对审计证据数量的衡量,是指审计证据的数量足以支持注册会计师的审计结论。

　　审计证据的充分性主要与注册会计师确定的样本量有关。例如,检查已售商品是否均已出库,选取200个样本获得的证据要比选取100个样本获取的证据更充分。

　　注册会计师获取审计证据的数量受其对重大错报风险评估的影响(评估的重大错报风险越高,需要的审计证据可能越多)。例如,甲公司审计年度扣除非经常性损益后的净利润实现"精准达标"。注册会计师认为甲公司营业收入的重大错报风险较高,在实质性程序中需要扩大样本量以获取更多营业收入发生的审计证据。

注册会计师获取审计证据的数量还受审计证据的质量影响(审计证据质量越高,需要的审计证据可能越少)。但是,注册会计师仅靠获取更多的审计证据可能无法弥补其质量上的缺陷。例如,在对甲公司应付账款的完整性进行检查时,注册会计师通过不列示账户余额的询证函回函获取的审计证据可能是充分的。再如,为防止甲公司虚假发货提前确认收入,注册会计师在存货监盘时,重点抽取"发生额小但结存额大"的存货进行监盘获取的审计证据存在缺陷(该审计证据针对存货的"高留低转"虚增利润的错报)。此类审计证据的数量无法弥补质量上的缺陷。更高质量的审计证据是对"发生额大但结存额小"的存货进行监盘获取证据。

### (二)适当性

审计证据的适当性,是对审计证据质量的衡量,即审计证据在支持审计意见所依据的结论方面具有相关性和可靠性。只有相关且可靠的审计证据才是高质量的审计证据。

视频 3-6 审计
证据的特征(2)

#### 1. 相关性

审计证据的相关性是指审计证据应与审计目标相关。审计证据的相关性可能受测试方向的影响。例如,为检查甲公司应付账款的高估错报,注册会计师测试已记录的应付账款可能是相关的审计程序。如果是检查应付账款的漏记错报,注册会计师测试已记录的应付账款很可能不是相关的审计程序,相关的审计程序可能是测试期后支出、未支付发票、供应商结算单以及发票未到的收货报告单等。

---

【小贴士】

按会计核算程序测试称为顺查法,即从原始凭证等书面文件记录追查到明细账的过程,其逻辑是"经济实质—账面记录"。顺查法用于检查所发生的交易或事项是否均已被记录,通过这种检查可以为完整性认定(低估)提供审计证据。反之,与会计核算程序相反的测试称为逆查法,即从明细账追查至原始凭证等书面文件记录,其逻辑是"账面记录—经济实质"。逆查法用于检查已记录的交易或事项是否均已发生,通过这种检查可以为发生或存在认定(高估)提供审计证据。

---

审计证据的相关性还可能受审计程序的影响。注册会计师在判断审计证据

是否相关时,需注意以下情形:①特定的审计程序可能只为某些认定提供相关的审计证据,而与其他认定无关。例如,存货计价测试可以为存货的准确性、计价和分摊认定提供审计证据,但与存货的存在认定无关。②有关某一特定认定的审计证据,不能替代与其他认定相关的审计证据。例如,应收账款函证程序可以为应收账款的存在认定提供审计证据,但是不能替代应收账款准确性、计价和分摊认定的审计证据。③不同来源或不同性质的审计证据可能与同一认定相关。例如,证明存货存在可以实地盘存存货,也可以检查存货入库清单。

### 2. 可靠性

审计证据的可靠性,是指审计证据的可信赖程度。审计证据的可靠性取决于审计证据的来源和性质,并受取证环境的影响,也就是说,在确定审计证据是否可靠时,应当具体问题具体分析。审计证据的可靠性通常遵循以下判断原则。

(1)从外部独立来源获取的审计证据可能比从其他来源获取的审计证据更可靠。例如,银行对账单比银行存款余额调节表更可靠;如银行询证函回函比银行对账单更可靠;获得外部认可的内部证据可能比仅在被审计单位内部流转的证据要可靠,如销售发票副本比被审计单位的期末存货盘点表更可靠。

(2)内部控制有效时内部生成的审计证据比内部控制薄弱时内部生成的审计证据更可靠。例如,如果与销售业务相关的内部控制有效,从销售发票和发货单中取得的证据就比相关内部控制无效时获取的证据更可靠。

(3)直接获取的审计证据比间接获取或推论得出的审计证据更可靠。例如,注册会计师观察某项控制的运行得到的证据比询问被审计单位某项控制的运行得到的证据更可靠。

(4)以文件、记录形式(包括纸质、电子或其他介质)存在的审计证据比口头形式的审计证据更可靠。例如,会议的同步书面记录比对讨论事项事后的口头表述更可靠。在一般情况下,口头证据往往需要得到其他证据的支持。

(5)从原件获取的审计证据比从传真件或复印件获取的审计证据更可靠。传真件或复印件容易被篡改或伪造,可靠性较低。

(6)从不同来源获取的审计证据或不同性质的审计证据能够相互印证,则相关的审计证据更可靠。从不同来源获取的审计证据或不同性质的审计证据相互矛盾,则表明某项审计证据可能不可靠,注册会计师应当追加必要的审计程序。例如,注册会计师检查委托加工材料,经函证证实委托加工材料确实存在。委托加工协议和函证回函这两个不同来源的审计证据相互印证,证明委托加工材料真实存在。但是,如果注册会计师函证证实委托加工材料已加工完成并返回被审计单位,则委托加工材料是否真实存在存疑。这时,注册会计师应追加审计程序,确认委托加工材料收回后是否未入库,或被审计单位收回后予以销售而未入账。

**【小贴士】**

在保证获取充分、适当的审计证据的前提下，注册会计师应当考虑控制审计成本。但审计证据获取难、成本高不应成为减少不可替代审计程序的理由。

### （三）充分性和适当性的关系

审计证据的充分性和适当性分别是对审计数据的数量与质量的要求，因此二者之间的关系可集中体现为：第一，充分性和适当性缺一不可，只有充分且适当的审计证据才具有证明力。第二，适当性是前提，缺乏适当性基础的审计证据再多也无用。第三，审计证据的适当性越强，所需的审计证据数量越少。

资料 3-3 中国注册会计师审计准则第 1301 号和 1311 号

测试 3-2 即测即评

# 第三节　审计程序

## 一、审计程序的含义

审计程序，是指获取审计证据的方法或活动。审计程序有广义和狭义之分。广义的审计程序，是指为获取审计证据的审计活动类型或审计工作环节，包括风险评估程序、进一步审计程序中的控制测试和实质性程序。狭义的审计程序则是指注册会计师在审计工作中为了获取审计证据所采取的具体方法，即审计取证的方法，这主要是针对审计证据而言的，一般包括检查、观察、询问、函证、重新计算、重新执行和分析程序等。广义的审计程序将在后续章节中阐述。本节主要围绕注册会计师审计阐述狭义的审计程序。

## 二、审计程序的种类

在审计过程中，注册会计师可根据需要单独或综合运用以下七种审计程序，以获取充分、适当的审计证据。

视频 3-7 审计程序

资料 3-4 中国注册会计师审计准则问题解答第 3 号

## （一）检查

检查是指注册会计师对被审计单位内部或外部生成的，以纸质、电子或其他介质形式存在的记录和文件进行审查，或对资产进行实物审查。记录或文件可能包括各种原始凭证、记账凭证、会计账簿、财务报表以及其他文件（合同、会议记录、构成金融工具的股票、债券等）。有形资产可能包括实物资产（如存货、固定资产等）及货币资金、有价证券等。

检查记录和文件可为其存在提供可靠的审计证据。审计证据的可靠性取决于记录或文件的来源和性质。通常，外部记录或文件比内部记录或文件更为可靠，例如，货物运单由被审计单位的供应商出具，又经被审计单位认可，表明双方对凭证上记录的相关信息达成一致意见。此外，某些编制过程谨慎，由律师或其他有特定资格的专家进行复核的外部凭证也具有较高的可靠性。

检查有形资产，可为有形资产的存在认定提供可靠的审计证据，但不一定能够为权利和义务或计价认定提供可靠的审计证据。

## （二）观察

观察是指注册会计师察看相关人员正在从事的活动或实施的程序。观察法适用于对内部控制的了解测试和对经营管理活动的考察。例如，对客户执行的存货盘点、信用审批过程进行观察，对客户车间生产活动进行观察等。

观察提供的审计证据仅限于观察发生的时间节点，并且相关人员在已经知道被观察时，从事活动或实施程序可能与日常的做法不同，从而影响注册会计师对真实情况的了解。因此，注册会计师在使用观察程序获取证据的时候，要注意其本身固有的局限性。

## （三）询问

询问是指注册会计师以书面或口头方式，向被审计单位内部或外部的知情人员获取财务信息和非财务信息，并对答复进行评价的过程。知情人员对询问的答复可能为注册会计师提供尚未获悉的信息，也可能提供与已获悉信息存在重大差异的信息。审计人员应根据询问的结果修改审计程序或实施追加的审计程序。通过询问获得的证据（口头证据）一般不能作为结论性证据。对于重要事项，注册会计师可能针对询问的口头答复获取书面声明。

## （四）函证

函证是指注册会计师直接从第三方（被询证者）获取书面答复

(纸质、电子或其他介质形式)作为审计证据的过程。

### 1. 函证对象

函证通常适用于账户余额及其组成部分(如应收账款明细账);也可能用于确认某些信息存在或不存在,如保证、抵押或质押、背后协议等;还可能用于获取某些细节信息,如某项重大交易的细节、合同条款的细节。

函证对象主要包括但不限于以下内容:①银行存款(包括零余额账户和在本期内注销的账户)、借款及与金融机构往来的其他重要信息。注册会计师应当对银行存款、借款及与金融机构往来的其他重要信息实施函证程序,除非有充分证据表明某一银行存款及与金融机构往来的其他重要信息对财务报表不重要且与之相关的重大错报风险很低。②应收账款。注册会计师应当对应收账款实施函证,除非有充分证据表明应收账款对财务报表不重要,或注册会计师认为函证很可能无效。如函证很可能无效,应当实施替代审计程序。③其他项目,如交易性金融资产,应收票据,其他应收款,预付账款,由其他单位代为保管、加工或销售的存货,长期股权投资,应付账款,预收账款,保证,抵押或质押,或有事项,重大或异常的交易等。

### 2. 函证范围

注册会计师可以从总体中选取特定项目进行测试。选取的特定项目可能包括:①金额较大的项目;②账龄较长的项目;③交易频繁但期末余额较小的项目;④重大关联交易;⑤重大或异常的交易;⑥可能存在争议、舞弊或错误的交易。

资料 3-5 中国注册会计师审计准则第1312号
资料 3-6 中国注册会计师审计准则问题解答第2号

### 3. 函证时间

注册会计师通常以资产负债表日为截止日,在资产负债表日后的适当时间内实施函证。如果重大错报风险评估为低水平,注册会计师可选择资产负债表日前的适当日期为截止日实施函证,并对所函证项目自该截止日起至资产负债表日止发生的变动实施实质性程序。

### 4. 函证方式

(1)积极的函证方式。如果采用积极的函证方式实施函证,注册会计师应当要求被询证者在所有情况下必须回函,确认询证函所列示信息是否正确,或填列询证函要求的信息。

(2)消极的函证方式。如果采用消极的函证方式,注册会计师只要求被询证者仅在不同意询证函列示信息的情况下才予以回函。

(3)函证方式选择。在实务中,注册会计师可以采用积极或消极的函证方式,也可以将这两种方式结合使用。当同时存在下列情况时,注册会计师可考虑采用消极的函证方式:①重大错报风险评估为低水平;②涉及大量余额较小的账户;③预期不存在大量的错误;④没有理由相信被询证者不认真对待函证。

### 5. 函证过程控制

为了保证函证的效果,注册会计师应当对询证函保持控制。

在函证发出前,注册会计师应对被询证者的名称、地址以及被函证信息执行核对程序,经被审计单位盖章后,由注册会计师直接发出;换言之,不得由被审计单位代发。

若函证采用邮寄方式发出,不应使用被审计单位本身的邮寄设施,注册会计师应独立寄发;若采用跟函,注册会计师需要在整个过程中保持对询证函的控制,同时,对被审计单位和被询证者之间串通舞弊的风险保持警觉。

视频 3-9 函证(2)

### 6. 回函结果评价

注册会计师应当评价实施函证程序的结果是否提供了相关、可靠的审计证据,或是否有必要进一步获取审计证据。对于以下三类情形,注册会计师需特别留意并采取相应的应对措施:①回函被认为不可靠:注册会计师应当进一步获取审计证据,以消除这些疑虑。如果认为询证函回函不可靠,注册会计师应当评价其对评估的相关重大错误风险(包括舞弊风险)以及其他审计程序的性质,时间安排和范围的影响。②未回函:若在合理的时间内未收到询证函(积极式函证)的回函,注册会计师应当考虑必要时再次向被询证者寄发询证函,对于无法投递而退回的信函要进行分析,查明是否由于被询证者地址迁移、差错致使信函无法投递,还是所函证信息本来就是假的,并继续追查找到原因。若未能得到被询证者的回应,注册会计师应当实施替代审计程序,如检查书面文件。但是注册会计师认为取得积极式函证回函是获取充分、适当的审计证据的必要程序,而替代程序不能提供注册会计师所需要的审计证据,在这种情况下,如果未获得回函,注册会计师应当确定其对审计工作和审计意见的影响。③回函显示存在不符事项:询证函回函中指出的不符事项,可能显示财务报表存在错报或潜在错报,当识别出错报时注册会计师需要评价该错报是否表明存在舞弊。不符事项可以为注册会计师判断来自类似的被询证者回函的质量及类似账户回函质量提供依据,不符事项还可能显示被审计单位与财务报表相关的内部控制存在缺陷。当然某些不符事项并不一定表明存在错报,例如注册会计师可能认为询证函回函的差异是函证程序的时间安排、计量或书写错误造成的。

### (五)重新计算

重新计算是指注册会计师对记录或文件中数据计算的准确性进行核对。重新计算可通过手工方式或电子方式进行。例如,计算销售发票的金额,加总日记账和明细账,检查折旧费用的计算,检查应纳税额的计算等。重新计算往往同检查程序一并运用。

### （六）重新执行

重新执行是指注册会计师独立执行原本作为被审计单位内部控制组成部分的程序或控制，以验证相关控制执行的有效性。例如，注册会计师利用被审计单位的银行存款日记账和银行对账单，重新编制银行存款余额调节表，并与被审计单位编制的银行存款余额调节表进行比较，验证被审计单位银行存款对账控制的执行情况。

在实务中，重新执行的成本较高，通常在询问、观察、检查等未能获取充分适当的证据时，才使用重新执行程序。

### （七）分析程序

分析程序是指注册会计师分析不同财务数据之间及财务数据与非财务数据之间的内在关系，对财务信息做出评价。分析程序还包括在必要时调查已识别的与其他相关信息不一致或与预期值差异重大的波动或关系。

视频 3-10 分析程序
资料 3-7 中国注册会计师审计准则第 1313 号

分析程序应用于整个审计过程中，其目的包括下列三种情况：

（1）用作风险评估程序，以了解被审计单位及其环境，识别那些可能表明财务报表存在重大错报风险的异常变化，进而评估重大错报风险。

例如，注册会计师根据对被审计单位及其环境的了解，得知本期在生产成本中占较大比重的原材料成本大幅上升。因此，注册会计师预期在销售收入没有较大变化的情况下，由于销售成本的上升，毛利率应下降。但是，注册会计师通过分析程序比较本期与上期毛利率，发现本期的毛利率与上期变化不大，据此推断销售成本可能存在重大错报风险。

实施风险评估程序时，应当运用分析程序，但并非每一环节都需要运用，如了解内部控制时，注册会计师一般不运用分析程序。

（2）用作实质性程序，即实施实质性分析程序收集审计证据，识别重大错报，以适当减少细节测试的工作量，节约审计成本，降低审计风险。实质性分析程序并不适用于所有的财务报表认定。实质性分析程序通常更适用于在一段时期内存在预期关系的大量交易。

（3）用于审计临近结束时的总体复核，即确定财务报表中列报的所有信息是否与注册会计师对被审计单位的了解一致，以佐证对财务报表形成的总体结论。

测试 3-3 即测即评

# 第四节　审计工作底稿

## 一、审计工作底稿的含义

审计工作底稿,是指注册会计师对制订的审计计划、实施的审计程序、获取的相关审计证据以及得出的审计结论做出的记录。

审计工作底稿是审计证据的载体,是注册会计师在审计过程中形成的审计工作记录和获取的资料。它形成于审计过程,也反映整个审计过程。

视频 3-11 审计工作底稿(1)

## 二、审计工作底稿的要素与格式

通常,审计工作底稿包括下列全部或部分要素。

**1. 审计工作底稿的标题**

审计工作底稿的标题包括被审计单位名称、审计项目名称以及资产负债表日或底稿覆盖的会计期间(如果与交易相关)等。

**2. 审计过程记录**

在记录审计过程时,应特别注意以下几个方面:

(1)具体项目或事项的识别特征。在记录实施审计程序的性质、时间安排和范围时,注册会计师应记录测试的具体项目或事项的识别特征。识别特征是指被测试的项目或事项表现出的征象或标志,具有唯一性。识别特征因审计程序的性质和测试项目或事项的不同而不同。对某一个具体项目或事项而言,其识别特征通常具有唯一性,这种特性可以使其他人员根据识别特征在总体中识别该项目或事项并重新执行该测试。

识别特征,既能反映项目组履行职责的情况,也便于对例外事项或不符事项进行调查,以及对测试的项目或事项进行复核。如在对被审计单位生成的订购单进行细节测试时,注册会计师能够以订购单的日期和其唯一编号作为测试订购单的识别特征。

对于需要选取或复核既定总体内一定金额以上的所有项目的审计程序,注册会计师可以记录实施程序的范围并指明该总体。例如,银行存款日记账中一定金额以上的所有会计分录。

对于需要系统化抽样的审计程序,注册会计师可能会通过记录样本的来源、抽样的起点及抽样间隔来识别已选取的样本。例如,被审计单位对发运单顺序编号,测试的发运单的识别特征可以是对4月1日至9月30日的发运记录,从第12345号发运单开始每隔125号系统抽取发运单。

对于需要询问被审计单位中特定人员的审计程序,注册会计师可能会以询问的时间、询问人的姓名及职位作为识别特征。

对于观察程序,注册会计师可以以观察的对象或观察过程、相关被观察人员及其各自责任、观察的地点和时间作为识别特征。

（2）重大事项。注册会计师应当根据具体情况判断某一事项是否属于重大事项。重大事项通常包括：①引起特别风险的事项；②实施审计程序的结果,该结果表明财务信息可能存在重大错报,或需要修正以前对重大错报风险的评估和针对这些风险拟采取的应对措施；③导致注册会计师难以实施必要审计程序的情形；④导致出具非标准审计报告的事项。

注册会计师应当记录与管理层、治理层和其他人员对重大事项的讨论,包括所讨论事项的性质以及讨论的时间、地点和参加人员。

有关重大事项的记录可能分散在审计工作底稿的不同部分。为了方便注册会计师评价重大事项对审计工作的影响,提高复核底稿的效率,应将其汇总在"重大事项概要"中。

（3）针对重大事项如何处理不一致的情况。如果识别出的信息与针对某重大事项得出的最终结论不一致,注册会计师应当记录如何处理不一致的情况。上述情况包括但不限于：注册会计师针对该信息执行的审计程序,项目组成员对某事项的职业判断不同而向专业技术部门咨询的情况,以及对项目组成员和被咨询人员不同意见(如项目组与专业技术部门意见不同)的解决情况。

### 3. 审计结论

审计工作的每一部分都应包含与已实施的审计程序的结果及其是否实现既定审计目标相关的结论,还应包括审计程序识别出的例外情况和重大事项如何得到解决的结论。注册会计师需要根据所实施的审计程序及获取的审计证据得出结论,并以此作为发表审计意见的基础。在记录审计结论时需要注意,在审计工作底稿中记录的审计程序和审计证据是否足以支持所得出的审计结论。

### 4. 审计标识及其说明

审计标识被用于与已实施审计程序相关的底稿。每张底稿都包含对已实施程序的性质和范围所做的解释,以支持每一个标识的含义。审计工作底稿中可使用各种审计标识,但应说明其含义,并保持前后一致。表3-4是注册会计师在审计工作底稿中列明标识并说明其含义的例子,供参考。

表3-4　审计底稿中的审计标识与含义

| 审计标识 | 含义 | 审计标识 | 含义 |
|---|---|---|---|
| ∧ | 纵加核对相符 | < | 横加核对相符 |
| B | 与上年结转数核对一致 | T | 与原始凭证核对一致 |
| G | 与总分类账核对一致 | S | 与明细账核对一致 |
| C | 已收回询证函 | C:\\ | 已收回询证函 |

### 5. 索引号及编号

通常,审计工作底稿需要注明索引号及顺序编号,相关审计工作底稿之间需要保持清晰的勾稽关系。

索引号就是按照一定的规律对审计工作底稿进行的分类编号。注册会计师可以按照所记录的审计工作内容、层次进行编号,具有唯一性。编号是同一索引号下多页审计工作底稿的顺序编号。例如,固定汇总表的编号为C1,按类别列示的固定资产明细表的编号为C1-1,房屋建筑物的编号为C1-1-1,机器设备的编号为C1-1-2,运输工具的编号为C1-1-3,其他设备的编号为C1-1-4。相互引用时,需要在审计工作底稿中交叉注明索引号。

### 6. 编制者和复核者及其执行日期

为了明确责任,在各自完成与特定工作底稿相关的任务后,编制者和复核者都应在工作底稿上签名并注明编制日期和复核日期。

## 三、审计工作底稿的复核

审计工作底稿的复核包括项目内部复核和项目质量控制复核两级,而项目组内部复核又包括项目组成员复核和项目合伙人复核。其中,项目组内部复核对所有审计项目都是必需的,项目质量控制复核是针对特定服务实施的。审计工作底稿的复核相关详细内容见第八章第一节。

视频 3-12 审计工作底稿(2)
资料 3-8 中国注册会计师审计准则第1131号

## 四、审计工作底稿的管理

### (一)审计工作底稿的归档

注册会计师应当及时将审计工作底稿归整为审计档案。审计工作底稿的归档期限为审计报告日后60天内。如果注册会计师未能完成审计业务,则审计工作底稿的归档期限为中止审计业务日后60天。

## (二)审计工作底稿的保管日

自审计报告日(或中止审计业务日)起,审计工作底稿至少应保存10年。

## (三)审计工作底稿的修改

在完成审计档案工作后,注册会计师如果发现有必要修改现有审计工作底稿或增加新的审计工作底稿,应当记录修改或增加审计工作底稿的时间和人员、复核的时间和人员,以及修改或增加的理由。

测试 3-4 即测即评

## [本章小结]

审计目标是指导审计工作的指南。审计目标分为审计总体目标和具体审计目标。在执行财务报表审计工作时,注册会计师的总体目标是:注册会计师对财务报表整体是否不存在舞弊或错误导致的重大错报提供合理保证,并对财务报表的合法性和公允性发表审计意见;按照审计准则的规定,根据审计结果对财务报表出具审计报告,并与管理层沟通。具体审计目标是根据审计总体目标,对管理层认定进行审计。管理层认定包括所审计期间各类交易、事项及相关披露的认定和期末账户余额及相关披露的认定两类。审计证据具有充分性和适当性两大特征。获取审计证据的审计程序包括检查、观察、询问、函证、重新计算、重新执行和分析等七大基本程序。上述审计证据都应记录于审计工作底稿中,以作为注册会计师形成审计结论、发表审计意见的依据。注册会计师应当及时将审计工作底稿归整为审计档案。审计工作底稿的归档期限为审计报告日后60天内。如果注册会计师未能完成审计业务,则审计工作底稿的归档期限为中止审计业务日后60天。自审计报告日(或中止审计业务日)起,审计工作底稿至少应保存10年。

## [思考题]

1.审计的总体目标和具体目标分别是什么?

2.管理层认定是什么? 管理层认定有哪些具体的类别?

3.七大基本审计程序分别是什么? 其获取的审计证据有何特点?

4.审计工作底稿应具备哪些要素?

**[案例分析题]**

1.假设A注册会计师在执行甲公司2019年财务报表审计时发现表3-5中的事项。请分别针对每一事项指明被审计单位违反了哪一项认定。要求:先写出认定的大类,再写出认定的名称,例如:"关于所审计期间各类交易、事项及相关披露的认定:发生。"

表3-5　财务报表审计发现的事项及违法认定

| 财务报表审计时发现的事项 | 被审计单位违法的认定 |
| --- | --- |
| 本期交易推迟至下期记账,或者将下期应当记录的交易提前到本期交易 | |
| 期末少计提累计折旧 | |
| 在销售明细账中记录了并没有发生的一笔销售 | |
| 不存在某顾客,在应收账款明细表中列入了对该顾客的应收账款 | |
| 财务报表附注没有分别对原材料、在产品和产成品等存货成本核算方法做恰当的说明 | |
| 将不属于被审计单位的债务记入账内 | |
| 将出售某经营性固定资产(并非企业的日常交易事项)所得的收入记录为主营业务收入 | |
| 发生了一项销售交易,但没有在销售明细账和总账中记录 | |
| 在销售交易中有如下情况:(1)发出商品的数量和账单上的数量不符;(2)开具账单时运用了错误的销售价格;(3)账单中的乘积或加总有误;(4)在销售明细账中记录了错误的金额 | |
| 存在对某客户的应收账款,在应收账款明细表中却没有列入对该客户的应收账款 | |
| 关联交易类型、金额没有在财务报表附注中做恰当披露 | |
| 关联方和关联交易,没有在财务报表中充分披露 | |
| 将现销记录为赊销 | |

2.针对下列第(1)项至第(6)项,逐项指出明玉集团审计项目组的做法是否恰当,如不恰当,简要说明理由。

(1)审计项目组成员要求被询证方A公司将回函直接寄至会计师事务所,但A公司将回函寄至明玉集团财务部,项目组成员取得了该回函,将其归入审计工作底稿。

(2)审计项目组以传真件方式收到的回函,项目组成员与被询证方取得了电话联系,确认回函信息,在审计工作底稿中记录了电话内容、时间、对方姓名与职位,并在审计工作底稿中签署自己的姓名和完成日期。

(3)未收到被询证方C公司的应收账款回函,项目组成员致电询问,得到答复称已核对余额无误,审计项目组将被询证方答复完整记录于审计工作底稿中。

(4)甲公司在乙银行设立了一个用以缴纳税款的专门账户,除此之外,与乙银行没有其他业务关系,审计项目组认为,该账户的重大错报风险很低且余额不重大,未对该账户实施函证程序。

(5)审计项目组负责填写询证函信息,甲公司业务员负责填写询证函信封,审计项目组取得加盖公章的询证函及业务员填写的信封后,直接到邮局将询证函寄出。

(6)客户丙公司的回函并非询证函原件。甲公司财务人员解释,在催收回函时,由于丙公司财务人员表示未收到询证函,因此将其留存的询证函复印件寄送给了丙公司,并要求丙公司财务人员将回函直接寄回至ABC会计师事务所,审计项目组认为该解释合理,无须实施进一步审计程序。

第三章案例分析
参考答案

# 第四章　重要性及审计风险

## 【学习目标】

● 知识目标

简述重要性的含义及分类。

解释财务报表整体的重要性水平、认定层次的重要性及实际执行的重要性的含义及影响因素,并学会计算不同层次的重要性水平。

分析审计风险构成要素及其内在关系。

● 能力目标

运用审计风险模型指导审计程序的设计,提升审计方案设计能力。

结合具体案例,分析注册会计师面临的审计风险,提升审计分析能力。

通过资本市场审计失败案例的阅读与讨论,提升风险防范能力。

● 价值目标

结合审计风险相关知识,深刻领会风险无处不在,养成未雨绸缪以应对复杂经济环境的思维素养。

结合重要性相关知识,理解审计效率与审计风险悖论,深刻领会"勤勉尽责"是提升审计效率并控制审计风险的有效手段。

# 【导入案例】

## 审计有风险,确定重要性需谨慎[①]

2015年8月至11月,新绿股份向全国中小企业股份转让系统提交申请股票公开转让申报文件并公开披露。披露文件包括:2015年8月31日,公开披露《山东新绿食品股份有限公司公开转让说明书(申报稿)》;2015年8月31日,公开披露《泗水新绿食品有限公司审计报告及财务报表(2013年1月1日—2015年4月30日)》;2015年11月26日,公开披露《山东新绿食品股份有限公司公开转让说明书(反馈稿)》,并再次披露申报会计期财务报告。经查,公司通过虚构与收入相关的经济利益流入的方式虚增申报报告期主营业务收入72507.43万元,以及虚增2015年4月30日银行存款余额5380.91万元。

资料4-1 中国证监会行政处罚决定书

新绿股份于2015年5月4日与北京兴华签订审计业务约定书,双方约定北京兴华对新绿股份新三板挂牌申报财务报表进行审计,并出具相关审计报告。审计范围包括对新绿股份按照企业会计准则编制的股份制改制和申请新三板挂牌的合并及母公司资产负债表,股份制改制期间和申请新三板挂牌申报期间的合并及母公司利润表、合并及母公司股东权益变动表和合并及母公司现金流量表以及合并财务报表附注。北京兴华于2015年6月15日出具了无保留意见的审计报告。北京兴华审计收费30万元。该项目的签字注册会计师为宜军民和刘丹。宜军民和刘丹分别为新绿股份新三板挂牌审计项目合伙人和项目经理。

2019年11月20日,证监会出具了对北京兴华会计师事务所及其两名注册会计师宜军民和刘丹的行政处罚决定书。该处罚主要基于以下违法事实:(1)北京兴华银行存款审计程序不到位,导致未能发现虚增公司业绩和银行存款余额的事实;(2)风险评估程序不到位,导致未能识别和评估财务报表重大错报风险。

北京兴华、宜军民、刘丹提出如下申辩意见:其一,新绿股份挂牌披露的文件及财务报表是由新绿股份编制和披露的,存在虚假记载是由于新绿股份管理层和多方串通舞弊,属于会计责任,不能认定为审计责任;其二,北京兴华及签字会计师已经按照《中国注册会计师审计准则》规定实施了必要的审计程序,履行了勤勉尽责义务。北京兴华审计失败,是基于审计程序性质的固有限制,获取审计证据的能力受到实务和法律上的限制,应予以免责。其三,根据《中国注册会计师审计准则》中的有关规定,审计报告日期是对财务报表形成审计意见的日期,

---

[①] 资料来源:中国证监会行政处罚决定书(北京兴华会计师事务所、宜军民、刘丹)〔2019〕135号[EB/OL].(2019-11-20)[2023-01-13].http://www.csrc.gov.cn/csrc/c101928/c1042376/content.shtml.

不是出具审计报告的日期。其四,北京兴华对银行存款账户实施了必要的审计程序,针对银行存款账户对账单保持了应有的执业怀疑,实施了余额函证、抽比例双向核对交易流水与银行回单等进一步审计程序,未发现异常。对银行函证保持了合理的控制,符合《中国注册会计师审计准则》及财协字〔1999〕1号、财会〔2016〕第13号文件的规定。但银行函证回函如何盖章、由谁经办是银行自身的内部控制,会计师无法甄别印鉴、辨别人员,《中国注册会计师审计准则》也未要求会计师就银行函证印鉴及签章履行进一步审计程序。其五,在进行风险评估时,基于当时的审计环境,已将营业收入的真实性认定评估为可能存在重大错报风险的特别风险,并执行了相应的交易检查、函证、分析性复核等应对措施。2015年4月—7月,新绿股份实际控制人已经因公司未完成对赌协议约定,对其他股东进行了大额补偿,且承诺不再签订其他任何形式的对赌,相关事项已经进行了阐述。据此对赌事项的影响已经不存在。注册会计师在编制舞弊风险评估底稿时,已经了解到上述对赌协议的实际情况。其六,北京兴华收到了销售客户杭州农宇科贸有限公司、供应商三井物产(中国)有限公司函证回函。项目组在整理底稿时未向行政人员索取原件替代复印件。供应商李某1、马某、李某2、刘某合均为个人供应商,对签订合同及开具发票的细节不太重视,存在时间差,但在执行检查程序时入库单、发票、过磅单等单据未发现异常,不存在跨期。风险评估程序属于初步业务活动,是审计计划的内容,是基于当时的审计环境和情况做出的初步判断,不应以事后的结果来要求事前审计计划的准确无误。其七,希望能够考虑到案发前新三板差异化监管标准,按照法不溯及既往的原则看待新三板发展中存在的问题。北京兴华在证监会、财政部对新三板的监管标准改变后及时按照新标准履行审计,从严要求,缩减不合格客户。其八,北京兴华在发现新绿股份财务指标异常且得不到合理解释的情况下与新绿股份解除业务合同,并配合证监会查明事实真相。综上,北京兴华、宜军民、刘丹请求免予处罚。

证监会对申辩意见进行逐一反驳,最后做出处罚决定:(1)对北京兴华责令改正,没收业务收入30万元,并处以60万元罚款;(2)对直接负责的签字注册会计师宜军民、刘丹给予警告,并分别处以5万元的罚款。

从导入案例中,我们发现审计执业有风险,如未发现重大错报可能会被追究法律责任。那么,如何界定错报是否重大?注册会计师执业过程中会面临哪些风险?本章将予以介绍。

# 第一节　重要性

## 一、重要性的含义

重要性是指具体环境下如果合理预期被审计单位财务报表的错报(包括漏报)单独或汇总起来可能影响财务报表使用者依据财务报表做出的经济决策,则通常认为错报是重大的。

为了正确理解重要性的概念,必须明确以下几点:

视频 4-1 重要性的含义

(1)重要性是从财务报表使用者整体的角度考虑,而非特定财务报表使用者。

判断某事项对财务报表使用者是否重大,是在考虑财务报表使用者整体共同的财务信息需求的基础上做出的。不同财务报表使用者对财务信息的需求可能差异很大,因此不考虑错报对个别财务报表使用者可能产生的影响。这里将财务报表使用者视为具有一定理解能力,并能够理性地做出判断和决策的财务报表使用者群体。

(2)重要性的确定离不开具体的环境。审计人员判断和确定重要性时,应当结合具体的环境。不同企业的重要性不同,同一企业在不同时期的重要性也不同。比如,错报10万元对小企业的财务报表而言可能是重要的,但对一个大企业的财务报表而言可能并不重要。

(3)重要性的评估需要运用职业判断。影响重要性的因素有很多,注册会计师应当根据被审计单位的具体环境,综合考虑有关影响因素,运用职业判断合理确定重要性水平。不同的注册会计师在确定同一被审计单位财务报表层次和认定层次的重要性水平时,得出的结果可能不一致,这主要是因为对影响重要性的各种因素的判断存在差异。

(4)重要性受错报的金额和性质的影响。一般而言,金额大的错报比金额小的错报更重要。在有些情况下,某些错报金额不大,但从性质上考虑可能是重要的。例如,舞弊导致的错报,不能因为金额小而认为不重要。再如,对某些财务报表披露的错报,难以从金额上判断是否重要,应从性质上考虑其是否重要。

【小贴士】

　　错报,是指某一财务报表项目的金额、分类或列报与按照适用的财务报告编制基础应当列示的金额、分类或列报之间存在的差异;或根据注册会计师的判断,为使财务报表在所有重大方面实现公允反映,需要对金额、分类或列报做出的必要调整。错报可能来源于舞弊或错误。

错报分为三类:①事实错报。事实错报是毋庸置疑的错报。这类错报产生于被审计单位收集或处理数据错误,或舞弊导致的对事实的误解或忽略,或故意舞弊行为。例如,固定资产的入账价值录入错误,或与发票、合同等不符。②判断错报。注册会计师认为管理层对会计估计做出不合理的判断或者不恰当地选择和运用会计政策而导致的差异。例如,投资性房地产公允价值不合理、存货发出采用后进先出法核算。③推断错报。注册会计师对总体存在的错报做出的最佳估计数,涉及根据在审计样本中识别出的错报来推断总体的错报。推断错报通常是指通过测试样本估计出的总体的错报减去在测试中发现的已经识别的具体错报。例如,营业收入发生额为1000万元,注册会计师测试样本发现样本金额有10万元的高估,高估部分为样本账面金额的20%,据此注册会计师推断总体的错报金额为200万元(1000×20%),那么上述的10万元就是已识别的事实错报,其余的190万元即推断错报。

## 二、重要性的判断

注册会计师应在计划审计工作时确定计划的重要性,并在执行审计工作时拟定实际执行的重要性,确定重要性需要运用职业判断。

### (一)计划审计工作确定的重要性

在计划审计工作时,注册会计师应当确定一个合理的重要性水平,以发现在金额上重大的错报。这一阶段的重要性包括财务报表整体的重要性和特定类别交易、账户余额或披露的重要性。其中,财务报表整体的重要性是必须确定的,而特定类别交易、账户余额和披露的重要性是根据需要判断是否有必要确定。

#### 1. 财务报表整体的重要性

在制定总体审计策略时,注册会计师应当确定财务报表整体的重要性。确定多大错报会影响财务报表使用者所做出的决策,是注册会计师运用职业判断的结果。很多注册会计师根据所在会计师事务所的惯例及自己的经验来确定财务报表整体的重要性水平。

视频4-2 财务报表整体的重要性

实务中,注册会计师通常先选定一个基准,再乘以某一百分比,作为财务报表整体的重要性。

（1）基准的选择

在选择基准时，需要考虑的因素包括：①财务报表要素（如资产、负债、所有者权益、收入和费用）。②是否存在特定会计主体的财务报表使用者特别关注的项目（如特别关注经营成果相关的信息，可能会选择收入、利润等作为基准）。③被审计单位的性质、所处的生命周期阶段以及所处行业和经济环境。例如，营利性企业以利润作为基准可能是合适的，但公益性组织以利润作为基准就未必合适，而应选择捐赠收入或捐赠支出作为基准。再如，成长期的企业选择营业收入作为基准可能是合适的，成熟期的企业选择利润作为基准可能是合适的。④被审计单位的所有权结构和融资方式。例如，如果被审计单位仅通过债务而非权益进行融资，财务报表使用者可能更关注资产及资产的求偿权，而非被审计单位的收益。⑤基准的相对波动性。近年来被审计单位的经营状况大幅度波动，盈利和亏损交替发生，如选择当年的利润作为基准则不合适，而应选择过去3～5年经常性业务的平均税前利润或亏损（取绝对值），或其他基准，例如营业收入。

注册会计师通常选择一个相对稳定、可预测且能反映被审计单位正常规模的基准。常用的基准有总资产、净资产、营业收入、费用总额、毛利、税前利润、净利润等（见表4-1）。

表4-1　注册会计师常用的基准

| 被审计单位的情况 | 可能选择的基准 |
| --- | --- |
| 企业的盈利水平保持稳定 | 经常性业务的税前利润 |
| 企业近年来经营状况大幅度波动，盈利和亏损交替发生，或者由正常盈利变为微利或微亏，或者本年度税前利润因情况变化而出现意外增加或减少 | 过去3～5年经常性业务的平均税前利润或亏损（取绝对值），或其他基准，例如营业收入 |
| 企业为新设企业，处于开办期，尚未开始经营，目前正在建造厂房及购买机器设备 | 总资产 |
| 企业处于新兴行业，目前侧重于抢占市场份额，扩大企业知名度和影响力 | 营业收入 |
| 开放式基金，致力于优化投资组合，提高基金净值，为基金持有人创造投资价值 | 净资产 |
| 国际企业集团设立的研发中心，主要为集团下属各企业提供研发服务，并以成本加成的方式向相关企业收取费用 | 成本与营业费用总额 |
| 公益性质的基金会 | 捐赠收入或捐赠支出总额 |

（2）百分比的确定

在确定恰当的基准后,注册会计师通常运用职业判断合理选择百分比,用以确定重要性水平。同时,百分比和选定的基准之间存在一定的联系。例如,选择经常性业务的税前利润对应的百分比通常比营业收入对应的百分比要高。

在确定百分比时,注册会计师需要考虑的因素包括但不限于:

①财务报表是否分发给广大范围的使用者;

②被审计单位是否由集团内部关联方提供融资或是否有大额对外融资(如债券或银行贷款);

③财务报表使用者是否对基准数据特别敏感(如特殊目的财务报表的使用者)。

以下是实务中用来判断重要性水平的一些参考:

①税前净利润的5%～10%(净利润较小时用10%,较大时用5%)。

②资产总额的0.5%～1%(资产总额较小时用1%,较大时用0.5%)。

③净资产的1%。

④营业收入的0.5%～1%(营业收入较小时用1%,较大时用0.5%)。

**2. 特定类别交易、账户余额或披露的重要性**

特定类别的交易、账户余额或披露发生错报时,即使错报金额低于财务报表整体的重要性,如果能够合理预期该错报可能影响报表使用者做出的经济决策,就应该确定该特定类别的交易、账户余额或披露的重要性水平。认定层次的重要性水平,也称为可容忍错报。

视频4-3 特定类别交易、账户余额或披露的重要性

财务报表提供的信息由特定类别交易、账户余额或披露的信息汇集加工而成,注册会计师只有通过对特定类别交易、账户余额或披露实施审计,才能得出财务报表是否公允反映的结论。因此,注册会计师还应当考虑特定类别交易、账户余额或披露的重要性水平。

确定特定类别交易、账户余额或披露的重要性水平应考虑以下因素:

（1）法律法规或适用的财务报告编制基础是否影响财务报表使用者对特定项目(关联方交易、管理层和治理层的薪酬等)计量或披露的预期;

（2）与被审计单位所处行业相关的关键性披露。例如,制药企业的研究与开发成本;

（3）财务报表使用者是否特别关注财务报表中单独披露的业务的特定方面。例如,新收购的业务等。

注册会计师在确定各类交易、账户余额或披露的审计程序前,可以将财务报表层次的重要性水平分配至各账户或各类交易,也可单独确定各账户或各类交易的重要性水平。对于各类交易、账户余额或披露层次的重要性水平,既可以采

用分配的方法,也可以采用不分配的方法,在实务中很多注册会计师选择资产负债表账户作为分配的基础。

### (二)实际执行的重要性

注册会计师应当确定实际执行的重要性,以评估重大错报风险,并确定进一步审计程序的性质、时间安排和范围。

#### 1. 实际执行的重要性的含义

实际执行的重要性,是指注册会计师确定的低于财务报表整体重要性的一个或多个金额,旨在将未更正和未发现错报的汇总数超过财务报表整体的重要性的可能性降至适当的低水平。如果适用,实际执行的重要性还指注册会计师确定的低于特定类别的交易、账户余额或披露的重要性水平的一个或多个金额。与确定特定类别的交易、账户余额或披露的重要性水平相关的实际执行的重要性,旨在将这些交易、账户余额或披露中未更正与未发现错报的汇总数超过这些交易、账户余额或披露的重要性水平的可能性降低至适当的低水平。

#### 2. 实际执行的重要性的确定

确定实际执行的重要性并非简单机械的计算,需要运用职业判断,并考虑下列因素的影响:①对被审计单位的了解;②前期审计工作中识别出的错报的性质和范围;③根据前期识别出的错报对本期错报做出的预期。实际执行的重要性直接影响注册会计师的审计工作量及需要获取的审计证据。对于审计风险较高的审计项目,需要确定较低的实际执行的重要性。

视频 4-4 实际执行的重要性

在下列情形中,注册会计师可能考虑选择较高的百分比来确定实际执行的重要性:①连续审计项目,以前年度审计调整较少;②项目总体风险为低到中等,例如处于非高风险行业、管理层有足够能力、面临较低的业绩压力等;③前期的审计经验表明内控运行有效。

在下列情形中,注册会计师可能考虑选择较低的百分比来确定实际执行的重要性:①首次接受委托的审计项目;②连续审计项目,以前年度审计调整较多;③项目总体风险较高,例如处于高风险行业、管理层能力欠缺、面临较大市场竞争压力或业绩压力等;④存在或预期存在值得关注的内控缺陷。

审计准则要求注册会计师确定低于财务报表整体重要性的一个或多个金额作为实际执行的重要性,注册会计师无须通过将财务报表整体的重要性平均分配或按比例分配至各个报表项目的方法来确定实际执行的重要性,而是根据对报表项目的风险评估结果,确定如何确定一个或多个实际执行的重要性。例如,根据以前期间的审计经验和本期审计计划阶段的风险评估结果,注册会计师认为可以以财务报表整体重要性的75%作为大多数报表项目的实际执行的重要性;与营业收入项目相关的内部控制存在控制缺陷,而且以前年度审计中存在审计调整,因此考虑以财务报表整体重要性的50%作为营业收入项目的实际执行的重要性,从而有针对性地对高风险领域执行更多的审计工作。

## 三、重要性的运用

在计划和执行审计工作以及评价审计结果时,注册会计师均应运用重要性概念。

### (一)计划审计工作时重要性的运用

在计划审计工作时,注册会计师需要对重要性做出判断,为确定风险评估程序的性质,时间安排和范围,识别和评估重大错误风险以及确定进一步审计程序的性质,时间安排和范围提供基础。

在计划审计工作时,注册会计师可能根据实际执行的重要性确定需要对哪些类型的交易、账户余额和披露实施进一步审计程序,即通常选取金额超过实际执行的重要性的财务报表项目,因为这些财务报表项目有可能导致财务报表出现重大错报。但是,这不代表注册会计师可以对所有金额低于实际执行的重要性的财务报表项目不实施进一步审计程序,这主要出于以下考虑:

(1)单个金额低于实际执行的重要性的财务报表项目汇总起来可能金额重大(可能远远超过财务报表整体的重要性),注册会计师需要考虑汇总后的潜在错报风险;

(2)对于存在低估风险的财务报表项目,不能仅仅因为其金额低于实际执行的重要性而不实施进一步审计程序;

(3)对于识别出存在舞弊风险的财务报表项目,不能因为其金额低于实际执行的重要性而不实施进一步审计程序。

### (二)审计实施阶段对重要性的运用

在执行审计工作阶段,实际执行的重要性也将直接影响注册会计师的审计工作量及需要获取的审计证据,主要体现在运用实际执行的重要性确定进一步审计程序的性质、时间安排和范围上。例如,在实施实质性分析程序时,注册会计师确定的已记录金额与预期值之间的可接受差异额通常不超过实际执行的重要性;在运用审计抽样实施细节测试时,注册会计师可以将可容忍错报的金额设定为等于或低于实际执行的重要性。

### (三)审计结果评价阶段重要性的运用

在审计结果评价阶段,评价识别出的错报对审计的影响,以及未更正错报(如有)对财务报表的影响时,注册会计师需要运用重要性概念。注册会计师针对财务报表整体发表审计意见,因此没有责任发现对财务报表整体影响并不重大的错报。值得注意的是,即使某些错报低于财务报表整体的重要性,但因与这些错报相关的某些情况(如错报与会计政策的不正确选择或运用相关,这些会计政策的不正确选择或运用,对当期财务报表不产生重大影响,但可能对未来期间财务报表产生重大影响,错报掩盖收益的变化或其他趋势的程度),在将其单独或连同审计过程中累积的其他错报一并考虑时,注册会计师也可能将这些错报评价为重大错报。

## 四、重要性的修改

如果在审计过程中获知了某项信息,而该信息可能导致注册会计师确定与原来不同的财务报表整体重要性或者特定类别的交易、账户余额或披露的一个或多个重要性水平(如适用),注册会计师应当予以修改。如果认为运用低于最初确定的财务报表整体的重要性和特定类别的交易、账户余额或披露的一个或多个重要性水平(如适用)是适当的,注册会计师应当确定是否有必要修改实际执行的重要性,并确定进一步审计程序的性质、时间安排和范围是否仍然适当。

资料 4-2 中国注册会计师审计准则问题解答第 8 号
资料 4-3 中国注册会计师审计准则第 1221 号和第 1251 号

## 五、明细微小错报

明细微小错报,是指低于某一金额的错报,这些错报无论从规模、性质或其发生的环境,无论单独或者汇总起来,都是明显微不足道的。

为了确定审计中发现的错报哪些需要累积,哪些不需要累积,注册会计师需要在制定审计计划时预先设定明显微小错报的临界值,低于该金额的错报可以不累积。

实务中,明显微小错报临界值通常为财务报表整体重要性的 3% 至 5%,不超过 10%。确定明细微小错报的临界值需要考虑以下因素:①以前年度审计中识别出的错报(包括已更正和未更正错报)的数量和金额;②重大错报风险的评估结果;③被审计单位治理层和管理层对注册会计师与其沟通错报的期望;④被审计单位的财务指标是否勉强达到监管机构的要求或投资者的期望。

视频 4-5 明显微小错报临界值
视频 4-6 错报的定义与分类测试
测试 4-1 即测即评

# 第二节　审计风险

## 一、审计风险的含义

视频 4-7 重大
错报风险的含义
与分类

审计风险是指被审计单位的财务报表存在重大错报,而注册会计师审计后发表不恰当审计意见的可能性。注册会计师发表不恰当审计意见的可能性,由两方面的风险要素共同构成:一方面是财务报表本身存在重大错报的风险,即客观风险;另一方面则是注册会计师所实施的审计程序没有发现重大错报的风险,即主观风险。也就是说,审计风险是客观风险和主观风险共同作用的结果,其中重大错报风险是客观风险,而检查风险则是主观风险。因此,审计风险取决于重大错报风险和检查风险。

### (一)重大错报风险

重大错报风险,是指财务报表在审计前存在重大错报的可能性。重大错报风险与被审计单位的风险相关,且独立于财务报表审计存在,也即重大错报风险是客观存在的,注册会计师不可能改变它,但却可以通过对被审计单位的充分了解,合理评估重大错报风险的高低,并作为确定测试范围的依据。

注册会计师在设计审计程序时应当分清重大错报风险是与报表整体广泛相关,还是仅与各类交易、账户余额和披露认定层次相关,即需要从财务报表与认定这两个层次考虑重大错报风险。

#### 1. 财务报表层次重大错报风险

财务报表层次重大错报风险,是指对财务报表整体产生广泛影响,可能影响多项认定的风险。此类风险难以限定于某类交易、账户余额、披露的具体认定,通常与控制环境(如管理层缺乏诚信)有关,但也可能与其他因素有关,如经济萧条。通常舞弊引起的风险,属于财务报表层次的重大错报风险,且属于特别风险。

#### 2. 各类交易、账户余额、披露认定层次重大错报风险

各类交易、账户余额、披露认定层次重大错报风险,是指与某类交易、账户余额、披露相关的特定风险。例如,被审计单位存在复杂的联营或合资,这一情形表明长期股权投资账户的相关认定可能存在重大错报风险。再如,主要客户经营失败而陷入财务困境,则应收账款的计价和分摊认定可能存在重大错报风险。

认定层次的重大错报风险由固有风险和控制风险两部分组成。

固有风险,是指在考虑相关的内部控制之前,某类交易、账户余额或披露的某一认定易于发生错报(该错报单独或连同其他错报可能是重大的)的可能性。例如,没有设立复核控制,开具发票时单价100元开成1000元。某些类别的认定固有风险较高。例如,复杂的计算比简单的计算更可能出错;受重大计量不确定性影响的会计估计发生错报的可能性较大。

控制风险,是指某类交易、账户余额或披露的某一认定发生错报,该错报单独或连同其他错报可能是重大的,但没有被内部控制及时防止或发现并纠正的可能性。例如,开具发票时单价100元开成1000元,复核人员没有发现。控制风险取决于与财务报表编制有关的内部控制的设计和运行的有效性。由于内部控制的固有局限性,无论内部控制设计和运行如何有效,也只能降低而不能消除财务报表的重大错报。风险内部控制的固有限制包括人为差错的可能性,因串通舞弊或管理层不适当地凌驾于控制之上而使内部控制被规避的可能性、实施内部控制的成本等。

### (二)检查风险

检查风险是指某一认定存在错报,该错报单独或连同其他错报可能是重大的,注册会计师为将审计风险降至可接受的低水平而实施程序之后,没有发现这种错报的可能性。例如,开具发票时将单价100元开成1000元,复核人员没有发现,注册会计师审计后也没有发现。

视频 4-8 检查风险和审计风险模型

检查风险取决于审计程序设计和执行的有效性。注册会计师应当合理设计审计程序的性质、时间安排和范围,并有效执行审计程序,以控制检查风险。注册会计师通常并不对所有的交易、账户余额和披露进行检查,或者注册会计师选择了不恰当的审计程序,抑或审计过程执行不当等,检查风险不可能降低为零。

## 二、审计风险模型

审计风险模型为如何开展审计工作提供了思路和流程指导,是执行审计工作的理论依据。在风险导向审计模型下,审计风险取决于重大错报风险和检查风险,它们之间的关系可用下列公式表示:

$$审计风险＝重大错报风险×检查风险$$

在审计风险模型中,审计风险是注册会计师可接受的审计风险①,是注册会计师在审计计划阶段事先确定的。而重大错报风险是客观存在的风险,也是注册会计师通过对相关风险要素的评估确定的。由此可见,在审计风险模型中,审计风险、重大错报风险都是已知的风险。因此,审计风险模型就可以变形为以下的形式:

$$可接受的检查风险 = \frac{审计风险}{重大错报风险}$$

可见,在既定的审计风险水平下,可接受的检查风险与认定层次的重大错报风险的评估结果呈反向关系,也即在既定的审计风险水平下,评估的重大错报风险水平越高,可接受的检查风险水平就越低,反之,可接受的检查风险水平就越高。

测试 4-2 即测即评

## [本章小结]

重要性是指具体环境下如果合理预期被审计单位财务报表的错报(包括漏报)单独或汇总起来可能影响财务报表使用者依据财务报表做出的经济决策,则通常认为错报是重大的。注册会计师应在计划审计工作时确定计划的重要性,并在执行审计工作时拟定实际执行的重要性。计划审计工作阶段需要确定财务报表整体的重要性和认定层次的重要性。实务中,注册会计师通常先选定一个基准,再乘以某一百分比,作为财务报表整体的重要性。特定类别的交易、账户余额或披露发生错报时,即使错报金额低于财务报表整体的重要性,如果能够合理预期该错报可能影响报表使用者做出的经济决策,就应该确定该特定类别的交易、账户余额或披露的重要性水平。注册会计师在确定各类交易、账户余额或披露的审计程序前,可以将财务报表层次的重要性水平分配至各账户或各类交易,也可单独确定各账户或各类交易的重要性水平。实际执行的重要性,是指注册会计师确定的低于财务报表整体重要性的一个或多个金额,旨在将未更正和未发现错报的汇总数超过财务报表整体的重要性的可能性降至适当的低水平。如果适用,实际执行的重要性还指注册会计师确定的低于特定类别的交易、账户余额或披露的重要性水平的一个或多个金额。审计风险是指被审计单位的财务报表存在重大错报,而注册会计师审计后发表不恰当审计意见的可能性。审计

---

① 在确定可接受的审计风险时,需要考虑被审计单位的经营风险和注册会计师的风险偏好,通常被审计单位经营风险越高,注册会计师可接受的审计风险就越低。不同注册会计师对风险的偏好不同,导致其对可接受的审计风险就不同,如风险厌恶型的注册会计师,其可接受的审计风险就越低。

风险取决于重大错报风险和检查风险。重大错报风险,是指财务报表在审计前存在重大错报的可能性,包括财务报表层次重大错报风险和各类交易、账户余额、披露认定层次重大错报风险。检查风险是指某一认定存在错报,该错报单独或连同其他错报可能是重大的,注册会计师为将审计风险降至可接受的低水平而实施程序之后,没有发现这种错报的可能性。根据审计风险模型,在既定的审计风险水平下,可接受的检查风险与认定层次的重大错报风险的评估结果呈反向关系,也即在既定的审计风险水平下,评估的重大错报风险水平越高,可接受的检查风险水平就越低,反之,可接受的检查风险水平就越高。

**[思考题]**

1. 什么是重要性?重要性分哪些层次?
2. 什么是审计风险?审计风险由哪些要素构成?
3. 审计风险、重要性、审计证据之间的关系是什么?

**[案例分析题]**

1. 上市公司甲公司是ABC会计师事务所的常年审计客户,A注册会计师负责审计甲公司2022年度财务报表,审计工作底稿中与确定重要性和评估错报相关的部分内容摘录如表4-2所示。

表4-2　审计工作底稿中的部分内容

单元:万元

| 项目 | 2022年 | 2021年 | 备注 |
|---|---|---|---|
| 营业收入 | 16000(未审数) | 15000(已审数) | 2022年,竞争对手推出新产品抢占市场,甲公司通过降价和增加广告投入促销 |
| 税前利润 | 50(未审数) | 2,000(已审数) | 2022年,降价及销售费用增长导致盈利大幅下降 |
| 财务报表整体的重要性 | 80 | 100 | |
| 实际执行的重要性 | 60 | 75 | |
| 明显微小错报的临界值 | 0 | 5 | |

(1)2021年度财务报表整体的重要性以税前利润的5%计算。2022年,由于甲公司处于盈亏临界点,A注册会计师以过去三年税前利润的平均值作为基准

确定财务报表整体的重要性。

（2）由于2021年度审计中提出的多项审计调整建议金额均不重大，A注册会计师确定2022年度实际执行的重要性为财务报表整体重要性的75%，与2021年度保持一致。

（3）2022年，治理层提出希望知悉审计过程中发现的所有错报，因此，A注册会计师确定2022年度明显微小错报的临界值为0。

（4）甲公司2022年末非流动负债余额中包括一年内到期的长期借款2500万元，占非流动负债总额的50%，A注册会计师认为，该错报对利润表没有影响，不属于重大错报，同意管理层不予调整。

（5）A注册会计师仅发现一笔影响利润表的错报，即管理费用少计60万元，A注册会计师认为，该错报金额小于财务报表整体的重要性，不属于重大错报，同意管理层不予调整。

要求：针对上述第（1）至（5）项，假定不考虑其他条件，逐项指出A注册会计师的做法是否恰当。如不恰当，简要说明理由。

2.ABC会计师事务所首次接受委托，审计甲公司2019年度财务报表，甲公司处于新兴行业，面临较大竞争压力，目前侧重于抢占市场份额，审计工作底稿中与重要性和错报评价相关的部分内容摘录如下：

（1）考虑到甲公司所处市场环境，财务报表使用者最为关注收入指标，审计项目组将营业收入作为确定财务报表整体重要性的基准。

（2）经与前任注册会计师沟通，审计项目组了解到甲公司以前年度内部控制运行良好、审计调整较少，因此，将实际执行的重要性确定为财务报表整体重要性的75%。

（3）审计项目组将明显微小错报的临界值确定为财务报表整体重要性的3%。

（4）审计项目组认为无须对金额低于实际执行的重要性的财务报表项目实施进一步审计程序。

要求：针对以上第（1）至（4）项，逐项指出审计项目组的做法是否恰当。如不恰当，简要说明理由。

第四章案例分析
参考答案

# 第五章　审计计划

## 【学习目标】

● 知识目标

简述初步业务活动的目的和内容。

列举审计业务约定书的主要内容。

简述总体审计策略及具体审计计划的主要内容及其内在关系。

● 能力目标

能根据具体业务需求编制审计业务约定书,提升书面沟通能力。

能根据具体业务需求指出总体审计策略和具体审计计划中的缺陷,提升审计方案设计能力。

● 价值目标

结合初步业务活动相关知识,遵循契约精神,促进良好审计制度的建立和公平公正的审计工作的进行。

结合总体审计策略和具体审计计划相关内容,学会未雨绸缪,增强安全防患意识,树立自我保护意识。

## 【导入案例】

-------------------------------------------------------------------------------------

### 小舅子的项目，接与不接？

　　注册会计师小王的妻弟刘虎是ABC公司新任的财务总监。临近年关，刘虎给小王打电话，说他们想更换合作的事务所，正好把业务介绍给小王。小王是个"妻管严"，一听是小舅子的事情更马虎不得，正好也可以拓展新业务，所以，小王二话没说就答应了。审计入场后，小王发现ABC公司的原财务总监在他小舅子入职前三个月就离职了，公司的财务制度非常混乱。刘虎又是个半路出家的"半吊子"财务，接手后也没有厘清公司的财务状况。小王带队的项目组成员需要公司提供的资料，刘虎总是找各种理由拒绝提供。尽管审计工作遇到了各种麻烦，碍于妻子的关系，小王最终还是出具了无保留意见的审计报告。但是，小王的肠子都悔青了。

　　从导入案例中，我们不难发现会计师事务所在承接业务之前，要有所考量。那么，会计师事务所承接业务之前需要执行哪些工作？考量哪些内容？"凡事预则立，不预则废"，在开展正式审计工作前，注册会计师是否需要做计划？本章将对以上内容予以介绍。

# 第一节　初步业务活动

　　计划审计工作对注册会计师顺利完成审计工作和控制审计风险具有非常重要的意义。审计计划分为总体审计策略和具体审计计划两个层次。注册会计师针对审计业务制定总体审计策略和具体审计计划，以使审计工作以有效的方式得到执行。注册会计师在计划审计工作前，需要开展初步业务活动。

## 一、初步业务活动的目的和内容

### （一）初步业务活动的目的

　　在本期审计业务开始时，注册会计师需要开展初步业务活动，以实现以下三个主要目的：①注册会计师具备执行业务所需的独立性和专业胜任能力；②不存在因管理层诚信问题而影响注册会计师保持该项业务意愿的事项；③与被审计单位之间不存在对业务约定条款的误解。

## （二）初步业务活动的内容

注册会计师应当开展下列初步业务活动：

**1. 针对保持客户关系和具体审计业务实施相应的质量控制程序**

无论是连续审计还是首次接受审计委托，注册会计师都应当通过考虑下列事项，以确定保持客户关系和具体审计业务的结论是恰当的：被审计单位的主要股东、关键管理人员和治理层是否诚信；事务所的项目组是否具备执行审计业务的专业胜任能力以及必要的时间和资源；会计师事务所及其项目组能否遵守职业道德规范。

在连续审计的情况下，注册会计师已经积累了一定的审计经验，因此在决定是否保持与某一客户的关系时，项目负责人通常重点考虑本期或前期审计中发现的重大事项及其对保持该客户关系的影响。在实务中会计师事务所可以区别首次接受审计委托和连续审计的情况，制定不同的质量控制程序，以提高审计工作的效率及效果。

**2. 评价遵守相关职业道德要求的情况**

会计师事务所的质量控制准则含有包括独立性在内的有关职业道德的要求，注册会计师应当按照其规定执行职业道德规范，要求项目组成员恪守独立、客观公正的原则，保持专业胜任能力和勤勉尽责，并对审计过程中获知的信息保密。

对于保持独立性，质量控制准则要求会计师事务所制定相应的政策和程序，以及项目负责人实施相应措施。例如，会计师事务所应当每年至少一次向所有受独立性要求约束的人员，获取其遵守独立性政策和程序的书面确认函。

虽然保持客户关系及具体审计业务和评价职业道德的工作贯穿审计业务的全过程，但是这两项活动需要安排在其他审计工作之前，以确保注册会计师已具备执行业务所需要的独立性和专业胜任能力，且不存在因管理层诚信问题而影响注册会计师保持该项业务意愿等情况。

**3. 就审计业务约定条款达成一致意见**

在做出接受或保持客户关系及具体审计业务的决策后，注册会计师应当与被审计单位就审计业务约定条款达成一致意见，签订或修改审计业务约定书，以避免双方对审计业务的理解产生分歧。

## （三）审计业务约定书

审计业务约定书是指会计师事务所与被审计单位签订的，用以记录和确认审计业务的委托与受托关系、审计目标和范围、双方责

资料5-1 与管理层沟通、前任注册会计师沟通函
资料5-2 初步业务活动工作底稿

资料5-3 审计业务约定书
资料5-4 客户提供资料清单

任以及出具报告的形式等事项的书面合同。注册会计师应当在审计业务开始前,与客户就审计业务约定条款达成一致意见,并签订审计业务约定书,以避免双方对审计业务的理解产生分歧。

审计业务约定书的具体内容和格式可能因被审计单位的不同而有所差异,但应当包括以下主要内容:①财务报表审计的目标;②审计工作的范围和依据,包括提及适用的法律法规、审计准则,以及注册会计师协会发布的职业道德守则和其他公告;③管理层的责任;④注册会计师的责任;⑤审计测试的限制,说明由于审计和内部控制的固有限制,即使审计工作按照审计准则的规定得到恰当的计划和执行,仍不可避免地存在某些重大错报未被发现的风险;⑥审计业务执行结果的报告形式或其他沟通方式;⑦收费标准;⑧审计报告格式和对审计结果的其他沟通形式;⑨违约责任;⑩解决争议的方法;⑪双方签章。

如果情况需要,审计业务约定书也可以列明下列内容:①在某些方面对利用其他注册会计师和专家工作的安排;②对审计涉及内部审计人员和被审计单位其他员工工作的安排;③在首次审计的情况下,与前任注册会计师(如存在)沟通的安排;④提及或描述在法律法规或相关职业道德要求下注册会计师向被审计单位之外的适当机构报告识别出的或怀疑存在的违反法律法规的责任;⑤说明对注册会计师责任可能存在的限制;⑥注册会计师与被审计单位之间需要达成进一步协议的事项;⑦向其他机构或人员提供审计工作底稿的义务。

如果母公司的注册会计师同时也是组成部分注册会计师,需要决定是否向组成部分单独致送审计业务约定书。

如为连续审计,注册会计师应当根据具体情况评估是否需要对审计业务约定条款做出修改,注册会计师可以决定不在每期都致送新的业务约定书或其他书面协议。

测试 5-1 即测即评

# 第二节　总体审计策略

注册会计师制定总体审计策略,是为了确定审计范围、时间安排和方向,并指导具体审计计划的制订。注册会计师在制订总体审计策略时,应当考虑以下主要事项,同时这些事项也会影响具体审计计划。

## 一、审计范围

注册会计师应当确定审计业务的特征,包括采用的会计准则和相关会计制度、特定行业的报告要求以及被审计单位组成部分的分布等,以确定审计范围。具体来说,在确定审计范围时,注册会计师需要考虑以下具体情况:

视频 5-2 计划审计工作

(1)被审计单位编制财务报表所依据的会计准则和相关会计制度。

(2)特定行业的报告要求,如某些行业监管机构要求提交的报告。

(3)预期的审计工作涵盖的范围,包括所审计的集团内各组成部分的数量及所在地点。

(4)母公司和集团组成部分之间存在的控制关系的性质,以确定如何编制合并财务报表。

(5)由组成部分注册会计师审计组成部分的范围。

(6)拟审计的经营分部的性质,包括是否需要具备各专门知识。

(7)外币折算,包括外币交易的会计处理,外币财务报表的折算和相关信息的披露。

(8)除对合并目的执行的审计工作之外,对个别财务报表进行法定审计的需求。

(9)内部审计工作的可获得性及注册会计师拟信赖内部审计工作的程度。

(10)被审计单位使用服务机构的情况,及注册会计师如何取得有关服务机构内部控制设计和运行有效性的证据。

(11)对利用在以前审计工作中获取的审计证据(如获取的与风险评估程序和控制测试相关的审计证据)的预期。

(12)信息技术对审计程序的影响,包括数据的可获得性和对使用计算机辅助审计技术的预期。

(13)协调审计工作与中期财务信息审阅的预期涵盖范围和时间安排,以及中期审阅所获取的信息对审计工作的影响。

(14)与被审计单位提供其他服务的会计师事务所人员讨论可能影响审计的事项。

(15)与被审计单位的人员协调时间和相关数据的可获得性。

## 二、报告目标、时间安排及所需沟通的性质

确定审计报告目标、时间安排和所需沟通的性质,需要考虑下列事项:

(1)被审计单位对外报告的时间表,包括中间阶段和最终阶段。

(2)与管理层和治理层的沟通(讨论审计工作的性质、时间安排和范围;讨论

注册会计师拟出具的报告的类型和时间安排及其他事项;讨论审计工作的进展)。

（3）与组成部分注册会计师沟通拟出具的报告的类型和时间安排及其他事项。

（4）与项目组成员之间沟通(项目组会议的性质和时间安排以及复核已执行工作的时间安排)。

（5）与第三方进行其他沟通(如有必要,包括与审计相关的法定或约定的报告责任)。

## 三、审计方向

在确定审计方向时,注册会计师需要考虑下列事项:

（1）确定适当的重要性水平。

（2）重大错报风险较高的审计领域。

（3）评估的财务报表层次的重大错报风险对指导、监督及复核的影响。

（4）项目组人员的选择(在必要时包括项目质量控制复核人员)和工作分工,包括向重大错报风险较高的审计领域分派具备适当经验的人员。

（5）项目预算,包括考虑为重大错报风险可能较高的审计领域分配适当的工作时间。

（6）向项目组成员强调在收集和评价审计证据过程中保持职业怀疑的必要性。

（7）以往审计中对内部控制运行有效性进行评价的结果,包括所识别的控制缺陷的性质及应对措施。

（8）管理层重视设计和实施健全的内部控制的相关证据,包括这些内部控制得以适当记录的证据。

（9）业务交易量规模,以基于审计效率的考虑确定是否依赖内部控制。

（10）对内部控制重要性的重视程度。

（11）影响被审计单位经营的重大发展变化,包括信息技术和业务流程的变化,关键管理人员变化,以及收购、兼并和分立。

（12）重大的行业发展情况,如行业法规变化和新的报告规定。

（13）会计准则及会计制度的变化。

（14）其他重大变化,如影响被审计单位的法律环境的变化。

## 四、审计资源

注册会计师应当在总体审计策略中清楚地说明审计资源的规划和调配,包括确定执行审计业务所必需的审计资源的性质、时间安排和范围。

(1)向具体审计领域调配的资源,包括向高风险领域分派有适当经验的项目组成员,就复杂的问题利用专家工作等。

(2)向具体审计领域分配资源的数量,包括分派到重要地点进行存货监盘的项目组成员的人数,在集团审计中复核组成部分注册会计师工作的范围,向高风险领域分配的审计时间预算等。

(3)何时调配这些资源,例如,是在期中审计阶段还是在关键的截止日期调配资源等。

(4)如何管理、指导、监督这些资源的利用,包括预期何时召开项目组预备会和总结会,预期项目合伙人和经理如何进行复核,是否需要实施项目质量控制复核等。

注册会计师应当根据风险评估程序的完成情况对上述内容进行调整。总体审计策略的详略程度应当随被审计单位的规模及该项审计业务的复杂程度而变化。总体审计策略一经制定,注册会计师就能够对总体审计策略中所识别的不同事项,制订更详细的审计计划,并考虑通过有效利用审计资源,实现审计目标。

测试 5-2 即测即评

# 第三节 具体审计计划

注册会计师应当为审计工作制订具体审计计划。具体审计计划比总体审计策略更加详细,其内容包括项目组成员拟实施的审计程序的性质、时间安排和范围。通常,在财务报表审计中,应当针对不同的财务报表项目制订具体审计计划,因而包括了众多的具体审计计划。注册会计师通常使用标准的审计程序表来描述具体审计计划。具体审计计划应当包括风险评估程序、计划实施的进一步审计程序和其他审计程序。

## 一、风险评估程序

为了充分识别和评估财务报表重大错报风险,注册会计师计划实施的风险评估程序的性质、时间安排和范围。

## 二、计划实施的进一步审计程序

针对评估的认定层次的重大错报风险,注册会计师计划实施的进一步审计程序的性质、时间安排和范围。

通常,注册会计师计划的进一步审计程序可以分为进一步审计程序的总体方案和更加细化的拟实施的具体审计程序性质、时间安排和范围两个层次。进一步审计程序的总体方案主要是指注册会计师针对各类交易、账户余额和披露决定采用的总体方案(包括实质性方案和综合性方案)。具体审计程序则是对进一步审计程序的总体方案的延伸和细化,它通常包括控制测试和实质性测试的性质、时间安排和范围。

## 三、其他审计程序

具体审计计划应当包括根据审计准则的规定,注册会计师针对审计业务需要实施的其他审计程序。计划的其他审计程序可以包括上述进一步审计程序的计划中没有涵盖的、根据其他审计准则的要求注册会计师应当执行的既定程序。如考虑舞弊、持续经营、法律法规、关联方、环境事项、电子商务等条件需要执行的审计程序。

对于具体审计计划,在实际工作中,一般是通过编制审计程序表的方式体现的。典型的审计程序表见表5-1。

表5-1 审计程序表

××公司　　　　　　　　　　　总页次　　　　索引号
202×年12月31日　　　　　　　编制人　　　　日期
××账户　　　　　　　　　　　复核人　　　　日期

| 步骤 | 审计程序 | 执行人 | 日期 | 工作底稿索引 |
|---|---|---|---|---|
| 1 | | | | |
| 2 | | | | |
| 3 | | | | |
| 4 | | | | |
| …… | | | | |

注册会计师可以同被审计单位管理层、治理层就审计计划、审计工作的某些

情况进行沟通,但要保持职业谨慎,以防止由于具体审计程序易于被管理层或治理层预见而损害审计工作的有效性。独立制订审计计划是注册会计师的责任。项目负责人和项目组其他关键成员都应当参与计划审计工作。

## 四、审计过程中对计划的更改

计划审计工作并非审计业务的一个孤立阶段,而是一个持续的、不断修正的过程,贯穿于整个审计业务的始终。由于未预期事项、条件的变化或在实施审计程序中获取的审计证据等,注册会计师应当在审计过程中对总体审计策略和具体审计计划做出必要的更新和修改,因此,计划审计工作贯穿于整个审计业务的始终。例如,对重要性水平的修改,对某类交易、账户余额和披露的重大错报风险的评估和进一步审计程序(包括总体方案和拟实施的具体审计程序)的更新和修改等。注册会计师应当在审计工作底稿中记录做出的重大修改和理由。

资料 5-5 审计计划工作底稿

【小贴士】

制定总体审计策略和具体审计计划的过程紧密联系,并且两者的内容也紧密相关。虽然,制定总体审计策略的过程通常在具体审计计划之前,但是两项计划活动并不是孤立、不连续的,而是内在紧密联系在一起的,对其中一项的决定可能会影响甚至改变另外一项的决定。因此,在实务中注册会计师将制定总体审计策略和具体审计计划相结合进行,可能会使审计计划工作更有效率,并且注册会计师也可以采用将总体审计策略和具体审计计划合并为一份审计计划文件的方式,提高编制及复核工作的效率。

测试 5-3 即测即评

[本章小结]

注册会计师在计划审计工作前,需要开展初步业务活动,目的是确定是否受托。初步业务活动的目的是确定注册会计师具备执行业务所需的独立性和专业胜任能力,不存在因管理层诚信问题而影响注册会计师保持该项业务意愿的事项以及与被审计单位之间不存在对业务约定条款的误解。初步业务活动的内容包括针对保持客户关系和具体审计业务实施相应的质量控制程序,评价遵守相关职业道德要求的情况以及与被审计单位就审计业务约定条款达成一致意见。初步业务活动的最终结果是签订审计业务约定书。审计业务约定书的具体内容和格式可能因被审计单位的不同而有所差异。签订审计业务约定书后,在正式开始审计工作前,注册会计师应制订审计计划。审计计划分为总体审计策略和具体审计计划两个层次。制定总体审计策略,是为了确定审计范围、时间安排和方向,并指导具体审计计划的制订。总体审计策略的详略程度应当随被审计单位的规模及该项审计业务的复杂程度而变化。总体审计策略一经制定,注册会计师就能够对总体审计策略中所识别的不同事项,制订更详细的审计计划,并考虑通过有效利用审计资源,实现审计目标。具体审计计划比总体审计策略更加详细,其内容包括项目组成员拟实施的审计程序的性质、时间安排和范围。具体审计计划应当包括风险评估程序、计划实施的进一步审计程序和其他审计程序。

**[思考题]**

1.初步业务活动的目的和内容是什么?

2.审计业务约定书一般应包括哪些内容,为什么要与被审计单位签订审计业务约定书?

3.总体审计策略和具体审计计划的主要内容有哪些?

**[案例分析题]**

A注册会计师是某省注册会计师协会202×年度财务报表审计质量检查小组成员,在检查W会计师事务所202×年度财务报表审计质量时,选取了W会计师事务所对甲上市公司202×年度财务报表审计的工作底稿进行检查(甲上市公司202×年度财务报表审计的项目合伙人为B注册会计师)。工作底稿存在下列事项:

(1)B注册会计师制定的总体策略确定了审计范围、审计方向、报告目标、时间安排及所需沟通的性质,并对审计资源的规划和调配做出了整体安排。

(2)B注册会计师在制订具体审计计划时确定的财务报表整体重要性为120万元,甲公司的资产总额为10亿元,净利润为2600万元。

(3)B注册会计师确定的资产负债表的实际执行的重要性为70万元。确定的利润表的实际执行的重要性为45万元。

(4)因分析程序能够非常有效地识别重大错报风险,并且审计准则对在风险评估阶段使用分析程序做出了强制要求,因此B注册会计师计划在了解被审计单位内部控制时充分利用分析程序。

(5)甲公司将某项销售业务产生的应收账款误计入其他应收款,金额为200万元,因超过重要性水平,B注册会计师将该错报评估为重大错报。

要求:针对上述(1)至(5)项,逐项指出是否存在不当之处,如存在不当之处,简要说明理由。

第五章案例分析
参考答案

# 第六章　风险评估

## 【学习目标】

### ● 知识目标

简述风险评估的含义,并能列举风险评估程序。

解释被审计单位及其环境的主要内容,包括内部控制。

简述识别与评估重大错报风险的思路,并能列举两个层次的重大错报风险的常见情形。

### ● 能力目标

能多途径搜集案例企业的内外部环境信息,学会编制风险评估工作底稿,提升团队协作和沟通能力。

能针对具体案例,评估面临的风险,提升审计分析能力。

### ● 价值目标

结合了解被审计单位及其环境相关知识,深刻领会关注社会、与时俱进的重要意义,树立终身学习理念。

结合识别与评估重大错报风险相关知识,提升在日常学习工作中风险识别与评估的敏锐度,养成镜鉴常照、警钟长鸣的思想意识。

# 【导入案例】

## 风险评估不到位，审计失败难避免[①]

2021年11月4日，证监会披露对中天运会计师事务所（特殊普通合伙）（以下简称"中天运"）及其注册会计师杨锡刚、张友富的行政处罚决定书。经查，中天运及注册会计师杨锡刚、张友富在对山东胜通集团股份有限公司（以下简称"胜通集团"）2013年至2017年度财务报表审计过程中，对重大错报风险的识别和评估工作不到位，未勤勉尽责。具体违规事项包括：

资料6-1 行政处罚决定书：中天运

（1）胜通化工为胜通集团重要组成部分，中天运未按照审计程序实地察看被审计单位主要生产经营场所，未发现胜通化工实际已处于停产状态。

胜通化工构成胜通集团合并报表重要组成部分。在2013年度至2017年度审计期间，中天运未执行"实地察看被审计单位主要生产经营场所"的审计程序，未能发现胜通化工处于停产状态，进而未发现胜通化工虚构销售和采购的事实。

（2）未对前五大供应商集中且同时为客户的异常情况保持职业怀疑并有效实施进一步审计程序。

胜通钢帘线2013年度至2017年度前五大供应商集中且与胜通化工前五大供应商存在重合，均有东营市汇通国际贸易有限公司（以下简称"汇通贸易"）、上海翌丰商贸有限公司（以下简称"上海翌丰"）、青岛邦瑞奇商贸有限公司（以下简称"青岛邦瑞奇"）。并且供应商中汇通贸易、上海翌丰在2015年度至2017年度同时为胜通钢帘线的客户且发生额较大，三个年度以汇通贸易为客户共发生主营业务收入20.46亿元、以上海翌丰为客户共发生主营业务收入21.96亿元。

依据上述三家公司与胜通钢帘线、胜通化工的业务往来规模，审计过程中中天运应当获取上述三家公司的工商信息却未获取，并将有关函证交由被审计对象发送，其实施的审计程序不足以对三家公司与胜通集团之间的交易不存在重大错报风险予以合理保证。

作为胜通集团的全资子公司，汇通贸易、上海翌丰、青岛邦瑞奇均存在工商异常情况。汇通贸易的法定代表人为胜通钢帘线会计人员胡某泉，青岛邦瑞奇法定代表人在2018年4月以前为胜通光科总经理周某阳，上海翌丰法定代表人为胜通集团办公室主任王某芝。鉴于胡某泉是胜通钢帘线的会计人员，项目组

---

[①] 资料来源：中国证监会行政处罚决定书（中天运会计师事务所、杨锡刚、张友富）〔2021〕91号[EB/OL].(2021-11-04)[2023-01-13].http://www.csrc.gov.cn/csrc/c101928/c1560139/content.shtml.

在审计时与胡某泉接触较多且相互认识,中天运应当对汇通贸易的法定代表人为胡某泉的事项保持职业怀疑并实施进一步审计程序。综上,中天运未对汇通贸易等三家公司存在重大错报风险保持职业怀疑,并有效实施进一步审计程序,未能发现汇通贸易为胜通集团子公司以及胜通集团利用上述三家公司虚构销售和采购的事实。

从导入案例中,我们不难发现注册会计师对被审计单位的重大错报风险进行识别和评估的重要性。中国注册会计师协会自2007年开始实施与国际审计与鉴证准则接轨的执业准则体系,开始全面推行风险导向审计,明确了审计工作以评估财务报表重大错报风险为起点和导向,将审计业务流程分为了解被审计单位及其环境(又称为风险评估程序)、控制测试和实质性程序。本章主要介绍如何执行风险评估程序,识别和评估财务报表层次和认定层次的重大错报风险,从而为下一章学习风险应对措施奠定基础。

# 第一节 风险评估程序概述

## 一、风险评估程序

视频 6-1 了解被审计单位及其环境(1)

风险评估程序,是指注册会计师为了了解被审计单位及其环境(包括内部控制),以识别和评估财务报表层次和认定层次的重大错报风险(无论该错报由于舞弊或错误导致)而实施的审计程序。注册会计师的目标是,通过了解被审计单位及其环境,识别和评估财务报表层次和认定层次的重大错报风险,从而为设计和实施针对评估的重大错报风险采取的应对措施提供基础。

风险评估程序应当包括以下四个方面的内容,即注册会计师在了解被审计单位的过程中,需要实施以下所有的风险评估程序,但并不意味着注册会计师在了解被审计单位的每个方面时都实施以下所有的风险评估程序。当拟获取的信息有助于识别重大错报风险时,注册会计师也可以执行其他审计程序。

### (一)询问管理层、内部审计人员和被审计单位内部其他相关人员

注册会计师可以考虑向管理层和财务负责人询问下列事项:

(1)管理层所关注的主要问题(如新的竞争对手、主要客户和供应商的流失、新的税收法规的实施以及经营目标或战略的变化等)。

(2)被审计单位最近的财务状况、经营成果和现金流量。

(3)可能影响财务报告的交易和事项,或者目前发生的重大会计处理问题(如重大并购事宜等)。

(4)被审计单位发生的其他重要变化(如所有权结构、组织结构的变化以及内部控制的变化等)。

注册会计师也可以通过询问被审计单位内部其他人员获取信息。

(1)询问治理层:了解编制财务报表的环境。

(2)询问内部审计人员:针对被审计单位内部控制设计和运行有效性方面实施的内部审计程序,以及管理层采取的改进措施。

(3)询问参与生成、处理或记录复杂或异常交易的员工:评价被审计单位选择和运用相关会计政策的恰当性。

(4)询问内部法律顾问:了解有关诉讼、遵守法律法规、影响被审计单位的舞弊或舞弊嫌疑、产品保证、售后责任、与业务合作伙伴的安排(如合营企业)和合同条款的含义等信息。

(5)询问营销或销售人员:了解被审计单位营销策略的变化、销售趋势或与客户的合同安排等。

【思考6-1】注册会计师小张在对ABC公司进行201×年报审计过程中,通过询问程序获取以下信息。

(1)从管理层获悉,由于光伏行业受国内产能过剩、国际"双反"调查等多重影响,行业一直处于严冬期,被审计单位201×年发生重大战略调整,进军半导体行业。为快速进入该行业,被审计单位收购了上海一家超导技术公司。201×年度,被审计单位还参股甲、乙两家公司,持股比例分别为15%、9%,并分别派出了一名董事。被审计单位的主要竞争对手,在多晶硅项目上获得重大技术突破,产品性能大幅提升;被审计单位的主要客户丙公司,与被审计单位有大宗的产品赊购业务,但是据了解,该客户利用国家政策漏洞,存在"虚申报实圈钱"的嫌疑。被审计单位限于产能不足,大量的零部件是由外协单位提供,但是外协单位存在供货周期不稳定、供货质量难以保证等问题。

(2)从财务人员处获悉,被审计单位负责所得税业务的财务人员已经离职4个月,一直未有合适人选入职。被审计单位存在存货跌价、亏损、坏账、超标的广告费等情况。

(3)从治理层获悉,治理层对财务报表的编制并不重视。

(4)从内部审计人员处获悉,被审计单位聘请某会计师事务所为其编制了内部控制手册,但该公司尚未对员工进行集体培训学习。

(5)从法律顾问处获悉,被审计单位201×年发生重大诉讼3项。

(6)从销售人员处获悉,被审计单位的主要产品磁流体的销售退货期为3个月。由于受到下游产品多晶硅铸锭炉滞销的影响,磁流体产品也存在滞销的问题。此外,为推广超导产品,被审计单位投入大量的广告费。

讨论:分析注册会计师小张通过询问程序可能识别出的重大错报风险,并说明该风险属于财务报表层次还是认定层次。

### (二)实施分析程序

在实施分析程序时,注册会计师应当预期可能存在的合理关系,并与被审计单位记录的金额、依据记录金额计算的比率或趋势相比较;如果发现异常或未预期到的情况,注册会计师应当在识别重大错报风险时考虑这些比较结果。例如,国内多晶硅市场由于受"双反"调查的影响,行业平均毛利率由正常年份的30%降至15%。但被审单位毛利率不降反升,毛利率为35%,大大超出当年行业平均水平。注册会计师据此认为被审计单位销售与收款循环可能存在重大错报风险。此时,注册会计师就要把审计重点投向销售与收款领域,了解其是否存在高估销售收入或低估销售成本的情况,如果都不存在,则需要获取支持其当年毛利率高于行业平均水平的证据。

当分析程序使用高度汇总的数据时(作为风险评估程序的分析程序可能存在这种情况),实施分析程序的结果可能仅初步显示是否存在重大错报风险。在这种情况下,将分析程序的结果与识别重大错报风险时获取的其他信息一并考虑,可以帮助注册会计师了解并评价分析程序的结果。

【思考6-2】注册会计师小张在对ABC公司进行201×年报审计过程中,通过分析程序获取以下信息。

(1)被审计单位的磁流体产品存在滞销的情况,但被审计单位未计提存货跌价准备。主要客户丙公司大额赊销,催收货款时,总以政府补助尚未到位为由,迟迟不付款,但应收账款坏账金额未见大幅增加。201×年度超导项目研发成功,为实现批量生产,被审计单位投入大量的广告费,但未见销售费用大幅增加。

(2)光伏行业报告显示,201×年度原材料硅的价格大幅上涨,但被审计单位的材料采购成本未见明显变化。

(3)被审计单位的收入增长率、成本费用率与往年相比,未见明显变化,借款余额也未见明显变化。

(4)被审计单位的应收账款周转率、存货周转率、毛利率、折旧率均有明显变化。

(5)被审计单位磁流体产品尚未打开市场,其主要客户是其母公司,从母公司注册会计师处获悉,母公司201×年度多晶硅铸锭炉的销量为1000台,一台炉子配备3个磁流体。而被审计单位201×年度的磁流体销量为10000个。

讨论:分析注册会计师小张通过分析程序可能识别出的重大错报风险,并说明该风险属于财务报表层次还是认定层次。

### (三)观察

(1)观察被审计单位的经营活动。观察被审计单位人员正在从事的生产活动和内部控制活动,增加注册会计师对被审计单位人员如何进行生产经营活动及实施内部控制的了解。

(2)观察被审计单位的生产经营场所和设备。实地察看被审计单位的生产经营场所和厂房设备,了解被审计单位的主要业务及经营活动,并与被审计单位管理层和担任不同职责的员工进行交流,增强对被审计单位的经营活动及其重大影响因素的了解。

### (四)检查

(1)检查文件、记录和内部控制手册。检查被审计单位的经营计划、策略、章程与其他单位签订的合同、协议,各业务流程操作指引和内部控制手册等,了解被审计单位组织结构和内部控制制度的建立健全情况。

(2)阅读由管理层和治理层编制的报告。阅读被审计单位年度和中期财务报告,股东大会、董事会会议、高级管理层会议的会议记录或纪要、管理层的讨论和分析资料,对重要经营环节和外部因素的评价,被审计单位内部管理报告,以及其他特殊目的的报告(如新投资项目的可行性分析报告)等,了解自上一期审计结束至本期审计期间被审计单位发生的重大事项。

## 二、其他审计程序和其他信息来源

进行风险评估时,注册会计师还要考虑其他信息来源。例如,询问被审计单位聘请的外部法律顾问、专业评估师、投资顾问和财务顾问;阅读证券分析师、银行、评级机构出具的相关报告、财经法规、统计数据等外部信息;考虑初步业务活动时获取的信息是否与识别重大错报风险相关;提供其他相关服务时获取的信息及以前审计时获取的信息(需考虑是否发生变化)。

项目合伙人和项目组其他关键成员应当讨论被审计单位财务报表存在重大错报的可能性,以及如何根据被审计单位的具体情况运用适用的财务报告编制基础。项目合伙人应当确定向未参与讨论的项目组成员通报哪些事项。项目组内部的讨论有助于注册会计师在审计工作的早期识别可能存在的与披露相关的重大错报风险领域。

测试 6-1 即测即评

# 第二节　了解被审计单位及其环境

## 一、了解被审计单位及其环境概述

了解被审计单位及其环境(以下简称"了解被审计单位")是一个连续和动态地收集、更新与分析信息的过程,贯穿于整个审计过程的始终。了解被审计单位是必要程序,特别是为下列关键环节的职业判断提供了重要基础:①评估重大错报风险;②确定重要性;③考虑选择和运用会计政策的恰当性和财务报表披露的充分性;④识别与财务报表中金额或披露相关的需要特别考虑的领域,如关联方交易、管理层对被审计单位持续经营能力的评估或考虑交易是否具有合理的商业目的;⑤确定在实施分析程序时使用的预期值;⑥应对评估的重大错报风险,包括设计和实施进一步审计程序以获取充分、适当的审计证据;⑦评价已获取审计证据的充分性和适当性,如假设的适当性以及管理层口头声明和书面声明的适当性。

## 二、了解被审计单位及其环境的内容

视频 6-2 了解被审计单位及其环境(2)

注册会计师应当从下列六个方面了解被审计单位及其环境:①相关行业状况、法律环境和监管环境及其他外部因素;②被审计单位的性质;③被审计单位对会计政策的选择和运用;④被审计单位的目标、战略以及可能导致重大错报风险的相关经营风险;⑤对被审计单位财务业绩的衡量和评价;⑥被审计单位的内部控制。

需要注意的是,被审计单位及其环境的各个方面可能会相互影响,注册会计师在对被审计单位及其环境的各方面进行了解和评估时,应当考虑各因素间的相互关系。例如,被审计单位的行业状况、法律环境和监管环境以及其他外部因素可能影响到被审计单位的目标、战略以及相关经营风险,而被审计单位的性质、目标、战略以及相关经营风险可能影响到被审计单位对会计政策的选择和运用,以及内部控制的设计和执行。

### (一)相关行业状况、法律环境和监管环境及其他外部因素

注册会计师了解相关行业状况、法律环境和监管环境及其他外部因素的内容如表6-1所示。

### 1. 行业因素

相关行业因素包括行业状况,如竞争环境、供应商和客户关系、技术发展情况等。注册会计师可能需要考虑的事项举例如下:①市场与竞争,包括市场需求、生产能力和价格竞争;②生产经营的季节性和周期性;③与被审计单位产品相关的生产技术;④能源供应与成本。

### 2. 法律和监管因素

相关法律和监管因素包括法律环境和监管环境。法律环境和监管环境包括适用的财务报告编制基础、法律和政治环境等。注册会计师可能需要考虑的事项有:①会计原则和行业特定惯例;②受管制行业的法规框架,包括披露要求;③对被审计单位经营活动产生重大影响的法律法规,包括直接的监管活动;④税收政策(关于企业所得税和其他税种的政策);⑤目前对被审计单位开展经营活动产生影响的政府政策,如货币政策(包括外汇管制)、财政政策、财政刺激措施(如政府援助项目)、关税或贸易限制政策等;⑥影响行业和被审计单位经营活动的环保要求。

资料 6-2 中国注册会计师审计准则第1142号

### 3. 其他外部因素

注册会计师考虑的影响被审计单位的其他外部因素可能包括总体经济情况、利率、融资的可获得性、通货膨胀水平或币值变动等。

表6-1 行业状况、法律环境和监管环境及其他外部因素

| 因素 | 内容 |
|---|---|
| 行业因素 | (1)市场与竞争,包括市场需求、生产能力和价格竞争;<br>(2)生产经营的季节性和周期性;<br>(3)与被审计单位产品相关的生产技术;<br>(4)能源供应与成本 |
| 法律环境与监管因素 | (1)会计原则和行业特定惯例;<br>(2)受管制行业的法规框架,包括披露要求;<br>(3)对被审计单位经营活动产生重大影响的法律法规,包括直接的监管活动<br>(4)税收政策(关于企业所得税和其他税种的政策);<br>(5)目前对被审计单位开展经营活动产生影响的政府政策,如货币政策(包括外汇管制)、财政政策、财政刺激措施(如政府援助项目)、关税或贸易限制政策等;<br>(6)影响行业和被审计单位经营活动的环保要求 |
| 其他外部因素 | (1)总体经济情况;<br>(2)利率;<br>(3)融资的可获得性;<br>(4)通货膨胀水平或币值变动 |

注册会计师应考虑将了解的重点放在对被审计单位的经营活动可能产生重要影响的关键外部因素及与前期相比发生的重大变化上。例如,从事计算机要件制造的被审计单位,注册会计师可能更关心市场和竞争及技术进步的情况;对于金融机构,注册会计师可能更关心宏观经济走势以及货币、财政等方面的政策;对于化工等产生污染的行业,注册会计师可能更关心相关的环保法规。

【思考6-3】甲公司为衢州某民营水力发电站。注册会计师小张在对甲公司进行202×年报审计时,通过了解被审计单位及其环境,获取了以下信息。

(1)水电是清洁能源,在地球传统能源日益紧张的情况下,世界各国普遍优先开发水电、大力利用水能资源。我国水力发电技术水平落后,但水力资源开发潜力巨大。近年来,由于全国缺电严重,加上各种政策的优惠,民企投资小水电如雨后春笋悄然兴起。浙江是我国能源资源最紧缺的省份之一。一次能源消费量的95%以上靠外省调入,煤炭自给率仅3%。电力供求矛盾十分突出。

根据气象局的统计数据,浙江衢州地区每年降雨量较多的月份为6至8月份。202×年12月比往年降雨量多七成。根据衢州市电力局营销部提供的城区电站上网电价,衢州市近年来上网电价稳定。

(2)被审计单位新建大楼目前拟出售,但该大楼系违章建筑,可能面临被拆除的风险。

被审计单位还需要经常配合政府部门搞市区的形象工程,比如,为了抬高上游水位,美化市区环境,被审计单位不得拉闸放水发电。

(3)被审计单位预期明年实现IPO,为了减负增效,精简组织机构,辞退了15名员工。

讨论:分析注册会计师小张通过了解被审计单位及其环境识别出的重大错报风险,并说明该风险属于财务报表层次还是认定层次。

### (二)被审计单位的性质

注册会计师了解被审计单位的性质应包括但不限于以下几个方面(见表6-2)。

#### 1. 组织结构

注册会计师应当了解被审计单位的组织结构是否复杂。例如,是否在多个地区拥有子公司或其他组成部分。复杂的组织结构通常产生可能导致重大错报风险的问题。这些问题可能包括对商誉、合营企业、投资或特殊目的实体的会计处理是否恰当,以及财务报表是否已对这些问题做了充分披露。

资料6-3 中国注册会计师审计准则第1323号

#### 2. 所有权结构

所有权结构,是指所有者与其他人员或实体之间的关系。了解这些方面有助于确定关联方交易是否已得到恰当识别和处理,并在财务报表中得到充分披露。

表6-2 被审计单位的性质

| 因素 | 内容 |
| --- | --- |
| 组织结构 | 复杂的组织结构可能导致重大错报风险,如识别包括财务报表合并、商誉减值以及长期股权投资核算等方面可能导致的重大错报风险 |
| 所有权结构 | (1)了解被审计单位识别关联方的程序,获取被审计单位提供的所有关联方信息;<br>(2)考虑关联方关系是否已经得到识别,关联方交易是否得到恰当记录和充分披露 |
| 治理结构 | (1)董事会的构成情况,董事会内部是否有独立董事;<br>(2)治理结构中是否设有审计委员会或监事会及其运行情况;<br>(3)治理层是否能够在独立于管理层的情况下对被审计单位的事务(包括财务报表)做出客观判断 |
| 经营活动 | (1)收入来源、产品或服务以及市场的性质(包括电子商务,如网上销售和营销活动);<br>(2)业务的开展情况(如生产阶段与生产方法,易受环境风险影响的活动);<br>(3)联盟、合营与外包情况;<br>(4)地区分布与行业细分;<br>(5)生产设施、仓库和办公室的地理位置,存货存放地点和数量;<br>(6)关键客户及货物和服务的重要供应商,劳动用工安排(包括是否存在工会合同、退休金和其他退休福利、股票期权或激励性奖金安排以及与劳动用工事项相关的政府法规);<br>(7)研究与开发活动及其支出;<br>(8)关联方交易 |
| 投资活动 | (1)计划实施或近期已实施的并购或资产处置;<br>(2)证券与贷款的投资和处置;<br>(3)资本性投资活动;<br>(4)对未纳入合并范围的实体的投资,包括合伙企业、合营企业和特殊目的实体 |
| 筹资活动 | (1)主要子公司和联营企业(无论是否处于合并范围内);<br>(2)债务结构和相关条款,包括资产负债表外融资和租赁安排;<br>(3)实际受益方(实际受益方是国内的,还是国外的,其商业声誉和经验可能对被审计单位产生的影响)及关联方;<br>(4)衍生金融工具的使用 |

续 表

| 因素 | 内容 |
|---|---|
| 财务报告实务 | (1)会计政策和行业特定惯例,包括特定行业各类重要的交易、账户余额及财务报表相关披露(如银行业的贷款和投资、医药行业的研究与开发活动);<br>(2)收入确认;<br>(3)公允价值会计核算;<br>(4)外币资产、负债与交易;<br>(5)异常或复杂交易(包括在有争议或新兴领域的交易)的会计处理(如对以股票为基准的薪酬的会计处理) |

### 3. 治理结构

良好的治理结构,可以对被审计单位的经营和财务运作实施有效的监督,从而降低财务报表发生重大错报的风险。注册会计师应当了解被审计单位的治理结构,例如董事会的构成情况,董事会内部是否有独立董事,治理结构中是否设有审计委员会或监事会及其运作情况。注册会计师应当考虑治理层是否能够在独立于管理层的情况下,对被审计单位的事务(包括财务报告)做出客观判断。

### 4. 经营活动

注册会计师应当对被审计单位的经营活动进行了解,主要包括:①收入来源、产品或服务以及市场的性质(包括电子商务,如网上销售和营销活动);②业务的开展情况(如生产阶段与生产方法,易受环境风险影响的活动);③联盟、合营与外包情况;④地区分布与行业细分;⑤生产设施、仓库和办公室的地理位置,存货存放地点和数量;⑥关键客户及货物和服务的重要供应商,劳动用工安排(包括是否存在工会合同、退休金和其他退休福利、股票期权或激励性奖金安排以及与劳动用工事项相关的政府法规);⑦研究与开发活动及其支出;⑧关联方交易。

### 5. 投资活动

了解被审计单位的投资活动有助于注册会计师关注被审计单位在经营策略和方向上的重大变化。注册会计师应当了解被审计单位的投资活动,主要包括:①计划实施或近期已实施的并购或资产处置;②证券与贷款的投资和处置;③资本性投资活动;④对未纳入合并范围的实体的投资,包括合伙企业、合营企业和特殊目的实体。

### 6. 筹资活动

了解被审计单位筹资活动,有助于注册会计师评估被审计单位在融资方面的压力,并进一步考虑被审计单位在可预见未来的持续经营能力。注册会计师应当了解被审计单位的投资活动,主要包括:①主要子公司和联营企业(无论是否处于合并范围内);②债务结构和相关条款,包括资产负债表外融资和租赁安排;③实际受益方(实际受益方是国内的,还是国外的,其商业声誉和经验可能对被审计单位产生的影响)及关联方;④衍生金融工具的使用。

**7. 财务报告实务**

注册会计师应当了解影响被审计单位财务报告的重要政策交易或事项,主要包括:①会计政策和行业特定惯例,包括特定行业各类重要的交易、账户余额及财务报表相关披露(如银行业的贷款和投资、医药行业的研究与开发活动);②收入确认;③公允价值会计核算;④外币资产、负债与交易;⑤异常或复杂交易(包括在有争议或新兴领域的交易)的会计处理(如对以股票为基准的薪酬的会计处理)。

【思考6-4】注册会计师小张在对甲公司进行202×年报审计时,通过了解被审计单位及其环境,获取了以下信息。

(1)甲公司下属有22家子公司及分公司,甲公司的控股股东为浙江省海港投资运营集团有限公司,持股比例85%。

(2)甲公司202×年度外购丁公司,商誉100万元,但丁公司连年亏损。此外,甲公司与丁公司还存在内部交易,数额重大。

(3)甲公司的人力资源分公司,主要为集团内各公司提供人力资源服务,该分公司近3年的业务收入分别为1257万元、1315万元、2582万元,其中,202×年收入主要来源于集团外的戊公司,占营收的45%。

(4)甲公司202×并购了乙公司,购买日乙公司的净资产公允价值为700万元,甲公司支付合并对价1000万元。其中,乙公司有一项待申报的专利技术,评估价值200万元。

(5)甲公司第二年2月8日有一项长期借款合同到期,金额100000万元。甲公司预期现金流无法偿还,且该借款无法展期。

(6)海港集团应收甲公司货款1000万元,甲公司已逾期一年未偿还。海港集团与甲公司进行债务重组,豁免甲公司500万元的债务,其余债务于一年后清偿。甲公司确认营业外收入500万元。

讨论:分析注册会计师小张通过了解被审计单位及其环境识别出的重大错报风险,并说明该风险属于财务报表层次还是认定层次。

### (三)被审计单位对会计政策的选择和运用

注册会计师应当根据被审计单位的经营活动,评价会计政策是否适当,并与适用的财务报告编制基础(如会计准则)、相关行业使用的会计政策保持一致。注册会计师了解被审计单位对会计政策的选择和运用,应包括但不限于以下几个方面(见表6-3):①被审计单位对重大和异常交易的会计处理方法;②在缺乏权威性标准或共识、有争议的或新兴领域采用重要会计政策产生的影响;③会计政策的变更;④新颁布的财务报告准则、法律法规,以及被审计单位何时采用、如何采用这些规定。

表6-3　被审计单位对会计政策的选择和运用

| 因素 | 示例 |
| --- | --- |
| 重大和异常交易的会计处理方法 | 企业合并的会计处理方法 |
| 在缺乏权威性标准或共识、有争议的或新兴领域采用重要会计政策产生的影响 | 互联网企业收入的确认 |
| 会计政策的变更 | 投资性房地产后续计量由成本模式转为公允价值模式,变更的原因及合理性,报表附注披露情况 |
| 新颁布的财务报告准则、法律法规,以及被审计单位何时采用、如何采用这些规定 | 2019年1月1日起执行《企业会计准则第21号——租赁》 |

### (四)被审计单位的目标、战略以及可能导致重大错报风险的相关经营风险

目标是企业经营活动的指南。被审计单位在行业状况、法律环境和监管环境及其他内部和外部因素的背景下开展经营活动。为应对这些因素,管理层或治理层需要确定目标,作为被审计单位的总体规划。

战略是管理层为实现经营目标采用的方法。被审计单位的目标和战略可能会随着时间而变化。

经营风险是指可能对被审计单位实现目标和实施战略的能力产生不利影响的重要状况、事项、情况、作为(或不作为)所导致的风险,或制定不恰当的目标和战略而导致的风险。

经营风险比财务报表重大错报风险范围更广,并且包括重大错报风险。经营风险可能产生于环境变化或经营的复杂性,未能认识到根据环境的变化做出改变也可能导致经营风险。例如,开发新产品或服务可能失败;即使成功开拓了市场,也不足以支持产品或服务;产品或服务存在瑕疵,可能导致负债及声誉风险。

多数经营风险最终都会产生财务后果,从而影响财务报表,因此了解被审计单位面临的经营风险可以提高识别出重大错报风险的可能性。然而,注册会计师没有责任识别或评估所有的经营风险,因为并非所有的经营风险都会导致重大错报风险。

注册会计师在了解可能导致财务报表重大错报风险的目标、战略及相关经

营风险时,可以考虑以下事项:①行业发展(例如,潜在的相关经营风险可能是被审计单位不具备足以应对行业变化的人力资源和业务专长);②开发新产品或提供新服务(例如,潜在的相关经营风险可能是被审计单位产品责任增加);③业务扩张(例如,潜在的相关经营风险可能是被审计单位对市场需求的估计不准确);④新的会计要求(例如,潜在的相关经营风险可能是被审计单位执行不当或不完整,或会计处理成本增加);⑤监管要求(例如,潜在的相关经营风险可能是被审计单位法律责任增加);⑥本期及未来的融资条件(例如,潜在的相关经营风险可能是被审计单位由于无法满足融资条件而失去融资机会);⑦信息技术的运用(例如,潜在的相关经营风险可能是被审计单位信息系统与业务流程难以融合);⑧实施战略的影响,特别是由此产生的需要运用新的会计要求的影响(例如,潜在的相关经营风险可能是被审计单位执行新要求不当或不完整)。

经营风险可能导致重大错报的举例如表6-4所示。

表6-4　被审计单位的目标、战略以及可能导致重大错报风险的相关经营风险

| 导致风险 | 潜在的相关经营风险示例 |
| --- | --- |
| 行业发展 | 被审计单位不具备足以应对行业变化的人力资源和业务专长 |
| 开发新产品或提供新服务 | 被审计单位产品责任增加 |
| 业务扩张 | 被审计单位对市场需求的估计不准确 |
| 新的会计要求 | 被审计单位不当执行相关会计要求,或会计处理成本增加 |
| 监管要求 | 被审计单位法律责任增加 |
| 本期及未来的融资条件 | 被审计单位由于无法满足融资条件而失去融资机会 |
| 信息技术的运用 | 被审计单位信息系统与业务流程难以融合 |
| 实施战略的影响,特别是由此产生的需要运用新的会计要求的影响 | 被审计单位执行新要求不当或不完整 |

### (五)对被审计单位财务业绩的衡量和评价

被审计单位管理层经常会衡量和评价关键业绩指标(包括财务的和非财务的)、预算及其差异情况,通过分析分部信息和分支机构、部门或其他层次的业绩报告,与竞争对手的业绩进行比较。此外,外部机构也会衡量和评价被审计单位的财务业绩,如分析师的报告和信用评级机构的报告。无论是内部的还是外部的业绩衡量,都会对被审计单位产生压力。这些压力反过来可能促使管理层采取措施改善经营业绩或歪曲财务报表。因此,了解被审计单位的业绩衡量,有助

于注册会计师考虑实现业绩目标的压力是否可能导致管理层采取行动,以致增加财务报表发生重大错报的风险(包括舞弊导致的风险)。

注册会计师可以考虑的、管理层在衡量和评价财务业绩时使用的内部生成信息举例如下:①关键业绩指标(财务或非财务的)、关键比率、趋势和经营统计数据;②同期财务业绩比较分析;③预算、预测、差异分析,分部信息与分部、部门或其他不同层次的业绩报告;④员工业绩考核与激励性报酬政策;⑤被审计单位与竞争对手的业绩比较。

外部机构或人员也可能衡量和评价被审计单位的财务业绩。例如,外部信息可能为注册会计师提供有用信息,如证券分析师的报告和信用评级机构的报告,这些报告通常可以从被审计单位获取。

内部业绩衡量可能显示未预期到的结果或趋势,需要管理层确定原因并采取纠正措施(包括在某些情况下及时发现并纠正错报)。业绩衡量还可能向注册会计师表明,相关财务报表信息存在错报风险。例如,业绩衡量可能表明,被审计单位与同行业其他实体相比具有异常快速的增长率或盈利水平。这些信息,特别是如果将其与基于业绩的奖金或激励性报酬等其他因素结合考虑,可能表明管理层在编制财务报表时存在偏向的潜在风险。被审计单位财务业绩的衡量和评价如图6-5所示。

表6-5　被审计单位财务业绩的衡量和评价

| 因素 | 示例 |
|---|---|
| 内部业绩衡量与评价 | (1)关键业绩指标(财务或非财务的)、关键比率、趋势和经营统计数据;<br>(2)同期财务业绩比较分析;<br>(3)预算、预测、差异分析,分部信息与分部、部门或其他不同层次的业绩报告;<br>(4)员工业绩考核与激励性报酬政策;<br>(5)被审计单位与竞争对手的业绩比较 |
| 外部业绩衡量与评价 | (1)证券分析师的报告;<br>(2)信用评级机构的报告 |
| 管理层如何进行财务业绩衡量与评价 | 由谁执行及执行的频率;管理层制订的财务业绩预算合理性;对什么样的差异进行调查及采取的纠正措施 |

## (六)被审计单位的内部控制

### 1. 内部控制的含义和要素

内部控制,是被审计单位为了合理保证财务报告的可靠性、经营的效率和效果以及对法律法规的遵守,由治理层、管理层和其他人员设计和执行的政策及程序。设计和实施内部控制的责任主体是治理层、管理层和其他人员。组织中的每一个人都对内部控制负有责任。需要注意的是,注册会计师需要了解和评价的内部控制只是与财务报表审计相关的内部控制,并非被审计单位所有的内部控制。

内部控制的目标是合理保证以下三个目标的实现:①财务报告的可靠性,这一目标与管理层履行财务报告编制责任密切相关;②经营的效率和效果,即经济有效地使用企业资源,以最优方式实现企业目标;③遵守适用的法律法规的要求,即在法律法规的框架下从事经营活动。

内部控制包括下列要素:①控制环境;②风险评估过程;③与财务报告相关的信息系统(包括相关业务流程)与沟通;④控制活动;⑤对控制的监督。

**【思考6-5】**浙江卫视自2008年改版以来,其收视率从全国卫视的第九名迅速成为全国省级卫视第一名,并一直保持着这个好成绩。原来,浙江卫视通过以下措施成功实现了"自我提升"。

(1)确立频道品牌标志"中国蓝";

(2)以企业品牌理念进行经营,与江苏洋河酒厂高端白酒品牌"蓝色经典"达成战略合作伙伴关系;

(3)不墨守成规、僵硬固化,而是"敢闯敢干",对收视市场有着敏锐嗅觉,针对不同的群体,积极推出新的节目,如《我爱记歌词》《中国梦想秀》《奔跑吧兄弟》《王牌对王牌》等。

讨论:如果承接了审计浙江卫视的年报审计工作,注册会计师应了解浙江卫视内部控制的哪些方面?

### 2. 对内部控制了解的性质和程度

了解内部控制,是指评价控制的设计,并确定其是否得到执行。评价控制的设计涉及考虑该控制单独或连同其他控制,是否能够有效防止或发现并纠正重大错报。控制是否得到执行是指某项控制存在且被审计单位正在使用。

注册会计师通常实施下列审计程序,以获取有关控制设计和执行的审计证据:①询问被审计单位人员;②观察特定控制的运用;③检查文件和报告;④追踪交易在财务报告信息系统中的处理过程(穿行测试)。

视频6-3 了解被审计单位的内部控制(1)
资料6-4 中国注册会计师审计准则第1211号及应用指南

视频6-4 了解被审计单位的内部控制(2)

**【小贴士】**

了解被审计单位及其环境(不包括了解内部控制)的风险评估程序。风险评估程序主要包括:询问管理层和被审计单位内部其他人员、分析程序、观察和检查。了解内部控制的风险评估程序不包括分析程序,分析程序是通过分析不同财务数据之间以及财务数据与非财务数据之间的内在关系,从而对财务信息做出评价。内部控制是合理实现财务报告目标、经营目标和合规目的的政策和程序,其不涉及财务数据,了解内部控制的目的是评价控制的设计并确认控制是否正在执行,不涉及评价财务信息。

### 3. 了解内部控制的内容

注册会计师应在整体层面和业务流程层面了解内部控制,具体见表6-6所示。

内部控制的某些要素(如控制环境)会对被审计单位整体层面产生影响,而其他要素(如信息系统与沟通、控制活动)则与特定业务流程相关。在实务中,注册会计师应当从被审计单位整体层面和业务流程层面分别了解和评价被审计单位的内部控制。

表6-6　了解内部控制的内容

| 层面 | 要点 |
| --- | --- |
| 整体层面 | (1)主要与控制环境相关;<br>(2)与被审计单位整体相关;<br>(3)考虑舞弊和管理层凌驾于内部控制之上的风险;<br>(4)信息系统的一般控制;<br>(5)财务报告流程的控制 |
| 业务流程 | (1)与业务流程和认定相关;<br>(2)信息系统的应用控制;<br>(3)控制活动 |

测试 6-2 即测即评

视频 6-5 识别与评估重大错报风险

## 第三节　识别和评估重大错报风险

通过了解被审计单位及其环境,注册会计师应识别和评估被审计单位的重大错报风险,进而据此拟定进一步审计程序的性质、时间安排和范围。

## 一、识别和评估两个层次的重大错报风险

在识别和评估重大错报风险时,注册会计师应当实施下列审计程序:①在了解被审计单位及其环境的整个过程中,结合对财务报表中各类交易、账户余额和披露的考虑识别风险。例如,被审计单位执行新颁布的企业会计准则以及行业市场竞争激烈使产品的市场价格下降,都预示着重大错报风险的存在。②确定识别的重大错报风险是与特定的某类交易、账户余额和披露的认定相关(认定层次),还是与财务报表整体广泛相关,进而影响多项认定。③结合对拟测试的相关控制的考虑,将识别出的风险与特定认定层次可能发生错报的领域相联系,例如销售困难使产品的市场价格下降,可能导致年末存货成本高于其可变性净值而需要计提存货跌价准备,这显示存货的计价认定可能发生错报。④考虑发生错报的可能性,包括发生多项错报的可能性以及潜在错报是否足以导致重大错报。

两个层次的重大错报风险的特点和情形详见表6-7。

表6-7　重大错报风险的特点和情形

| 层次 | 特点 | 情形 |
|------|------|------|
| 财务报表层次 | 与财报整体广泛相关,影响多项认定 | (1)重大经营风险;<br>(2)薄弱的控制环境;<br>(3)频繁更换关键岗位人员;<br>(4)信息技术一般控制缺陷;<br>(5)管理层凌驾于内部控制之上;<br>(6)舞弊风险;<br>(7)持续经营能力的重大疑虑 |
| 认定层次 | 与特定的交易、账户余额和披露相关 | (1)开发新产品或提供新服务,或进入新的业务领域;<br>(2)开辟新的经营场所;<br>(3)重大收购、重组或其他非经常性事项;<br>(4)拟出售分支机构或业务分部;<br>(5)存在复杂的联营或合资;<br>(6)运用表外融资、特殊目的实体以及其他复杂的融资协议;<br>(7)存在重大的关联方交易 |

## 二、特别风险

特别风险,是指注册会计师识别和评估的、根据判断认为需要特别考虑的重

大错报风险。

特别风险通常与重大的非常规交易和判断事项有关。非常规交易是指由于金额或性质异常而不经常发生的交易。判断事项可能包括做出的会计估计(具有计量的重大不确定性)。

确定特别风险时需要考虑的因素:①风险是否属于舞弊风险;②风险是否与近期经济环境、会计处理方法和其他方面的重大变化有关;③交易的复杂程度;④风险是否涉及重大的关联方交易;⑤财务信息计量的主观程度,特别是计量结果是否具有高度不确定性;⑥风险是否涉及异常或超出正常经营过程的重大交易。需要注意的是,在判断哪些风险是特别风险时,注册会计师不应考虑识别出的控制对相关风险的抵销效果。

与重大非常规交易或判断事项相关的风险通常很少受到日常控制的约束,管理层可能采取其他措施应对此类风险。相应地,注册会计师在了解被审计单位是否设计和执行了针对非常规交易或判断事项导致的特别风险的控制时,通常了解管理层是否以及如何应对这些风险。管理层采取的应对措施可能包括:①控制活动,如高级管理人员或专家对假设进行检查;②对估计流程做出记录;③治理层做出批准。

如果发生诸如收到重大诉讼事项的通知等一次性事件,注册会计师在考虑被审计单位的应对措施时,关注的事项包括:被审计单位是否已将这类事项提交适当的专家(如内部或外部的法律顾问)处理,是否已对该事项的潜在影响做出评估,如何建议将该情况在财务报表中进行披露。

在某些情况下,管理层可能未能通过实施针对特别风险的控制恰当应对特别风险。管理层未能实施这些控制表明存在值得关注的内部控制缺陷。

## 三、对风险评估的修正

注册会计师对认定层次重大错报风险的评估,可能随着审计过程不断获取审计证据而做出相应的变化。如果实施进一步审计程序获取的审计证据,或获取的新信息,与注册会计师之前做出评估所依据的审计证据不一致,注册会计师应当修正风险评估结果,并相应修改原计划实施的进一步审计程序。

测试 6-3 即测即评

### [本章小结]

风险评估程序,是指注册会计师为了了解被审计单位及其环境(包括内部控制),以识别和评估财务报表层次和认定层次的重大错报风险(无论该错报由于舞弊或错误导致)而实施的审计程序。风险评估程序应当包括询问管理层、内部审计人员和被审计单位内部其他相关人员、实施分析程序、观察和检查。执行风险评估程序为设计和实施针对评估的重大错报风险采取的应对措施提供基础。通过执行风险评估程序,了解被审计单位及其环境(包括相关行业状况、法律环境和监管环境及其他外部因素),了解被审计单位的性质(组织结构、所有权结构、治理结构、经营活动、投资活动、筹资活动和财务报告实务),了解被审计单位对会计政策的选择和运用,了解被审计单位的目标、战略以及可能导致重大错报风险的相关经营风险,了解对被审计单位财务业绩的衡量和评价以及了解被审计单位的内部控制。在此过程中,需要留意其他审计程序和信息来源的影响,并注意组织项目内部的讨论。在了解被审计单位及其环境后,注册会计师应当识别和评估被审计单位的重大错报风险(包括两个层次)。识别和评估重大错报风险时,注册会计师应关注特别风险。最后,风险评估程序是一个持续、动态的过程,对认定层次重大错报风险的评估可能随着审计过程中不断获取审计证据而做出相应的变化。

**[思考题]**

1.什么是风险评估程序? 风险评估程序的目标是什么?

2.风险评估程序包括的内容有哪些?

3.了解被审计单位及其环境包括哪些内容?

4.在识别和评估重大错报风险时,注册会计师应执行哪些审计程序?

5.什么是特别风险?

**[案例分析题]**

1.ABC会计师事务所接受委托,负责审计甲上市公司202×年度财务报表,并委派A注册会计师担任审计项目合伙人。在制订审计计划时,A注册会计师根据其审计甲公司的多年经验,认为甲公司202×年度财务报表不存在重大错报风险,应当直接实施进一步审计程序。

要求:针对上述情形,指出存在哪些可能违反审计准则和质量控制准则的情况,并简要说明理由。

2.ABC会计师事务所负责审计甲公司202×年度财务报表,审计项目组确定财务报表整体的重要性为100万元,明显微小错报的临界值为5万元,审计工作底稿中部分内容摘录如下:

(1)为应对应收账款项目计价和分摊认定的重大错报风险,注册会计师决定全部用积极的方式函证,同时扩大函证程序的范围。

(2)甲公司应付账款年末余额为550万元,审计项目组认为应付账款存在低估风险,选取了年末余额合计为480万元的两家主要供应商实施函证,未发现差异。

(3)审计项目组成员跟随甲公司出纳到乙银行实施函证,出纳到柜台办理相关事宜,审计项目组成员在等候区等候。

(4)客户丙公司年末应收账款余额100万元,回函金额90万元,因差异金额高于明显微小错报的临界值,审计项目组据此提出了审计调整建议。

(5)针对特别风险的项目,注册会计师认为不需要了解内部控制,只需直接实施实质性程序。

(6)由于甲公司在信用审批环节缺乏相关的内部控制,注册会计师决定不对该环节实施控制测试。

(7)注册会计师评估的存货计价认定相关控制的有效性较高,在设计进一步审计程序时,决定相应缩小控制测试的范围。

(8)甲公司利用高度自动化系统开具销售发票。注册会计师于202×年7月确认系统的一般控制有效,并确认了该系统正在运行后,得出系统在202×年度有效运行的结论。

要求:针对上述事项,逐项指出审计项目组的做法是否恰当。如不恰当,简要说明理由。

第六章案例分析
参考答案

# 第七章 风险应对

## 【学习目标】

● 知识目标

简述进一步审计程序、控制测试和实质性程序等核心概念。

解读重大错报风险的应对措施,理解常见项目不可预见的审计程序的设计原理。

解读控制测试的性质、时间安排和范围的内涵及相关要求。

解读实质性程序的性质、时间安排和范围的内涵及相关要求。

● 能力目标

针对具体审计情境,选择是否执行控制测试以及设计控制测试的性质、时间安排和范围。

针对具体审计情境,设计实质性程序的性质、时间安排和范围。

● 价值目标

结合重大错报风险应对措施相关知识,体会解决问题的基本思路:从战略的高度和战术的角度两个层面应对风险问题。

结合进一步审计程序的相关知识,勇于直面风险、智于化解风险。

# 【导入案例】

## 风险对应有缺陷，信永中和被处罚①

资料 7-1 行政处罚决定书：信永中和

2022年4月18日，证监会公布对信永中和会计师事务所（特殊普通合伙）（以下简称"信永中和"）及其两名注册会计师常晓波、白西敏的行政处罚决定：对信永中和责令改正，没收业务收入151万元，并处以302万元罚款；对常晓波、白西敏给予警告，并分别处以5万元罚款。

证监会的调查显示，信永中和出具的乐视网2015—2016年度审计报告存在虚假记载。乐视网2015—2016年度分别虚增利润总额38295.18万元、43276.33万元。具体造假手段包括：①虚增客户广告订单；②利用方舟系统虚增客户广告的曝光量；③利用虚假客户虚增利润。

乐视网的造假手段并不高明，但是信永中和及其两名签字注册会计师却为乐视网2015年、2016年度财务报表分别出具了无保留意见及带强调事项无保留意见的审计报告（强调事项与销售收入及利润无关）。根据证监会的调查，信永中和及其两名签字注册会计师在审计过程中未勤勉尽责，除了在识别、评估重大错报风险因素方面存在缺陷外，在应对重大错报风险方面也存在严重的缺陷，包括：（1）控制测试程序存在缺陷。例如，注册会计师未选取样本对广告业务"销售与收款循环"内部控制有效性进行测试，却得出"内控有效"的审计结论；未对广告系统——方舟系统进行IT审计测试，却得出"未发现异常"的审计结论。（2）未对广告业务收入设计有针对性的实质性程序。认定乐视网客户管理层、股东、关键管理人存在舞弊风险，认定销售收入存在舞弊风险。

在此情况下，针对广告业务收入的重大错报风险，注册会计师在"重大错报风险及特别风险的应对措施"中仅设计了两个审计程序：1.将本期收入与上期对比，关注波动大的产品；2.合同排期是否与广告业务系统排期一致，收入金额是否与合同金额一致。未结合乐视网广告业务特点以及上述风险评估情况设计有针对性的审计程序。

此外，未有效执行应收账款函证替代程序。注册会计师对乐视网92家客户应收账款进行函证，36家客户回函，回函金额占期末应收账款余额17.87%；56家客户未回函。注册会计师未对全部未回函的客户进行替代测试，仅选取了36家未回函客户执行了替代测试程序。

---

① 资料来源：中国证监会行政处罚决定书（信永中和会计师事务所、常晓波、白西敏）〔2022〕19号［EB/OL］.（2022-04-18）［2023-01-13］.http://www.csrc.gov.cn/csrc/c101928/c2379115/content.shtml.

从导入案例中,我们不难发现设计和执行进一步审计程序是整个审计工作的核心环节。如何有效应对识别和评估的重大错报风险,我们得从战略的高度和战术的角度来考量风险问题。本章将围绕风险应对展开讨论。

# 第一节 针对重大错报风险的应对措施

在识别和评估被审计单位重大错报风险的基础上,注册会计师应当运用职业判断,针对评估的重大错报风险设计和实施恰当的应对措施,获取充分、适当的审计证据。应对措施包括总体应对措施和进一步审计程序。前者主要针对评估的财务报表层次重大错误的风险,后者主要针对评估的认定层次的重大错报风险。

## 一、重大错报风险应对的总体思路

重大错报风险应对的总体思路为:针对评估的财务报表层次重大错报风险,设计和实施总体应对措施;针对评估的认定层次重大错报风险,设计和实施进一步审计程序,包括总体方案(实质性方案和综合性方案)和具体程序。实质性方案,是指注册会计师实施进一步审计程序时,以实质性程序为主;综合性方案,是指注册会计师在实施进一步审计程序时,将控制测试和实质性程序结合使用。

评估的财务报表层次重大错报风险以及采取的总体应对措施,对拟实施的进一步审计程序的总体方案具有重大影响。当评估的财务报表层次重大错报风险属于高风险水平(并相应采取更强调审计程序不可预见性以及重视调整审计程序的性质、时间安排和范围等总体应对措施)时,拟实施进一步审计程序的总体方案往往更倾向于实质性方案。当评估的财务报表层次重大错报风险属于低风险水平时,拟实施进一步审计程序的总体方案往往更倾向于综合性方案。

## 二、总体应对措施

注册会计师应当针对评估的财务报表层次重大错报风险,确定下列总体应对措施:①向审计项目组强调保持职业怀疑的必要性;②分派更有经验或具有特殊技能的审计人员,或利用专家工作;③提供更多的督导;④在选择进一步审计程序时,应当注意使某些程序不被管理层预见或事先了解;⑤对拟实施审计程序的性质、时间安排或范围做出总体修改。

视频 7-1 总体应对措施

资料 7-2 中国注册会计师审计准则第1231号

在实务中,注册会计师可以通过以下方式提高审计程序的不可预见性:①对某些未测试过的低于重要性水平或风险较小的账户余额和认定实施实质性程序。例如,对以前通常不测试的金额较小的项目(如应收账款、应付账款等)实施实质性程序。②调整实施审计程序的时间,使其超出被审计单位的预期。例如,在对销售收入和销售退回进行截止测试时,以往是根据资产负债表日前后10日进行截止测试,现改为资产负债表日前后20日进行截止测试(延长截止测试期间)。③采取不同的审计抽样方法,使当期抽取的测试样本与以前有所不同。例如,在对应付账款进行审计时,改变函证样本选取的抽样方法。④选取不同的地点,实施审计程序,或预先不告知被审计单位所选定的测试地点。例如,在存货监盘中,注册会计师可以未事先通知被审计单位的盘点现场进行监盘,使被审计单位没有时间事先安排,隐藏一些不想让注册会计师知道的情况。

财务报表层次的重大错报风险很可能源于薄弱的控制环境。如果控制环境存在缺陷,注册会计师在对拟实施审计程序的性质、时间安排和范围做出总体修改时应当考虑:①通过实施实质性程序获取更广泛的审计证据;②在期末而非期中实施更多的审计程序;③增加拟纳入审计范围的经营地点的数量。

## 三、进一步审计程序

### (一)进一步审计程序的含义

视频 7-2 进一步审计程序

进一步审计程序是相对于风险评估程序而言的,是指注册会计师针对评估的各类交易、账户余额和披露认定层次重大错报风险实施的审计程序。在综合性方案中,进一步审计程序包括控制测试和实质性程序。在实质性方案中,进一步审计程序以实质性程序为主。

注册会计师应当针对评估的认定层次重大错报风险设计和实施进一步审计程序,包括审计程序的性质、时间安排和范围。

在设计进一步审计程序时,注册会计师应当考虑下列因素:①考虑形成某类交易、账户余额和披露的认定层次重大错报风险评估结果的依据——因相关类别的交易、账户余额或披露的具体特征而导致重大错报的可能性(即固有风险);风险评估是否考虑了相关控制(即控制风险),从而要求注册会计师获取审计证据以确定控制是否有效运行(即注册会计师在确定实质性程序的性质、时间安排和范围时,拟信赖控制运行的有效性)。②评估的风险越高,需要获取越有说服力的审计证据。

### （二）进一步审计程序的性质

进一步审计程序的性质,是指进一步审计程序中所使用的一种或多种具体的审计程序。进一步审计程序的类型包括检查、观察、询问、函证、重新计算、重新执行和分析程序。

注册会计师对于重大错报风险的评估结果,可能影响拟实施的具体审计程序的类型及其综合运用。例如,当评估的风险较高时,注册会计师除检查文件外,还可能决定向交易对方函证合同条款的完整性。此外,不同的审计程序应对特定认定错报风险的效力不同。例如在一般在"完整性"认定上实施控制测试更有效,在"存在"和"发生"认定上,实施实质性程序更有效。

### （三）进一步审计程序的时间

进一步审计程序的时间,是指注册会计师何时实施进一步审计程序,或审计证据适用的期间或时点。

注册会计师可以在期中或期末实施控制测试或实质性程序。当重大错报风险较高时,注册会计师应当考虑在期末或接近期末实施实质性程序或采用不通知的方式,或在管理层不能预见的时间实施审计程序。

影响注册会计师考虑在何时实施审计程序的其他相关因素包括:①控制环境。良好的控制环境可以抵销在期中实施进一步审计程序的一些局限性。②何时能得到相关信息。例如,某些控制活动仅能在期中(或期中以前)发生,而之后可能难以再被观察到。再如,某些电子化的交易和账户文档如未能及时取得,可能被覆盖。③错报风险的性质。例如,被审计单位可能为了保证盈利目标的实现,而在会计期末以后伪造销售合同以虚增收入,此时注册会计师需要考虑在期末(即资产负债表日)这个特定时点获取被审计单位截至期末所能提供的所有销售合同及相关资料,以防范被审计单位在资产负债表日后伪造销售合同虚增收入的做法。④审计证据适用的期间或时点。例如,为了获取资产负债表日的存货余额证据,不宜在与资产负债表日间隔过长的期中时点或期末以后时点实施存货监盘等相关审计程序。⑤编制财务报表的时间,尤其是编制某些披露的时间,这些披露为资产负债表、利润表、所有者权益变动表或现金流量表中记录的金额提供了进一步解释。

### （四）进一步审计程序的范围

进一步审计程序的范围,是指实施进一步审计程序的数量,包括抽取的样本量、选取的监盘地点数量、对某项控制活动的观察次数等。

注册会计师应当考虑下列因素:①确定的重要性水平。确定的重要性水平越低,注册会计师实施进一步审计程序的范围越广。②评估的重大错报风险。评估的重大错报风险越高,对拟获取审计证据的相关性、可靠性要求越高,注册会计师实施的进一步审计程序的范围也越广。③计划获取的保证程度。计划获取的保证程度越高,对测试结果可靠性要求越高,注册会计师实施的进一步审计程序的范围越广。

【思考7-1】在注册会计师小张审计甲公司的过程中,助理小刘对实质性程序的时间安排理解如下:

(1)控制环境和其他相关的控制越薄弱,越不宜在期中实施实质性程序。

(2)评估的某项认定的重大错报风险越高,越应当考虑将实质性程序集中在期末或接近期末实施;评估的重大错报风险为低水平,注册会计师可以选择资产负债表日前适当日期为截止日实施函证。

(3)在确定何时实施进一步审计程序时需要考虑能够获取相关信息的时间;如果实施实质性程序所需信息在期中之后难以获取,应考虑在期中实施实质性程序。

(4)如在期中实施了实质性程序,应针对剩余期间实施控制测试,以将期中测试得出的结论合理延伸至期末。

测试 7-1 即测 即评

讨论:小刘的理解正确吗?

# 第二节　控制测试

## 一、控制测试的含义与要求

### (一)控制测试的含义

视频 7-3 控制 测试(1)

控制测试,是指用于评价内部控制在防止或发现并纠正认定层次重大错报方面运行有效性的审计程序。

控制有效性强调的是控制能够在各个不同时点按照既定设计得以一贯执行。

【小贴士】

了解内部控制不同于控制测试。了解内部控制包含评价内部控制的设计并确定控制是否正在运行(某一时间得到运行)。控制测试是确认控制运行是否有效(一贯有效)。两者需要的审计证据数量不同,通常控制测试需要更多的审计证据,除非存在某些可以使控制得到一贯运行的自动化控制,否则注册会计师对控制的了解并不足以测试控制运行的有效性。此外,穿行测试是运用于了解内部控制的程序,重新执行是运用于控制测试的程序。

### (二)控制测试的适用情形

控制测试并非进一步审计程序中的必要程序。只有存在下列情形之一时,才实施控制测试:①在评估认定层次重大错报风险时,预期控制的运行是有效的(即在确定实质性程序的性质、时间安排和范围时,注册会计师拟信赖控制运行的有效性);②仅实施实质性程序不足以提供认定层次充分、适当的审计证据。

注册会计师获取的有关控制运行有效性的审计证据应当包括:①控制在所审计期间的相关时点是如何运行的;②控制是否得到一贯执行;③控制由谁或以何种方式执行。在设计和实施控制测试时,对控制有效性的信赖程度越高,注册会计师应当获取越有说服力的审计证据。

## 二、控制测试的性质

控制测试,是指控制测试所使用的审计程序的类型及其组合,包括询问、观察、检查和重新执行等(见表7-1)。

视频 7-4 控制测试(2)

表 7-1　控制测试使用的程序类型及举例

| 程序类型 | 程序实施 | 举例 |
|---|---|---|
| 询问 | 向被审计单位适当员工询问,获取与控制运行情况相关的信息。询问本身并不足以测试控制运行的有效性,需要将询问与其他审计程序结合使用 | 询问信息系统管理人员有无未经授权接触计算机硬件和软件,向负责复核银行存款余额调节表的人员询问如何进行复核,包括复核的要点是什么,发现不符事项如何处理等 |
| 观察 | 测试不留下书面记录的控制(如职责分离、自动化控制)的运行情况的有效方法。观察提供的证据仅限于观察发生的时点,注册会计师需要考虑不在场时可能未执行的情况 | 观察存货盘点控制的执行情况,观察仓库门禁是否森严,观察空白支票是否妥善保管等 |
| 检查 | 适用于留有书面证据的控制,检查对象包括复核时留下的记号、签字、标志,以及是否按规定完整实施了该控制 | 检查销售发票是否有复核人员签字,检查销售发票是否附有客户订购单和出库单等 |

续 表

| 程序类型 | 程序实施 | 举例 |
|---|---|---|
| 重新执行 | 如果需要进行大量的重新执行,注册会计师就要考虑通过实施控制测试以缩小实质性程序的范围是否有效 | 为了合理保证计价认定的准确性,被审计单位的一项控制是由复核人员核对销售发票上的价格与统一价格单上的价格是否一致。但是,要检查复核人员有没有认真核对,仅检查复核人员是否在相关文件上签字是不够的,注册会计师还需要选取一部分销售发票进行核对 |

在设计和实施控制测试时,注册会计师应当:①将询问与其他审计程序结合使用,以获取有关控制运行有效性的审计证据;②确定拟测试的控制是否依赖其他控制(间接控制)。如果依赖其他控制,确定是否有必要获取支持这些间接控制有效运行的审计证据。

【思考7-2】甲公司内部控制手册中对工资费用签发流程的规定如下:月度工资清单由人事经理核算,交由总监签字后才能发放。注册会计师小张抽查了4个月的工资清单,发现其中一份清单是由副总监签字的。被审计单位相关人员解释称:当时总监休假,将签字权授予副总监。注册会计师小张认为解释合理,因此确认该项控制运行有效。

讨论:注册会计师小张的判断合理吗?

【思考7-3】甲公司内部控制要求采购货物的供应商必须在经认证的供应商清单中,若不在供应商清单中,则需要采购经理复核。注册会计师小张抽取订单样本,检查订单中都有采购经理的签字。因此,小张认为该内部控制运行有效。

讨论:注册会计师小张的判断合理吗?

## 三、控制测试的时间安排

### (一)控制测试的时间安排的含义

视频7-5 控制测试(3)

控制测试的时间安排有两层含义:一是何时实施控制测试;二是测试所针对的控制测试适用的时点或期间。如果仅需要测试控制在特定时点的运行有效性(如对被审计单位期末存货盘点进行控制测试),注册会计师只需要获取该时点的审计证据。如果需要测试控制在某一期间运行的有效性,仅获取时点的审计证据是不充分的,注册会计师还应当实施其他控制测试,比如测试被审计单位对控制的监督,以获取相关控制在该期间的相关时点运行有效的审计证据。换言之,关于控制在多个不同时点的运行有效性的审计证据的简单累加并不能构成控制在某个期间的运行有效性的充分、适当的审计证据;而所谓的"其他测试"应当具备的功能是,能提供相关控制在所有相关时点都有效运行的审计证据。

### (二)如何考虑期中审计证据

#### 1. 考虑期中审计证据的基本要求

注册会计师在期中实施控制测试具有更积极的作用。如果已获取有关控制在期中运行有效性的审计证据,注册会计师为了将这些审计证据合理延伸至期末,应当:①获取这些控制在剩余期间发生重大变化的审计证据;②确定针对剩余期间还需获取的补充审计证据。

在确定需要获取哪些补充审计证据以证明控制在期中之后的剩余期间仍然有效运行时,注册会计师需要考虑的相关因素包括:①评估的认定层次重大错报风险的重要程度;②在期中测试的特定控制,以及自期中测试后发生的重大变动,包括在信息系统、流程和人员方面发生的变动;③在期中对有关控制运行的有效性获取的审计证据的程序;④剩余期间的长度;⑤在信赖控制的基础上拟缩小实质性程序的范围;⑥控制环境。

#### 2. 考虑期中审计证据的决策

如果被审计单位的控制在剩余期间没有发生变化,注册会计师可能决定信赖期中获取的审计证据;如果这些控制在剩余期间发生了变化,注册会计师需要了解并测试控制的变化对期中审计证据的影响。

### (三)如何考虑以前审计获取的审计证据

#### 1. 考虑以前审计获取的审计证据的基本要求

在某些情况下,如果注册会计师实施了用以确定审计证据持续相关性的审计程序,以前审计获取的审计证据可以为本期提供相关审计证据。在确定利用以前审计获取的有关控制运行有效性的审计证据是否适当,以及再次测试控制的时间间隔时,注册会计师应当考虑下列因素:①内部控制其他要素的有效性,包括控制环境、被审计单位对控制的监督以及被审计单位的风险评估过程;②控制特征(人工控制还是自动化控制)产生的风险;③信息技术一般控制的有效性;④控制设计及其运行的有效性,包括在以前审计中发现的控制运行偏差的性质和程度,以及是否发生对控制运行产生重大影响的人员变动;⑤是否存在由于环境发生变化而特定控制缺乏相应变化导致的风险;⑥重大错报风险和对控制的信赖程度。

#### 2. 考虑以前审计获取的审计证据的决策

如果拟利用以前审计获取的有关控制运行有效性的审计证据,注册会计师应当通过获取这些控制在以前审计后是否发生重大变化的审计证据,确定以前审计获取的审计证据是否与本期审计持续相关。注册会计师应当通过实施询问并结合观察或检查程序,获取这些控制是否发生重大变化的审计证据,以确认对这些控制的了解,并根据下列情况做出不同处理:

(1)如果已发生变化,且这些变化对以前审计获取的审计证据的持续相关性产生影响,注册会计师应当在本期审计中测试这些控制运行的有效性;

(2)如果未发生变化,注册会计师应当每三年至少对控制测试一次,并且在每年审计中测试部分控制,以避免将所有拟信赖控制的测试集中于某一年,而在之后的两年中不进行任何测试。

例如,如果系统的变化仅使被审计单位从中获取新的报告,这种变化通常不影响以前审计获取证据的相关性。如果系统的变化引起数据积累或计算发生改变,这种变化可能影响以前审计所获取证据的相关性。

(3)如果确定评估的认定层次重大错报风险是特别风险,并拟信赖针对该风险实施的控制,注册会计师应当在本期审计中测试这些控制运行的有效性。

## 四、控制测试的范围

控制测试的范围,是指某项控制活动的测试次数。注册会计师在确定控制测试的范围时,主要受对控制初步评价的结果的影响。在了解被审计单位内部控制后,注册会计师如果认为相关控制风险较低,对控制运行有效性的拟信赖程度较高,则需要更充分、适当的证据来支持这种高信赖,可能需要扩大控制测试的范围。

在确定控制测试的范围时,注册会计师应当考虑以下因素:①对控制的拟信赖程度,拟信赖程度越高,需要实施控制测试的范围就越大。②在拟信赖期间被审计单位执行控制的频率越高,需要实施控制测试的范围越大。③在所审计期间,注册会计师拟信赖控制运行有效性的时间长度。时间长度越长,需要实施控制测试的范围越大。④控制测试的预期偏差。预期偏差越高,需要实施控制测试的范围越大。⑤拟获取的有关认定层次控制运行有效性的审计证据的相关性和可靠性。

【思考7-4】注册会计师小张审计甲公司2022年度财务报表,由于是连续审计,小张从以前年度审计中获取下列审计证据:

(1)针对管理层凌驾于内部控制之上的控制测试证据;

(2)针对费用报销的控制测试,以前年度采用人工控制,2022年度采用计算机控制;

(3)针对付款审批的控制测试,2018年控制测试有效,2019年

未测试,2020年控制测试有效,2021年未测试;

(4)针对采购验收控制测试,2019年测试有效,2020年、2021年未测试。

讨论:小张是否可以信赖上述以前年度获取的审计证据?

# 第三节 实质性程序

## 一、实质性程序的含义与要求

### (一)实质性程序的含义

实质性程序,是指用于发现认定层次重大错报的审计程序,包括对各类交易、账户余额和披露的细节测试以及实质性分析程序。

注册会计师实施的实质性程序应当包括下列与财务报表编制完成阶段相关的审计程序:①将财务报表中的信息与其所依据的会计记录进行核对或调节,包括核对或调节披露中的信息,无论该信息是从总账和明细账中获取,还是从总账和明细账之外的其他途径获取;②检查财务报表编制过程中做出的重大会计分录和其他调整。

视频7-6 实质性程序

### (二)实质性程序的要求

由于内部控制的固有局限性,无论评估的重大错报风险结果如何,注册会计师都应当针对所有重大类别的交易、账户余额和披露实施实质性程序。

如果认为评估的认定层次重大错报风险是特别风险,注册会计师应当专门针对该风险实施实质性程序。如果针对特别风险仅实施实质性程序,注册会计师应当使用细节测试,或将细节测试和实质性分析程序结合使用,以获取充分、适当的审计证据。

## 二、实质性程序的性质

实质性程序的性质,是指实质性程序的类型及其组合,包括细节测试和实质性分析程序两类。

### (一)细节测试

细节测试是对交易、账户余额和披露的具体细节进行测试,目的在于直接识别财务报表认定是否存在重大错报。细节测试的程序类型主要包括检查、询问、观察、函证、重新计算。

细节测试适用于对具体认定的测试,尤其是对存在或发生,准确性、计价和分摊认定的测试。注册会计师需要根据不同的认定层次的重大错报风险设计有针对性的细节测试。例如,在针对存在或发生认定细节测试时,注册会计师应当选择包含在财务报表金额中的项目,并获取相关审计证据。又如,在针对完整性认定设计细节测试时,注册会计师应当选择有证据表明应包含在财务报表金额中的项目,并调查这些项目是否确实包括在内,如为应对被审计单位漏记本期应付账款的风险,注册会计师可以检查期后付款记录。

### (二)实质性分析程序

实质性分析程序就是将分析程序用作实质性程序,在技术特征上仍然是分析程序,通常针对在一段时期内存在稳定的预期关系的大量交易,通过研究数据间关系来评价信息,用以识别有关的财务报表认定是否存在重大错报。运用实质性分析程序可以减少细节测试的工作量,节约审计成本。

## 三、实质性程序的时间安排

通常情况下,注册会计师应在期末或接近期末实施实质性程序,尤其是在应对评估的重大错报风险较高时。

### (一)如何考虑期中审计证据

如果在期中实施了实质性程序,注册会计师应当针对剩余期间实施进一步的实质性程序,或将实质性程序和控制测试结合使用(针对剩余期间仅实施实质性程序获取的审计证据不够充分),以将期中测试得出的结论合理延伸至期末。

针对舞弊导致的重大错报风险,为将期中得出的结论延伸至期末而实施的审计程序通常是无效的,注册会计师应当考虑在期末或者接近期末实施实质性程序。

在期中实施实质性程序,虽然消耗了审计资源,但其获取的审计证据不能直接作为期末财务报表认定的审计证据,注册会计师仍然需要进一步消耗审计资源,因此,期中实施实质性程序要考虑成本效益。

### (二)如何考虑以前审计获取的审计证据

在以前审计中实施实质性程序获取的审计证据,通常对本期只有很弱的证据效力或没有证据效力,不足以应对本期的重大错报风险。只有当以前获取的审计证据及其相关事项未发生重大变动时,以前获取的审计证据才可能用作本期的有效审计证据。但是,如果拟利用以前审计中实施实质性程序获取的审计证据,注册会计师应当在本期实施审计程序,以确定这些审计证据是否具有持续相关性。

【思考7-5】注册会计师小张审计甲公司2022年度财务报表,由于是连续审计,在2021年审计中,甲公司的存货已全额计提跌价准备,因此,小张认为本期无须对该存货实施实质性程序。

讨论:注册会计师小张的判断合理吗?

## 四、实质性程序的范围

确定实质性程序的范围时,注册会计师应当考虑以下因素:①评估的认定层次重大错报风险;②实施控制测试的结果。注册会计师评估的认定层次重大错报风险越高,需要实施实质性程序的范围越大。如果对控制测试结果不满意,注册会计师应当考虑扩大实质性程序的范围。

测试 7-3 即测即评

[本章小结]

在识别和评估重大错报风险后,注册会计师应当针对评估的重大错报风险设计和实施恰当的应对措施。应对措施包括总体应对措施和进一步审计程序。重大错报风险应对的总体思路为:针对评估的财务报表层次重大错报风险,设计和实施总体应对措施;针对评估的认定层次重大错报风险,设计和实施进一步审计程序,包括总体方案和具体程序。总体方案包括实质性方案和综合性方案,其受评估的财务报表层次重大错报风险以及采取的总体应对措施影响。无论是总体方案还是实质性方案,都应该考虑进一步审计程序的性质、时间安排和范围。具体程序包括控制测试和实质性程序。控制测试,是指用于评价内部控制在防止或发现并纠正认定层次重大错报方面运行有效性的审计程序。控制测试并非进一步审计程序中的必要程序,只有在预期控制的运行是有效的,或仅实施实质性程序不足以提供认定层次充分、适当的审计证据时才运用。注册会计师在控制测试中通常运用询问、观察、检查和重新执行等审计程序。控制测试通常在期中执行具有更积极的意义,要将控制期中运行有效的审计证据合理延伸至期末,需要获取这些控制在剩余期间是否发生重大变化的审计证据,并确定针对剩余期间还需获取哪些补充审计证据。如果拟利用以前审计获取的有关控制运行有效性的审计证据,注册会计师应当通过获取这些控制在以前审计后是否发生重大变化的审计证据,确定以前审计获取的审计证据是否与本期审计持续相关。控制测试的范围主要受对控制初步评价的结果的影响。实质性程序,是指用于发现认定层次重大错报的审计程序,包括对各类交易、账户余额和披露的细节测试以及实质性分析程序。实质性程序包括细节测试和实质性分析程序两类。通常情况下,注册会计师应在期末或接近期末实施实质性程序。如果在期中实施了实质性程序,注册会计师应当针对剩余期间实施进一步的实质性程序,或将实质性程序和控制测试结合使用以将期中测试得出的结论合理延伸至期末。在以前审计中实施实质性程序获取的审计证据,通常对本期只有很弱的证据效力或没有证据效力,不足以应对本期的重大错报风险。确定实质性程序的范围时,注册会计师应当考虑评估的认定层次重大错报风险和实施控制测试的结果。

**[思考题]**

1.针对评估的财务报表层次的重大错报风险应确定哪些总体应对措施?

2.针对评估的认定层次的重大错报风险应如何应对?

3.什么是进一步审计程序的总体方案? 不同方案有何区别?

4.控制测试和实质性程序的区别什么?

**[案例分析题]**

ABC会计师事务所负责审计甲公司2022年度财务报表,审计工作底稿中与内部控制相关的部分内容摘录如下:

(1)因被投资单位(联营企业)资不抵债,甲公司于2021年度对一项金额重大的长期股权投资全额计提减值准备。2022年末,该项投资及其减值准备余额未发生变化,审计项目组拟不实施进一步审计程序。

(2)在识别甲公司管理层未向注册会计师披露的诉讼事项时,审计项目组根据管理层提供的诉讼事项清单,检查相关的文件记录,未发现明显异常。

(3)甲公司营业收入的发生认定存在特别风险,相关控制在2021年度审计中经测试运行有效,因这些控制本年未发生变化,审计项目组拟继续予以信赖,并依赖了上年审计获取的有关这些控制运行有效的审计证据。

(4)审计项目组认为甲公司存在低估负债的特别风险,在了解相关控制后,未信赖这些控制,直接实施了细节测试。

(5)甲公司使用存货库龄等信息测算产成品的可变现净值,审计项目组拟信赖与库龄记录相关的内部控制,通过穿行测试确定了相关内部控制运行有效。

要求:针对上述第(1)至(5)项,逐项指出注册会计师的做法是否恰当。如不恰当,简要说明理由。

第七章案例分析
参考答案

# 第八章　完成审计工作

## 【学习目标】

● 知识目标

简述完成审计工作的主要内容。

叙述注册会计师如何获取并评价管理层声明。

区别注册会计师对不同时段期后事项的责任。

描述审计报告的含义、基本类型,说明我国注册会计师审计准则关于审计报告格式的规定,解释不同意见审计报告类型出具的条件和意见的内容。

● 能力目标

能针对具体审计环境,设计不同时段期后事项审计的具体程序,提高审计方案的设计能力。

能综合分析复杂审计问题,恰当选择审计意见类型,并学会撰写审计报告,提高审计沟通能力。

● 价值目标

结合期后事项相关内容,领悟作为资本市场"看门人"的责任感和使命感。

结合审计报告相关内容,体会公正、法治、敬业、诚信等社会主义核心价值观的精神内涵,让其在日常工作生活中入耳、入脑、入心。

## 【导入案例】

#### 分所提示风险、总部置之不理,中兴财光华出具无保留意见底气何来?

2022年7月12日,中国证监会因中兴财光华为柏堡龙提供审计服务未勤勉尽责行为出具了行政处罚决定书(〔2022〕36号)。柏堡龙对外披露的2018年度财务报告虚增当年期末银行存款737975363.28元,虚增营业收入141640334.31元,虚增利润总额53791660.78元,未如实披露其他非流动资产报表项目预付工程款3.3亿元,其中虚增银行存款占期末总资产的24.38%,虚增营业收入、利润总额分别占对外披露营业收入、利润总额的17.25%、24.67%。柏堡龙对外披露的2019年度报告虚增当年期末银行存款1097554969.81元,未如实披露其他非流动资产报表项目预付工程款3.3亿元,其中虚增银行存款占期末总资产的34.93%。

柏堡龙2018年年审工作起初由中兴财光华深圳分所(以下简称"深圳分所")开展,2019年2月下旬,柏堡龙始终存在不配合在银行自助柜员机上打印银行对账单、贸易交易业务缺乏实物流转记录等现场审计问题,导致深圳分所无法获取充分适当的审计证据。深圳分所决定退出柏堡龙审计项目,并将现场审计发现的问题及深圳分所决定退出柏堡龙项目的想法通过电话向中兴财光华首席合伙人姚庚春进行了沟通汇报。深圳分所将现场审计遇到的问题总结形成了《柏堡龙项目现场审计情况说明》(以下简称"《现场情况说明》"),该《现场情况说明》姚庚春、赵丽红、白新盈均阅知,同时2018年柏堡龙年审期间,白新盈将《现场情况说明》传达给了项目组成员。

2019年2月27日,中兴财光华风险管理与质量控制委员会会议(姚庚春主持)决定变更柏堡龙审计项目合伙人为赵丽红。2019年3月初,深圳分所退出柏堡龙的2018年度审计工作,由中兴财光华北京总部(以下简称"北京总部")继续承做柏堡龙2018年年审项目,签字注册会计师更换为赵丽红、白新盈。

2019年10月29日,中兴财光华风险管理与质量控制委员会会议决定,北京总部继续担任柏堡龙2019年度财务报告审计机构,签字注册会计师为赵丽红、白新盈,项目经理为白新盈。

中兴财光华为柏堡龙2018年至2019年的年度审计机构,对柏堡龙2018、2019年度财务报告出具了标准无保留意见的审计报告。

导入案例中,中兴财光华总部明知存在柏堡龙不配合中兴财光华从银行打印基本户对账单的审计受限等问题风险的情况,在审计受限尚未消除且未采取有效替代程序获取充分适当审计证据的情况下,出具了无保留意见审计报告。那么,注册会计师在完成审计工作前需要开展哪些工作?审计意见类型有哪些?审计报告包含了哪些内容?本章将逐一介绍。

# 第一节 完成审计的常规工作

注册会计师按业务循环完成各财务报表项目的审计测试和一些特殊项目的审计后,需要汇总审计测试结果,进行更具综合性的审计工作。

## 一、沟通与更正错报

除非法律法规禁止,注册会计师应当及时将审计过程中累积的所有错报与适当层级的管理层进行沟通。注册会计师还应当要求管理层更正这些错报。

管理层更正所有累积的错报(包括注册会计师通报的错报),能够保持会计账簿和记录的准确性,降低与本期相关的、非重大的且尚未更正的错报的累积影响导致未来期间财务报表出现重大错报的风险。如果管理层拒绝更正沟通的部分或全部错报,注册会计师应当了解管理层不更正错报的理由,并在评价财务报表整体是否不存在重大错报时考虑该理由。

视频 8-1 沟通与更正错报

## 二、评价审计结果

### (一)重新评估重要性

注册会计师在确定重要性时,通常依据对被审计单位财务结果的估计,因为此时可能尚不知道实际的财务结果。在评价未更正错报的影响之前,注册会计师可能有必要依据实际的财务结果对重要性做出修改。如果在审计过程中获知了某项信息,而该信息可能导致注册会计师确定与原来不同的财务报表整体重要性或者特定类别交易、账户余额或披露的一个或多个重要性水平(如适用),注册会计师应当予以修改。

资料 8-1 中国注册会计师审计准则第1251号

如果对重要性水平的重新评价导致需要确定较低的金额,则应重新考虑:①实际执行的重要性;②进一步审计程序的性质、时间安排和范围的适当性。

### (二)评价未更正错报的影响

未更正错报,是指注册会计师在审计过程中累积的且被审计单位未予更正的错报。

### 1. 评价可能错报汇总数

根据重新评估的重要性水平来确定可能错报汇总数(包括被审计单位未更正的已识别错报和推断错报及上期末未更正错报对本期报表的影响)是否重大。

(1)如果可能错报总额低于重要性水平,对财务报表的影响不重大,注册会计师可以发表无保留意见。

(2)如果可能错报总额超过了重要性水平,对财务报表的影响可能是重大的,注册会计师应当考虑通过扩大审计程序的范围或建议管理层调整财务报表来降低审计风险。

(3)如果可能错报总额接近重要性水平,注册会计师应当考虑其连同尚未发现的错报是否可能超过重要性水平,并考虑通过实施追加的审计程序或建议管理层调整财务报表来降低审计风险。

### 2. 评价单项错报

注册会计师需要考虑每一单项错报,以评价其对相关类别的交易、账户余额或披露的影响,包括是否超过特定类别的交易、账户余额或披露的重要性水平(如适用)。

(1)如果注册会计师认为某一单项错报是重大的,则该错报不太可能被其他错报抵销。

(2)对于同一账户余额或同一类别的交易内部的错报,这种抵销可能是适当的。然而,在得出抵销非重大错报是适当的这一结论之前,需要考虑可能存在其他未被发现的错报的风险。

### 3. 评价错报的性质

确定一项分类错报是否重大,需要进行定性评估。例如,分类错报对负债或其他合同条款的影响,对单个财务报表项目或小计数的影响,以及对关键比率的影响。

即使某些错报低于财务报表整体的重要性,但因与这些错报相关的某些情况,在将其单独或连同审计过程中累积的其他错报一并考虑时,注册会计师也可能将这些错报评价为重大错报。例如,舞弊导致的错报,其金额低于重要性水平,但性质严重。再如,某项一年内到期的长期负债未重分类至流动负债,金额远低于财务报表的整体重要性,但该项分类错报影响流动性比率这一贷款合同中的关键财务指标,属于重大错报。

在有些情况下,某些分类错报超过了重要性水平,但从性质上可能被认为不重要。例如,某项应付账款误计入其他应付款的错报,金额超过财务报表整体的重要性。由于该错报不影响经营业绩和关键财务指标,注册会计师认为该项错报不重大。再如,被审计单位没有及时将资产负债表日已达到可使用状态的在建工程转入固定资产,金额超过财务报表整体的重要性,相关折旧金额较小。注册会计师在考虑相关定性因素之后,认为该错报对固定资产账户余额及财务报表整体均不产生重大影响,认为该项错报不是重大错报。

**4. 评价与以前期间相关的未更正错报的影响**

注册会计师应当考虑与以前期间相关的未更正错报对相关类别的交易、账户余额或披露以及财务报表整体的影响。

## 三、编制审计差异调节表和试算平衡表

审计项目经理应根据重要性水平,初步确定、汇总审计差异,并与被审计单位召开审计总结会,商讨建议被审计单位进行调整的事项,以确定最终审计后的财务报表。这项工作一般通过编制审计差异调整表和试算平衡表来完成。

审计差异按照是否调整被审计单位的账簿记录可分为两类:①核算误差,是由企业对交易或事项进行了不正确的会计处理引起的科目或金额的错误。②重分类误差,是由企业未按有关会计准则和制度的规定列报财务报表,引起的报告项目的误差。需要注意的是,注册会计师最终所做的审计差异调整并非由其单方面决定,而是需要征求被审计单位的意见。一般应采用书面形式,并根据被审计单位的意见确定其对已审定财务报表及审计意见的影响。如果被审计单位予以采纳,应取得被审计单位同意的书面确认,根据确认调整后的已审财务报表考虑审计意见的类型。若被审计单位不予调整,应分析原因,并根据未调整不符事项的重要程度,确定是否在审计报告中反映,以及如何反映。

审计差异调整是通过编制调整分录和调整表实现的。审计调整分录一般对报表进行整体分析,确定分录的借贷双方,多记就通过相反方向做相应的冲抵,少记就增加审计调整分录。审计调整分录汇总起来后就形成了审计差异调整表。在考虑审计差异调整表中调整事项后,确定了已审财务报表,即为试算平衡表。在编制完试算平衡表后,应注意核对相应的勾稽关系和报表平衡关系。

## 四、复核财务报表和审计工作底稿

### (一)对财务报表的总体合理性进行总体复核

注册会计师应当在审计结束或临近结束时,运用分析程序,确定经调整后的财务报表整体是否与对被审计单位的了解一致,是否具有总体合理性。

进行总体复核后,如果识别出以前未识别的重大错报风险,注册会计师应当重新考虑以下几点:

视频 8-2 复核财务报表和审计工作底稿

（1）对全部或部分各类交易、账户余额披露评估的风险是否恰当；

（2）之前计划的审计程序是否充分；

（3）是否有必要追加审计程序。

## （二）复核审计工作底稿

审计准则要求执行复核是确保注册会计师执业质量的重要手段之一。会计师事务所应根据审计准则，结合自身组织架构特点和质量控制体系建设需要，制定相关的质量控制政策和程序。审计项目复核包括项目组内部复核（第一级复核）和项目质量控制复核（第二级复核）。

### 1. 项目组内部复核

第一，复核人员。通常情况下，由项目组内经验较多的人员复核经验较少人员的工作。对较为复杂、审计风险较高的领域，需要指派经验丰富的项目组成员复核，必要时可以由项目合伙人执行复核。例如，舞弊风险的评估与应对、重大会计估计及其他复杂的会计问题、审核会议记录和重大合同关联方关系和交易、持续经营存在的问题等。

资料 8-2 会计师事务所质量管理准则第 5102 号
资料 8-3 中国注册会计师审计准则第 1121 号

第二，复核范围。项目组内部复核是常规的业务复核，所有的审计工作底稿至少要经过一级复核。

第三，复核时间。审计项目组内部复核贯穿审计全过程。例如，在审计计划阶段复核记录审计策略和审计计划的工作底稿，在审计执行阶段复核记录控制测试和实质性程序的工作底稿，在审计完成阶段复核记录重大事项、审计调整及未更正错报的工作底稿等。

第四，项目合伙人复核。根据审计准则的规定：项目合伙人应当对会计师事务所分派的每项审计业务的总体质量负责；项目合伙人应当对项目组按照会计师事务所复核政策和程序实施的复核负责。项目合伙人复核的内容包括：①对关键领域的判断，尤其是执业过程中识别出的疑难问题或争议事项；②特别风险；③项目合伙人认为重要的其他领域。

项目合伙人不应委托他人复核，也无须复核所有审计工作底稿，但在审计报告日或审计报告日之前，项目合伙人应当通过复核审计工作底稿与项目组讨论，确定已获取充分、适当的审计证据，能够支持得出的结论和拟出具的审计报告。同时，审计准则要求项目合伙人记录复核的范围和时间。

### 2. 项目质量控制复核（必要时）

项目质量控制复核，是指在报告日或报告日之前，项目质量复核人员对项目组做出的重大判断及据此得出的结论做出的客观评价，属于第三级复核。会计师事务所对特定业务（如涉及公众利益的上市公司财务报表审计、高风险业务）

应实施独立的项目质量控制复核。

第一，复核人员。会计师事务所应安排经验丰富的注册会计师担任项目质量控制复核人员（非项目组成员）。例如，有一定执业经验的合伙人，或专门负责质量控制复核的注册会计师。

第二，复核要求。项目质量控制复核人员应当客观地评价项目组做出的重大判断以及在编制审计报告时得出的结论。

第三，复核时间。根据审计准则规定，只有完成了项目质量控制复核，才能签署审计报告；审计报告的日期不得早于注册会计师获取充分、适当的审计证据，并在此基础上对财务报表形成审计意见的日期。

第四，复核范围。根据审计准则规定，项目质量控制复核人员应当客观地评价项目组做出的重大判断及在编制审计报告时得出的结论，具体包括：①与项目合伙人讨论重大事项；②复核财务报表和拟出具的审计报告；③复核选取与项目组做出的重大判断和得出的结论相关的审计工作底稿；④评价在编制审计报告时得出的结论，并考虑拟出具审计报告的恰当性。

对于上市实体财务报表审计，项目质量控制复核人员在实施项目质量控制复核时，还应当考虑：①审计项目组就具体审计业务对会计师事务所独立性做出的评价是否恰当；②审计项目组是否已就涉及意见分歧的事项，其他疑难问题或争议事项进行适当咨询，以及咨询得出的结论是否恰当；③选取的用于复核的审计工作底稿，是否反映了审计项目组针对重大判断执行的工作，以及是否能够支持得出的结论。

## 五、获取管理层书面声明

### （一）书面声明的定义及作用

书面声明，是被审计单位管理层为确认某些事项或支持其他审计证据而向注册会计师提供的书面陈述。注册会计师在出具审计报告前应当向被审计单位管理层索取管理层书面声明。

视频 8-3 书面声明

【小贴士】

　　尽管书面声明提供必要的审计证据，但其本身并不为所涉及的任何事项提供充分、适当的审计证据。而且，管理层已提供可靠书面声明的事实，并不影响注册会计师就管理层责任履行情况或具体认定获取的其他审计证据的性质和范围。

资料 8-4 中国注册会计师审计准则第1341号

书面声明可以明确管理层认可其按照适用的财务报告编制基础编制财务报表的责任,这有助于提高注册会计师与管理层沟通的透明度,能起到保护注册会计师的作用;书面声明是注册会计师在财务报表审计中需要获取的必要信息,也是审计证据。如果管理层修改书面声明的内容或者不提供书面声明,可能使注册会计师警觉存在重大问题的可能性。在某些情况下,书面声明是注册会计师通过实施其他审计程序获得的审计证据的补充。例如,注册会计师已经获取被审计单位就已经识别的关联方关系恰当披露的证据,仍应获取关于关联方信息完整性的管理层声明,以表明被审计单位不存在其他应披露而未披露的关联方及其交易。就某些事项而言,管理层声明可以作为重要的审计证据。例如,影响资产和负债账面价值或分类的意图、计划,注册会计师应取得管理层声明,作为重要的审计证据。

### (二)书面声明的内容

#### 1. 针对管理层责任的书面声明

针对管理层责任的书面声明主要内容包括以下两个部分:①根据审计业务约定条款,履行了按照适用的财务报告编制基础编制财务报表并使其实现公允反映的责任。②针对提供的信息和交易的完整性,管理层需确认其按照审计业务约定条款,已向注册会计师提供所有相关信息,并允许注册会计师不受限制地接触所有相关信息以及被审计单位内部人员和其他相关人员;所有交易均已记录并反映在财务报表中。

#### 2. 其他书面声明

如果注册会计师认为有必要获取一项或多项其他书面声明,以支持与财务报表或者一项或多项具体认定相关的其他审计证据,应当要求管理层提供这些书面声明。

注册会计师可能认为有必要要求管理层声明其已将注意到的所有内部控制缺陷向注册会计师通报;也可能认为有必要要求管理层提供书面声明,尤其是支持注册会计师就管理层的判断或意图或者完整性认定从其他审计证据中获取的了解。

---

【小贴士】

针对管理层责任的书面声明是注册会计师必须获取的审计证据,而其他书面声明则当注册会计师认为有必要时才获取。

---

### (三)书面声明的日期和涵盖的期间

书面声明的日期应当尽量接近对财务报表出具审计报告的日期,但不得在审计报告日后。书面声明应当涵盖审计报告针对的所有财务报表期间。如果在审计报告提及的所有期间内被审计单位的管理层发生了变动,注册会计师仍需要向现任管理层获取涵盖所有相关期间的书面声明。

### (四)书面声明对审计意见的影响

如果管理层不提供注册会计师要求的书面声明,或者注册会计师认为书面声明不可靠,注册会计师应当采取适当措施,包括确定其对审计意见可能产生的影响。例如,注册会计师对管理层的诚信产生重大疑虑,以至于认为书面声明不可靠;或者管理层不提供针对财务报表的编制责任及提供的信息和交易的完整性的书面声明,则注册会计师无法获取充分、适当的审计证据。这对财务报表的影响可能是广泛的,因此,注册会计师应当发表无法表示意见。

管理层声明书示例如下:

管理层声明书

ABC会计师事务所并甲、乙注册会计师:

本声明书是针对你们审计ABC公司截至2022年12月31日的年度财务报表而提供的。审计的目的是对财务报表发表意见,以确定财务报表是否在所有重大方面已按照《企业会计准则》的规定编制,并实现公允反映。

尽我们所知,并在做出了必要的查询和了解后,我们确认:

一、财务报表

1.我们已履行2023年1月13日签署的审计业务约定书中提及的责任,即根据企业会计准则的规定编制财务报表,并对财务报表进行公允反映。

2.在做出会计估计时使用的重大假设(包括与公允价值计量相关的假设)是合理的。

3.已按照《企业会计准则》的规定对关联方关系及其交易做出了恰当的会计处理和披露。

4.根据《企业会计准则》的规定,所有需要调整或披露的资产负债表日后事项都已得到调整或披露。

5.未更正错报,无论是单独还是汇总起来,对财务报表整体的影响均不重大。未更正错报汇总表附在本声明书后。

二、提供的信息

1.我们已向你们提供下列工作条件：

（1）允许接触我们注意到的、与财务报表编制相关的所有信息（如记录、文件和其他事项）。

（2）提供你们基于审计目的要求我们提供的其他信息。

（3）允许在获取审计证据时不受限制地接触你们认为必要的本公司内部人员和其他相关人员。

2.所有交易均已记录并反映在财务报表中。

3.我们已向你们披露了舞弊可能导致的财务报表重大错报风险的评估结果。

4.我们已向你们披露了我们注意到的、可能影响本公司的与舞弊或舞弊嫌疑相关的所有信息,这些信息涉及本公司的:（1）管理层;（2）在内部控制中承担重要职责的员工;（3）其他人员（在舞弊行为导致财务报表重大错报的情况下）。

5.我们已向你们披露了从现任和前任员工、分析师、监管机构等方面获知的、影响财务报表的相关信息。

6.我们已向你们披露了所有已知的、在编制财务报表时应当考虑其影响的违反或涉嫌违反法律法规的行为。

7.我们已向你们披露了我们注意到的关联方的名称和特征、所有关联方关系及其交易。

附:未更正错报汇总表

ABC公司（盖章）           ABC公司管理层（签名并盖章）

中国长春市           二〇二三年一月二十八日

## 六、与治理层沟通

在完成审计工作阶段,注册会计师应当就财务报表审计相关且根据执业判断认为与治理层责任相关的重大事项,以适当的方式及时与治理层沟通。

双方通常就下列事项进行口头或书面的沟通:①注册会计师与财务报表审计相关的责任;②计划审计的范围和时间安排;③审计中发现的重大问题;④注册会计师的独立性;⑤值得关注的内部控制的缺陷。

测试 8-1 即测即评

# 第二节　期后事项

## 一、期后事项的定义

期后事项是指财务报表日至审计报告日之间发生的事项,以及注册会计师在审计报告日后知悉的事实。按照中国注册会计师执业准则,注册会计师对被审计单位财务报表合法性、公允性的责任,并不限于财务报表前发生的事项和交易,还应包括对期后事项的复核。

## 二、期后事项的分类

根据被审计年度财务报告可能受到的影响,通常将期后事项分为两类:第一类是财务报表日后调整事项,即对财务报表日已经存在的情况提供了新的或进一步的证据的事项,这类事项需要被审计单位调整财务报表;第二类是财务报表日后非调整事项,即虽不影响财务报表金额,但可能影响对财务报表的正确理解,这类事项需要提请被审计单位在财务报表附注中做适当披露(见表8-1)。

表 8-1　期后事项分类举例

| 期后事项类型 | 举例 |
| --- | --- |
| 调整事项 | ①财务报表日后诉讼案件结案,法院判决证实了企业在财务报表日已经存在现时义务,需要调整原先确认的与该诉讼案件相关的预计负债,或确认一项新负债 |
| 调整事项 | ②财务报表日后取得确凿证据,表明某项资产在财务报表日发生了减值,或者需要调整该项资产原先确认的减值金额<br>③财务报表日后进一步确定了财务报表日前购入资产的成本或售出资产的收入<br>④财务报表日后发现了财务报表舞弊或差错 |
| 非调整事项 | ①财务报表日后发生重大诉讼、仲裁、承诺<br>②财务报表日后资产价格、税收政策、外汇汇率发生重大变化<br>③财务报表日后因自然灾害导致资产发生重大损失<br>④财务报表日后发生股票和债券以及其他巨额举债<br>⑤财务报表日后资本公积转增资本<br>⑥财务报表日后发生巨额亏损<br>⑦财务报表日后发生企业合并或处置子公司<br>⑧财务报表日后企业利润分配方案中拟分配的以及经审议批准宣告发放的股利或利润 |

## 三、期后事项的时段划分及相应的审计责任

视频 8-5 期后事项(2)

资产负债表日后的时期被分为三个时段:第一时段为资产负债表日至审计报告日;第二时段为审计报告日至财务报表报出日;第三时段为财务报表报出日以后。注册会计师对审计报告日后的期后事项责任有所不同(见图8-1)。

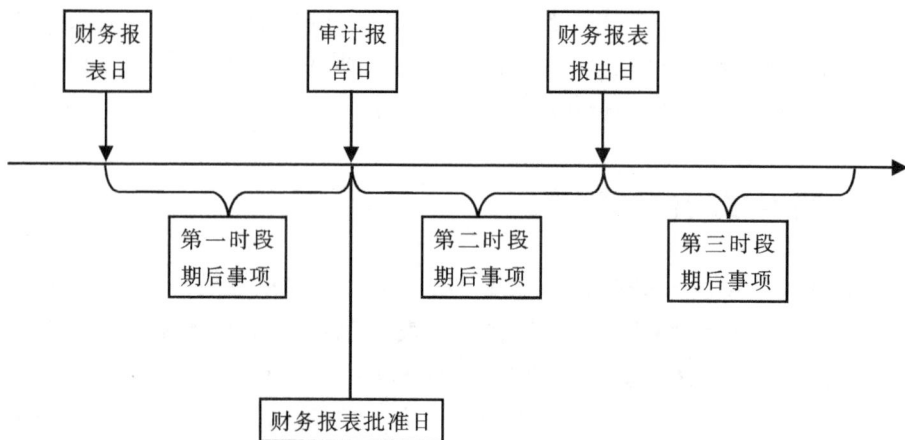

图8-1　期后事项分段示意

这里涉及以下几个关键的时点:

(1)财务报表日,是指财务报表涵盖的最近期间的截止日期。

(2)审计报告日,是指注册会计师在对财务报表出具的审计报告上签署的日期。

(3)财务报表报出日,是指审计报告和已审计财务报表提供给第三方的日期。

(4)财务报表批准日,是指构成整套财务报表的所有报表(包括相关附注)已编制完成,并且被审计单位的董事会、管理层或类似机构已经认可其对财务报表负责的日期。

### (一)第一时段期后事项(财务报表日至审计报告日之间发生的事项)

#### 1. 主动识别第一时段期后事项

在该阶段,注册会计师尚未签署并提交审计报告,这些事项可能会导致对财务报表和审计结论的调整。因此,注册会计师对该阶段的期后事项负有主动识别的义务,应当设计专门的审计程序识别

资料 8-5 中国注册会计师审计准则第1332号

这些期后事项,并根据这些事项的性质判断其对财务报表的影响,进而确定是进行调整还是披露。

**2. 用以识别期后事项的审计程序**

在确定审计程序的性质和范围时,注册会计师应当考虑风险评估的结果。这些程序应当包括:

(1)了解管理层为确保识别期后事项而建立的程序;

(2)询问管理层和治理层(如适用),确定是否已发生可能影响财务报表的期后事项;

(3)查阅被审计单位的所有者、管理层和治理层在财务报表日后举行会议的纪要,在不能获取会议纪要的情况下,询问此类会议讨论的事项;

(4)查阅被审计单位最近的中期财务报表(如有)。

**(二)第二时段期后事项(审计报告日至财务报表报出日之间发生的事项)**

**1. 被动识别第二时段期后事项**

在审计报告日后,注册会计师没有义务针对财务报表实施任何审计程序。在这一阶段,被审计单位的财务报表并未报出,管理层有责任将发现的可能影响财务报表的事实告知注册会计师。此外,注册会计师还可能从媒体报道、举报信或者证券监管部门告知等途径获悉影响财务报表的期后事项。因此,注册会计师对于该时段的期后事项虽然没有主动识别的义务,但有被动识别的义务。

**2. 知悉第二时段期后事项时的考虑**

如果注册会计师知悉了某事实,且在审计报告日知悉可能导致修改审计报告。

(1)管理层修改财务报表时的处理。

注册会计师应当根据具体情况对有关修改实施必要的审计程序,将用以识别期后事项的审计程序延伸至新的审计报告日,并针对修改后的财务报表出具新的审计报告。新的审计报告日不应早于修改后的财务报表被批准的日期。

在有关法律法规或适用的财务报告编制基础未禁止的情况下,如果管理层对财务报表的修改仅限于反映导致修改的期后事项的影响,被审计单位的董事会、管理层或类似机构也仅对有关修改进行批准,注册会计师可以仅针对有关修改将用以识别期后事项的上述审计程序延伸至新的审计报告日。在这种特定情形下,注册会计师应当选用下列处理方式之一:①修改审计报告,针对财务报表修改部分增加补充报告日期,从而表明注册会计师对期后事项实施的审计程序仅限于财务报表相关附注所述的修改。②出具新的或修改的审计报告,在强调事项段或其他事项段中说明注册会计师对期后事项实施的审计程序仅限于财务报表相关附注所述的修改。

（2）管理层不修改财务报表时的处理。

若审计报告未提交，注册会计师应当发表非无保留意见，然后再提交审计报告。若审计报告已提交，注册会计师应当通知管理层和治理层在财务报表做出必要修改前不要向第三方报出。如果财务报表仍被报出，注册会计师应当采取适当措施，以设法防止财务报表使用者信赖该审计报告。

### （三）第三时段期后事项（财务报表报出日后发生的事项）

#### 1. 没有义务识别第三时段期后事项

与第二时段期后事项相同，注册会计师没有义务识别第三时段的期后事项。

#### 2. 知悉第三时段期后事项时的考虑

注册会计师在知悉后采取行动的第三时段期后事项是有严格限制的，只有同时满足下面两个条件，注册会计师才需要采取行动：①这类期后事项是审计报告日已经存在的事实。②如果注册会计师在审计报告日前获知，可能影响审计报告。

在这种情况下，注册会计师应当与管理层和治理层讨论该事项，确定财务报表是否需要修改，如果需要修改，询问管理层将如何在财务报表中处理该事项。

（1）管理层修改财务报表时的处理。

①根据具体情况对有关修改实施必要的审计程序。例如，查阅法院判决文件，复核会计处理或披露事项，确定管理层对财务报表的修改是否恰当。

②复核管理层采取的措施能否确保所有收到原财务报表和审计报告的人士了解这一情况。例如，上市公司管理层刊登公告的媒体是否是中国证券监督管理委员会指定的媒体，若仅刊登在其注册地的媒体上，则异地的使用者可能无法了解这一情况。

③延伸实施审计程序，并针对修改后的报表出具新的审计报告。

除非特殊情况，将用以识别期后事项的上述审计程序延伸至新的审计报告日，并针对修改后的财务报表出具新的审计报告，新的审计报告日不应早于修改后的财务报表被批准的日期。

④在特定情形下，修改审计报告或提供新的审计报告。

需要提醒的是，注册会计师应当在新的或经修改的审计报告中增加强调事项段或其他事项段，提醒财务报表使用者关注财务报表附注中有关修改原财务报表的详细原因和注册会计师提供的原审计报告。

（2）管理层未采取任何行动时的处理。

应当通知管理层和治理层，注册会计师将设法防止财务报表使用者信赖该审计报告。

注册会计师采取的措施取决于自身的权利和义务。因此，注册会计师可能认为寻求法律意见是适当的。

测试 8-2 即测即评

# 第三节　审计报告

视频 8-6 审计报告

## 一、审计报告的含义

审计报告,是指注册会计师根据审计准则的规定,在执行审计工作的基础上,对财务报表发表审计意见的书面文件。出具审计报告是审计工作的最后一步,也是审计工作的最终结果。本章主要介绍注册会计师对财务报表进行审计所出具的审计报告。

## 二、审计报告的基本内容

### (一)标题

审计报告应当具有标题,统一规范为"审计报告"。

### (二)收件人

审计报告的收件人一般是指审计业务的委托人。审计报告应当按照审计业务的约定载明收件人的全称。针对整套通用目的财务报表出具的审计报告,审计报告的致送对象通常为被审计单位的股东或治理层,如"××股份有限公司全体股东""××有限责任公司董事会"。

### (三)审计意见

审计意见部分由两段构成。第一段指出已审计财务报表,第二段说明注册会计师发表的审计意见,详见表8-2。

表8-2 审计意见表①

| 标题 | 内容 | |
| --- | --- | --- |
| 表明审计意见的类型 | 第一部分:陈述已审计财务报表 | 第二部分:陈述注册会计师发表的审计意见 |

---

①马春静. 审计:原理与实务[M]. 北京:中国人民大学出版社,2019:281.

续  表

| 标题 | 内容 | |
|------|------|------|
| 表明审计意见的类型 | (1)被审计单位名称<br>(2)财务报表已经审计<br>(3)构成整套财务报表的每一财务报表的名称、日期或涵盖的期间<br>(4)财务报表附注 | (1)合法性:财务报表是否在所有重大方面按照适用的财务报告编制基础(如企业会计准则)编制<br>(2)公允性:财务报表是否在所有重大方面公允反映了被审计单位的财务状况、经营成果和现金流量 |
| 无保留意见 | | 我们认为,后附的财务报表在所有重大方面按照企业会计准则的规定编制,公允反映了ABC公司202×年12月31日的财务状况以及202×年度的经营成果和现金流量 |
| 保留意见 | 我们审计了ABC股份有限公司(以下简称"ABC公司")财务报表,包括202×年12月31日的资产负债表,202×年度的利润表、现金流量表、股东权益变动表以及相关财务报表附注 | 财务报表存在重大错报而发表保留意见时:我们认为,除"形成保留意见的基础"部分所述事项产生的影响外,财务报表在所有重大方面按照企业会计准则的规定编制,公允反映了ABC公司202×年12月31日的财务状况以及202×年度的经营成果和现金流量<br>无法获取充分、适当的审计证据而发表保留意见时:我们认为,除……可能产生的影响外,财务报表在所有重大方面按照企业会计准则的规定编制,公允反映了ABC公司202×年12月31日的财务状况以及202×年度的经营成果和现金流量 |
| 否定意见 | | 我们认为,由于,形成否定意见的基础.部分所述的事项的重要性,财务报表没有在所有重大方面按照企业会计准则的规定编制,未能公允反映ABC公司××××年12月31日的财务状况以及××××年度的经营成果和现金流量 |
| 无法表示意见 | 我们接受委托,审计ABC股份有限公司(以下简称"ABC公司")财务报表,包括…… | 我们不对后附的ABC公司财务报表发表审计意见。由于"形成无法表示意见的基础"部分所述事项的重要性,我们无法获取充分、适当的审计证据以作为对财务报表发表审计意见的基础 |

## (四)形成审计意见的基础

审计报告应当包含标题为"形成审计意见的基础"的部分。该部分提供关于审计意见的重要背景,应当紧接在审计意见部分之后,主要包括以下内容:

(1)说明注册会计师按照审计准则的规定执行了审计工作;

(2)提及审计报告中用于描述注册会计师责任的部分;

（3）声明保持了独立性,履行了职业道德的其他责任;

（4）声明注册会计师是否相信获取的审计证据是充分、适当的,为发表审计意见提供了基础。

### （五）管理层对财务报表的责任

审计报告应当包含标题为"管理层对财务报表的责任"的部分,见二维码资料8-6。

### （六）注册会计师对财务报表审计的责任

审计报告应当包含标题为"注册会计师对财务报表审计的责任"的部分,见二维码资料8-6。

### （七）按照相关法律法规的要求报告的事项（如适用）

某些情况下,相关法律法规可能要求或允许注册会计师将对这些其他责任的报告作为对财务报表出具的审计报告的一部分。例如,如果注册会计师在财务报表审计中注意到某些事项,可能被要求对这些事项予以报告。在另外一些情况下,相关法律法规可能要求或允许注册会计师在单独出具的报告中进行报告。例如,注册会计师可能被要求实施额外规定的程序并予以报告,或对特定事项(如会计账簿和记录的适当性)发表意见。

如果注册会计师在对财务报表出具的审计报告中履行其他报告责任,应当在审计报告中将其单独作为一部分,并以"按照相关法律法规的要求报告的事项"为标题,或使用适合于该部分内容的其他标题。除非其他报告责任涉及的事项与审计准则规定的报告责任涉及的事项相同。如果涉及相同的事项,其他报告责任可以在审计准则规定的同一报告要素部分列示。

### （八）注册会计师的签名和盖章

审计报告应当由项目合伙人和另一名负责该项目的注册会计师签名和盖章。审计报告还应当指明项目合伙人。

在审计报告中指明项目合伙人,有助于增强对审计报告使用者的透明度,有利于增强项目合伙人的个人责任感。因此,对上市实体整套通用目的财务报表出具的审计报告应当注明项目合伙人。

### （九）会计师事务所的名称、地址和盖章

审计报告应当载明会计师事务所的名称和地址,并加盖会计师事务所公章。

### （十）报告日期

审计报告日期非常重要。注册会计师对不同时段的财务报表日后事项有着不同的责任，而审计报告的日期是划分时段的关键时点。

在确定审计报告日时，注册会计师应当确信已获取下列几方面的审计证据：

（1）构成整套财务报表的所有报表（包括相关附注）已编制完成。审计报告的日期通常与管理层签署已审计财务报表的日期为同一天，或晚于管理层签署已审计财务报表的日期，但不得早于该日期。

（2）董事会、管理层或类似机构已经确认其对财务报表负责。审计报告的日期不得早于针对管理层责任的书面声明的日期。

（3）审计报告日不应早于注册会计师实施必要的审计程序，获取充分、适当的审计证据，并在此基础上对财务报表形成审计意见的日期。

## 三、审计意见的基本类型

### （一）基本意见类型

注册会计师在执行审计工作的基础上，根据审计证据得出结论后对财务报表可能发表审计意见。审计意见分为无保留意见和非无保留意见（保留意见、否定意见、无法表示意见）。

无保留意见，是指注册会计师认为财务报表在所有重大方面按适用的财务报告编制基础编制，并实现公允反映时发表的意见。

非无保留意见，是指对财务报表发表的保留意见、否定意见或无法表示意见。

当存在下列情形之一时，应发表非无保留意见：

（1）财务报表存在重大错报。根据获取的审计证据，得出财务报表整体存在重大错报的结论。

（2）审计范围严重受限。无法获取充分、适当的审计证据，不能得出财务报表整体不存在重大错报的结论。

### （二）审计意见决策

审计意见类型的决策要考虑三个层面：①是否获取了充分、适当的审计证据；②财务报表存在错报是否重大；③重大错报（或可能重大错报）对财务报表产生（或可能产生）的影响的广泛性（见表8-3）。

视频 8-7 审计
意见决策

### 1. 是否获取了充分、适当的审计证据

注册会计师无法获取充分、适当的审计证据,也称为审计范围受到限制,通常包括的情形有:①超出被审计单位控制的情形,例如被审计单位的会计记录已被损坏,重要组成部分的会计记录已被政府有关机构无限期地查封。②与注册会计师工作的性质和时间安排相关的情形,例如,被审计单位需要使用权益法对联营企业进行核算,注册会计师无法获取有关联营企业财务信息的充分、适当的审计证据,以评价是否恰当利用了权益法。③管理层施加限制的情形,例如管理层阻止注册会计师实施存货监盘,管理层阻止注册会计师对特定账户余额实施函证。

如果注册会计师能够通过实施替代审计程序,获取充分适当的审计证据,则无法实施特定的程序,并不构成对审计范围的限制。

### 2. 财务报表存在错报是否重大

财务报表存在错报是否重大有两种情形:①在获取充分、适当的审计证据的情况下,未更正的错报单独或汇总起来对财务报表的影响是否重大;②在无法获取充分、适当的审计证据的情况下,未发现的错报如果存在,对财务报表可能产生的影响重大。

财务报表的重大错报可能源于所选择的会计政策的恰当性、对所选择会计政策的运用以及财务报表披露的恰当性或充分性。注册会计师应当从定量和定性两个方面考虑已发现未更正和因受限未发现的错报对财务报表产生的影响是否重大。定量标准与财务报表整体重要性水平直接相关,定性标准与错报的性质是否严重,是否影响财务报表使用者的经济决策有关。

### 3. 重大错报(或可能重大错报)对财务报表产生(或可能产生)的影响是否具有广泛性

广泛性是描述错报影响的术语,用于说明错报对财务报表的影响,或者由于无法获取充分适当的审计证据而未发现的错报如存在,对财务报表可能产生的影响。根据注册会计师的判断,对财务报表的影响具有广泛性的情形,包括下列方面:①不限于对财务报表的特定要素、账户或项目产生影响;②虽然对财务报表的特定要素账户或项目产生影响,但这些要素账户或项目是或可能是财务报表的主要组成部分;③当与披露相关时,产生的影响对财务报表使用者理解财务报表至关重要。

据此,可以明确特定类型的审计意见的具体情形如表8-3所示。

表8-3　审计意见决策

| 导致发表非无保留意见的事项性质 | 这些事项对财务报表产生或可能产生影响的广泛性 | | |
|---|---|---|---|
| | 不重大 | 重大但不具有广泛性 | 重大且具有广泛性 |
| 财务报表存在重大错报 | 无保留意见 | 保留意见 | 否定意见 |
| 无法获取充分、适当的审计证据 | | 保留意见 | 无法表示意见 |

### （三）具体意见类型的报告形式

无保留意见和非无保留意见（保留意见、否定意见、无法表示意见）的审计报告范例详见二维码。

资料 8-6 无保留意见审计报告范例　　资料 8-7 保留意见审计报告范例　　资料 8-8 否定意见审计报告范例　　资料 8-9 无法表示意见审计报告范例

## 四、在审计报告中沟通关键审计事项

### （一）关键审计事项的含义

视频 8-8 关键审计事项(1)

关键审计事项,是指注册会计师根据职业判断认为对当期财务报表审计最为重要的事项。沟通关键审计事项,可以提高已执行审计工作的透明度,从而提高审计报告的决策相关性和有用性,还能够为财务报表使用者提供额外的信息,以帮助其了解被审计单位、已审计财务报表中涉及重大管理层判断的领域,以及注册会计师根据职业判断认为对当期财务报表审计最为重要的事项。沟通关键审计事项,还能够为财务报表预期使用者就与被审计单位、已审计财务报表或已执行审计工作相关的事项进一步与管理层和治理层沟通提供基础。

【小贴士】

（1）审计准则要求注册会计师在上市实体整套通用目的财务报表审计报告中增加关键审计事项部分,用于沟通关键审计事项。即使注册会计师认为不存在关键审计事项,也要在审计报告的关键审计事项部分说明不存在关键审计事项。

（2）除非法律法规另有规定，当对财务报表发表无法表示意见时，注册会计师不得在审计报告中包含关键审计事项部分。

### （二）关键审计事项的决策

注册会计师在确定关键审计事项时，应该遵循以下决策思路。

**1. 以"与治理层沟通的事项"为起点选择关键审计事项**

《中国注册会计师审计准则第1115号——与治理层的沟通》要求注册会计师与被审计单位治理层沟通在审计过程中发现的重大事项，包括注册会计师对被审计单位的重要会计政策、会计估计和财务报表披露等会计实务的看法，审计过程中遇到的重大困难，已与治理层讨论或书面沟通的重大事项等，以便治理层履行其监督财务报告过程的职责。以上重大事项与财务报表使用者的决策相关，因此，应该从与治理层沟通的事项中选择关键审计事项。

**2. 从"与治理层沟通的事项"中选出"在执行审计工作时重点关注过的事项"**

注册会计师与被审计单位的治理层进行沟通的重大事项可能与注册会计师确定关键审计事项高度相关，因为，注册会计师应当从与治理层进行沟通的事项中确定在执行审计工作时重点关注过的事项。在确定时，注册会计师应当考虑以下方面：

（1）评估的重大错报风险较高的领域或识别出的特别风险。在审计实务中，评估的重大错报风险较高的领域或识别出的特别风险通常需要注册会计师在审计中投放更多的审计资源予以应对，因此，注册会计师在确定重点关注过的事项时需要特别考虑该方面。

（2）与财务报表中涉及重大管理层判断（包括被认为具有高度估计不确定性的会计估计）的领域相关的重大审计判断。财务报表中复杂、重大的管理层领域，通常涉及困难、复杂的审计判断，因此，注册会计师需要特别考虑该方面。

（3）本期重大交易或事项对审计的影响。对财务报表或审计工作具有重大影响的交易或事项可能影响管理层的假设或判断，也可能影响注册会计师的总体审计方法，并导致某一事项需要被重点关注。

**3. 从"在执行审计工作时重点关注过的事项"中选出"最为重要的事项"，从而构成关键审计事项**

注册会计师在审计过程中可能已与治理层对需要重点关注的事项进行了较多沟通，而这些事项的性质和范围可以表明哪些事项对审计最为重要。"最为重要的事项"并不意味着只有一项，最初确定的关键审计事项越多，注册会计师越需要重新考虑每一事项是否符合关键审计事项的定义。

### (三)关键审计事项的描述

为了突出关键审计事项,注册会计师应当在审计报告中单设一部分,以"关键审计事项"为标题,并在该部分使用恰当的子标题逐项描述关键审计事项(见表8-4)。

表8-4 关键审计事项在审计报告中的描述

| 标题 | 关键审计事项 | |
|---|---|---|
| 位置 | 在"形成审计意见的基础"部分之后 | |
| 内容 | 第一部分:引言 | 第二部分:逐项描述关键审计事项 |
| | (1)说明关键审计事项是注册会计师根据职业判断认为对本期财务报表审计最为重要的事项<br>(2)关键审计事项的应对以对财务报表整体进行审计并形成审计意见为背景,注册会计师对财务报表整体形成审计意见,而不对关键审计事项单独发表意见 | (1)子标题:单一关键审计事项<br>(2)事项描述<br>①基本事实陈述<br>②被认定为最重要事项的理由<br>(3)审计应对(实施的审计程序及结果) |
| | | 排列顺序:依据事项重要程度排列 |
| 不在审计报告中描述关键审计事项的情形 | | |
| (1)法律法规禁止公开披露某事项(例如妨碍司法调查)(2)在极少数情形下,合理预期在审计报告中沟通敏感事项造成的负面后果超过在公众利益方面产生的益处(被审计单位已公开披露与该事项有关的信息除外) | | |
| 在审计报告中不描述但应提及关键审计事项 | | |
| (1)导致非无保留意见的事项,或可能导致对被审计单位持续经营能力产生重大疑虑的事项或情况存在重大不确定性,属于关键审计事项,但不得在审计报告的关键审计事项部分进行描述,而应在关键审计事项部分提及形成保留(否定)意见的基础部分与持续经营相关的重大不确定性部分<br>(2)如果确定不存在需要沟通的关键审计事项,或者仅有上述(1)所列事项,应在审计报告中单设的关键审计事项部分加以说明 | | |

【思考8-1】注册会计师小张负责审计多家上市公司202×年度财务报表,遇到下列与审计报告相关的事项:

(1)注册会计师小张拟对甲公司202×年度财务报表发表或出具无保留意见,并确定不存在需要在审计报告中沟通的关键审计事项,因此在审计报告中拟不包含关键审计事项部分。

(2)乙公司202×年发生重大经营亏损。注册会计师小张实施审计程序并与治理层沟通后,认为可能导致对持续经营能力产生重大疑虑的事项或情况不存在重大不确定性。因在审计工作中对该事项进行过重点关注,注册会计师小张拟将其作为关键审计事项在审计报告中沟通。

(3)注册会计师小张对丙公司关联方关系及交易实施审计程序并与治理层沟通后,对是否存在未在财务报表中披露的关联方关系及交易仍存有疑虑,拟将其作为关键审计事项在审计报告中沟通。

讨论:指出注册会计师小张的做法是否恰当。如不恰当,简要说明理由。

## 五、在审计报告中增加强调事项段

### (一)强调事项段的含义

强调事项段是指审计报告中含有的一个段落,该段落描述已在财务报表中恰当列报或披露的事项,根据注册会计师的职业判断,该事项对财务报表使用者理解财务报表至关重要。

视频 8-10 强调事项段与其他事项段

### (二)增加强调事项段的条件

如果认为有必要提醒财务报表使用者关注已在财务报表中列报,且根据职业判断认为对财务报表使用者理解财务报表至关重要的事项,在同时满足下列条件时,注册会计师应当在审计报告中增加强调事项段:

(1)该事项不会导致注册会计师发表非无保留意见;

(2)该事项未被确定为在审计报告中沟通的关键审计事项。

### (三)增加强调事项段的情形举例

#### 1. 需要增加的情形

(1)法律法规规定的财务报告编制基础不可接受,但其是由法律或法规做出的规定。

(2)财务报表按照特殊目的的编制基础编制。

(3)注册会计师在审计报告日后知悉了某些事实(即期后事项),并且出具了新的或经修改的审计报告。

#### 2. 可能需要增加的情形

(1)异常诉讼或监管行动的未来结果存在不确定性。

(2)提前应用(在允许的情况下)对财务报表有广泛影响的新会计准则。

(3)存在已经或持续对被审计单位财务状况产生重大影响的特大灾难。

(4)在财务报表日至审计报告日之间发生的重大期后事项。

### （四）强调事项的描述

如果在审计报告中增加强调事项段,注册会计师应当采取下列措施:①将强调事项段作为单独的一部分置于审计报告中,并使用包含"强调事项"这一术语的适当标题。②明确提及被强调事项以及相关披露的位置。③指出审计意见没有因该强调事项而改变。强调事项段在审计报告中的描述见表8-5。

**表8-5　强调事项段在审计报告中的描述**

| 标题 | 强调事项 |
|------|---------|
| 位置 | (1)紧接在"形成审计意见的基础"部分之后(当强调事项与适用的财务报告编制基础相关时)<br>(2)当审计报告中包含关键审计事项部分时,强调事项段紧接在关键审计事项部分之前或之后(取决于重要程度) |
| 内容 | (1)描述该强调事项<br>(2)明确提及相关披露的位置,以便能够在财务报表中找到对该事项的详细描述<br>(3)指出该段内容仅用于提醒财务报表使用者关注,并不影响已发表的审计意见 |

## 六、在审计报告中增加其他事项段

### （一）其他事项段的含义

其他事项段是指审计报告中含有的一个段落,该段落提及未在财务报表中列报或披露的事项,根据注册会计师的职业判断,该事项与财务报表使用者理解审计工作、注册会计师的责任或审计报告相关。

### （二）增加其他事项段的条件

(1)未在财务报表中列报或披露(因未被要求)。
(2)根据职业判断注册会计师认为与财务报表使用者理解审计工作、注册会计师的责任或审计报告相关。
(3)未被确定为在审计报告中沟通的关键审计事项。
(4)法律法规未禁止注册会计师披露。

### （三）增加其他事项段的情形

#### 1. 与使用者理解审计工作相关的情形
在极其特殊的情况下,即使管理层对审计范围施加的限制导致无法获取充分、适当的审计证据可能产生的影响具有广泛性,注册会计师也不能解除业务约定。此时,注册会计师可能认为有必要在审计报告中增加其他事项段,解释为何不能解除业务约定。

**2. 与使用者理解注册会计师的责任或审计报告相关的情形**

法律法规或得到广泛认可的惯例要求或允许注册会计师详细说明某些事项,以进一步解释注册会计师在财务报表审计中的责任或审计报告。在这种情况下,注册会计师可以使用一个或多个子标题来描述其他事项段的内容。

**3. 对两套以上财务报表出具审计报告的情形**

被审计单位按照通用目的编制基础(如某国财务报告编制基础)编制一套财务报表,且按照另一个通用目的编制基础(如国际财务报告准则)编制另一套财务报表,并委托注册会计师同时对两套财务报表出具审计报告。如果注册会计师已确定两个财务报告编制基础在各自情形下是可接受的,可以在审计报告中增加其他事项段,说明被审计单位根据另一个通用目的编制基础(如国际财务报告准则)编制了另一套财务报表以及注册会计师对这些财务报表出具了审计报告。

**4. 限制审计报告分发和使用的情形**

为特定目的编制的财务报表按照通用目的编制基础编制,且能够满足特定使用者对财务信息的需求。由于审计报告旨在提供给特定使用者,注册会计师可能认为在这种情况下需要增加其他事项段,说明审计报告只是提供给财务报表特定使用者,不应分发给其他机构或人员或者被其他机构或人员使用。

**(四)其他事项段的描述**

其他事项段在审计报告中的描述见表8-6。

表8-6　其他事项段在审计报告中的描述

| 标题 | (1)其他事项<br>(2)其他事项——背景信息,例如"其他事项——审计范围" |
| --- | --- |
| 位置 | 在关键审计事项部分、强调事项段之后 |
| 内容 | 描述该事项的具体内容 |

测试 8-3 即测即评

**[本章小结]**

完成审计工作阶段是出具审计报告前的最后一步,包括沟通与更正错报,评价审计结果,编制审计差异调节表和试算平衡表,复核财务报表和审计工作底稿(三级复核)等。注册会计师在出具审计报告前应当向被审计单位管理层索取管理层书面声明。期后事项是指财务报表日至审计报告日之间发生的事项,以及注册会计师在审计报告日后知悉的事实,可分为调整事项和非调整事项。根据关键时点,将期后事项分为三个时段。注册会计师对三个时段的期后事项的责任依次递减,采取的审计程序也有所差异。审计报告,是指注册会计师根据审计准则的规定,在执行审计工作的基础上,对财务报表发表审计意见的书面文件。审计报告的基本内容包括标题、收件人、审计意见、形成审计意见的基础、管理层对财务报表的责任、注册会计师对财务报表审计的责任、按照相关法律法规的要求报告的事项(如适用)、注册会计师的签名和盖章、会计师事务所的名称、地址和盖章、报告日期等要素。审计意见分为无保留意见和非无保留意见(保留意见、否定意见、无法表示意见)。审计意见类型的决策要考虑是否获取了充分、适当的审计证据,财务报表存在错报是否重大,重大错报(或可能重大错报)对财务报表产生(或可能产生)的影响的广泛性等三个层面。提高已执行审计工作的透明度,从而提高审计报告的决策相关性和有用性,注册会计师应当在审计报告中沟通关键审计事项。在审计报告中,还要考虑强调事项和其他事项。

**[思考题]**

1.完成审计工作阶段应开展哪些工作?

2.如何复核审计工作底稿?

3.书面声明的类型有哪些?

4.期后事项有哪些类型?针对不同类型的期后事项,注册会计师的审计责任有何不同?

5.审计报告的基本内容有哪些?

6.审计意见如何决策?

7.关键审计事项、强调事项和其他事项的区别是什么?

**[案例分析题]**

1.X注册会计师2020年4月18日完成了对Y公司2019年度财务报表审计工作,发现如下情况。

(1)在某诉讼案中,Y公司被起诉侵权,原告要求赔偿58万元。至被审年度的资产负债表日时胜负仍难以预料。Y公司已将诉讼案和可能的影响均已列示在会计报表附注中。

（2）Y公司在2018年1月1日从银行取得3年期、年利率5%的长期借款600万元，用于固定资产建设。工程于2019年11月1日投入使用。公司将2019年应付的长期借款利息全部计入在建工程。注册会计师在计划阶段确定的重要性水平是100万元。

（3）Y公司在2019年2月3日经最高法院判决，涉及的侵权案败诉，赔偿300万元，Y公司于实际支付时记入2020年2月的账上，注册会计师建议调整至2019年财务报表遭到拒绝。2019年度利润总额为100万元。

（4）Y公司的存货占总资产的35%，因存货存放在全国各地，注册会计师不能实施监盘，也无法实施其他满意的替代程序。

（5）Y公司的应收账款总额为390万元，其中有10万元的应收账款，注册会计师没有收到函证回函，同时由于Y公司缺乏相应的原始凭证，注册会计师也没有办法实施替代程序，注册会计师在计划阶段确定的报表层重要性水平是100万元。

（6）Y公司自2019年度改变了存货计价方法：由个别认定法改为加权平均法，经注册会计师审计取证，认可Y公司政策的变更合法、合理，建议Y公司对此会计政策的变更及其对会计报表的影响在会计报表中披露，遭到Y公司拒绝。

要求：假定被审计单位仅存在以上各种情况时，应当考虑发表的意见类型是什么？为什么？

2.上市公司甲公司是ABC会计师事务所的常年审计客户，主要从事汽车的生产和销售。A注册会计师负责审计甲公司2021年度财务报表，确定财务报表整体的重要性为1000万元，明显微小错报的临界值为30万元。

（1）2022年1月初，甲公司对某型号汽车实施召回，免费更换安全气囊，预计将发生更换费用4000万元。管理层在2021年度财务报表中确认了该项费用并进行了披露。A注册会计师在对更换费用及相关披露实施审计程序后，认可了管理层的处理。

（2）因不同意A注册会计师提出的某些审计调整建议，管理层拒绝在书面声明中说明未更正错报单独或汇总起来对财务报表整体的影响不重大，考虑到未更正错报对财务报表的影响很小，A注册会计师同意管理层不提供该项声明。

（3）甲公司的主要产品可能因产业升级被淘汰，管理层提供了其对该事项的评估及相关书面声明。A注册会计师据此认为该事项不影响甲公司的持续经营能力。

（4）2021年7月，甲公司更换了主要管理层成员，由于现任管理层仅就其任职期间提供书面声明，A注册会计师向前任管理层获取了其在任时相关期间的书面声明。

（5）甲公司在2021年度财务报表附注中披露了2022年1月签署的一项重大收购协议，A注册会计师检查了董事会决议及收购协议等相关文件，结果满意。

要求：针对上述第（1）至（5）项，假定不考虑其他条件，指出A注册会计师的做法是否恰当。如不恰当，请简要说明理由。

第八章案例分析
参考答案

# 第九章　销售与收款循环审计

## 【学习目标】

● 知识目标

简述销售与收款循环中的主要业务活动及相关单据。

解释销售与收款循环的内部控制及相关的控制测试。

列举销售与收款循环主要账户的实质性程序。

● 能力目标

能针对具体审计环境,设计控制测试程序和主要账户的实质性程序,提升审计方案设计能力。

能针对具体审计环境,编制主要账户的审计工作底稿,提升审计协作与沟通能力。

● 价值目标

结合销售与收款循环中主要业务活动相关知识,领会业财融合,开拓复杂问题分析的视野和整体思维格局。

结合销售与收款循环的内部控制及控制测试相关知识,能抓住问题的关键矛盾,精准施策,以诚信、勤勉的态度把个人事业融入国家和民族事业中。

# 【导入案例】

## 虚拟道具如何确认收入①

ZQ公司是综合性的游戏开发商、发行商和运营商,目前主要业务有:移动终端及互联网页面的游戏开发、代理发行和游戏运营。从ZQ公司的年度报表得知,ZQ公司主要收入来自移动终端游戏和网页游戏。其中移动终端游戏占所有收入85.09%,网页游戏占比13.28%。在移动终端游戏中,ZQ公司的强推产品为《拳皇98终极之战OL》(以下简称"《拳皇98》"),收入占所有游戏收入的比例达51.22%,《拳皇98》属于联合运营,《拳皇98》的收费模式采用目前较为主流的虚拟道具收费模式。游戏的主要内容是玩家通过收集游戏内的角色卡牌,强化角色卡牌来进行战斗。其中,需要付费获得的是名为"钻石"的道具,"钻石"可以兑换"红钻",消耗"红钻"可以获得角色卡牌,此外,"钻石"还可以购买强化角色卡牌的各种道具。而使用"钻石"购买的道具可以分为两类:

(1)消耗性道具。消耗性道具是指可以被消耗掉的,或者是有时间限制,到某一个时点就会消失的道具。比如游戏中使用"钻石"兑换的体力(游戏中角色战斗需要消耗体力)、"经验可乐"(强化角色的道具)、"强化药剂"(强化角色道具)、"礼包"(使用现实货币购买,每天可以固定领取"钻石")。前三种游戏内道具属于一次消耗性道具,使用后即消失,而后一种"礼包"属于持续消耗道具,购买礼包后,30天内每天都可以领取"钻石",可以理解成该道具持续30天。目前,ZQ公司采用玩家使用"钻石"购买道具,即确认收入。至于"礼包"道具,应该按照30天对该收入进行摊销,但ZQ公司仍旧采取玩家购买"礼包"即确认收入。

(2)永久性道具。永久性道具是指不会被消耗掉,或者时间无限,永久存在于玩家道具栏中的道具。比如在《拳皇98》中,使用"钻石"兑换"红钻"后抽卡(游戏内获得角色卡牌的方式)获得的角色卡牌就属于永久性道具。这种物品一直存在于玩家的游戏账号中,只要玩家在游戏中游玩,该物品就总是存在。按照游戏业内的规定,当玩家超过1年不登录游戏时,可以认为玩家不再玩此游戏,此时,可以进行收入的确认,但是目前来看,移动终端市场不断推陈出新,有些游戏的寿命可能还没有1年,再者若玩家未曾出现超过1年不登录游戏的现象,那么,收入确认的时点就难以把控。ZQ公司目前以玩家使用"钻石"购买永久性道具的时点作为收入确认的时点。

导入案例中,ZQ公司的收入确认是否合理?销售与收款循环有哪些主要业务环节?关键控制点有哪些?如何识别和评估该环节的重大错报风险?该环节

---

① 资料来源:吴昊南.大华对ZQ网络游戏公司收入审计风险问题探究[D].南昌:江西财经大学,2021.

的典型控制测试有哪些？如何执行该环节主要项目的实质性程序？本章将围绕销售与收款业务循环展开论述。

# 第一节　销售与收款循环的业务活动和相关内部控制

注册会计师通常根据经济业务的处理程序和先后顺序的不同，将被审计单位所有的交易和账户划分为不同的业务循环,自本章起至第十二章,将以注册会计师执行财务报表为例,介绍业务循环审计①的具体内容。

视频 9-1 主要业务活动和内容控制
资料 9-1 审计组织方法

## 一、销售与收款循环概述

销售与收款循环是企业对外销售商品和劳务及收款的过程。主要涉及商品物资与劳务的卖出和价款的收取,其在企业审计组织方法的整个经营活动中占有重要地位。

根据财务报表项目与业务循环的相关程度,销售与收款循环所涉及的资产负债表项目主要有:应收票据、应收账款、长期应收款、预收账款、应交税费等。其所涉及的利润表项目主要有:营业收入、税金及附加、销售费用等。

销售与收款循环包括接受客户订购单、批准赊销信用、根据销售单供货、按销售单发运货物、向客户开具发票、记录销售、办理和记录销售退回、销售折扣与折让、提取坏账准备等。销售与收款循环审计所涉及的资产和负债,在企业的资产负债中占有相当的比重,管理上也存在一定的难度。因此,重视和加强销售与收款循环的审计具有重要意义。

## 二、销售与收款循环的业务活动

### (一)接受客户订购单

接受客户订购单是整个销售与收款循环的起点。客户的订购

资料 9-2 销售与收款内部控制

---

① 业务循环审计,是指注册会计师按照业务循环了解和测试内部控制,从而对财务报表的合法性、公允性进行审计的一种方法。由于被审计单位的性质和规模不同,业务循环的划分也有所不同。例如,注册会计师通常将制造企业的业务活动划分为销售与收款循环、采购与付款循环、生产与存货循环、人力资源与薪资循环、筹资与投资循环等若干个业务循环。货币资金与上述多个业务循环密切相关,因此,将其作为独立的重要环节。

单只有在符合企业管理层的授权标准时才能被接受。销售部门在批准客户订购单后,会编制一式多联、连续编号的销售单。

销售单是证明销售交易"发生"的凭据之一,客户订购单也为销售交易的"发生"提供了补充审计证据。

### (二)批准赊销信用

赊销业务的批准是由信用管理部门根据管理层的赊销政策在每个客户已授权的信用额度内进行的,如为新客户,则需对新客户进行信用调查。无论是否批准赊销,信用管理部门都需要在销售单上签署意见,然后将销售单送回销售部门。

执行赊销信用检查时,销售部门应当与信用管理部门职责分离。设计信用批准控制的目的是降低坏账风险,因此,这些控制与应收票据/应收款项融资/应收账款/合同资产账面余额的"准确性、计价和分摊"认定有关。

### (三)按销售单编制出库单并发货

仓库管理人员在收到经过批准的销售单后编制出库单。

仓库部门必须根据经过批准的销售单供货,设置这项控制程序的目的是防止仓库在未经授权的情况下擅自发货。

信息系统可以协助企业在销售单得到发货批准后才能生成连续编号的出库单,并能按照设定的要求核对出库单与销售单之间相关内容的一致性。

### (四)按销售单发运货物

发运部门必须验证从仓库提取的商品都附有相应的经批准的销售单,且销售单、发运凭证和所发运的商品相符,才能发运商品。

供货应当与发运部门员工职责分离,防止发运部门的员工在未经授权的情况下发运产品。

货物运抵指定地点后,由客户验收无误,取得其签署的发运凭证或验收单。发运凭证一式多联、连续编号。

### (五)向客户开具发票

开具发票包括开具并向顾客寄送销售发票及销售清单。员工在开具发票之前,检查是否存在相应的经批准的销售单和发运凭证。

比较发运凭证上的商品总数与相对应的销售发票上的商品总数,依据已授权批准的商品价目表开具销售发票。销售发票应事先连续编号。

上述控制与销售交易(即营业收入)的"发生""完整性"以及"准确性"认定有

关。企业通常保留销售发票的存根联。

### （六）记录销售

企业依据有效、充分的发运凭证和销售单记录销售，登记营业收入明细账、应收账款明细账或库存现金、银行存款日记账。

记录销售的岗位应与处理销售交易的其他岗位职责分离。主营业务收入明细账由记录应收账款之外的员工独立登记。由不负责现金出纳和销售及应收票据/应收款项融资/应收账款/合同资产记账的人员定期向客户寄发对账单，对不符事项进行调查。

### （七）办理和记录现金、银行存款收入

这项活动涉及的是货款收回，导致现金、银行存款增加以及应收账款/合同资产等项目的减少。处理货币资金收入时要保证全部货币资金如数、及时地记入现金、银行存款日记账或应收票据/应收款项融资/应收账款/合同资产明细账，并如数、及时地将现金存入银行。企业通过出纳与现金记账的职责分离、现金盘点、编制银行余额调节表、定期向客户发送对账单等控制来实现上述目的。

### （八）确认和记录可变对价的估计和结算情况

如果合同中存在可变对价，企业需要对计入交易价格的可变对价进行估计，并在每一资产负债表日重新估计应计入交易价格的可变对价金额，以如实反映报告期末存在的情况以及报告期内发生的情况变化。

### （九）计提坏账准备

企业一般定期对应收票据/应收款项融资/应收账款的预期信用损失进行估计，根据估计结果确认信用减值损失并计提坏账准备，管理层对相关估计进行复核和批准。

### （十）核销坏账

不管赊销部门的工作如何主动，客户因经营不善、宣告破产、死亡等原因而不支付货款的事仍可能发生。如有证据表明某项货款已无法收回，企业即通过适当的审批程序注销该笔应收账款/应收款项融资。

## 三、了解销售与收款循环业务活动和相关内部控制的程序

注册会计师通常实施以下程序，了解销售与收款循环的业务活动和相关内

部控制。

（1）获取并阅读被审计单位的相关业务流程图或内部控制手册等资料。

（2）询问参与销售与收款流程各业务活动的被审计单位人员，一般包括销售部门、仓储部门和财务部门的员工和管理人员。

（3）观察销售与收款流程中特定控制的运用，例如观察仓储部门人员是否以及如何将装运的商品与销售单上的信息进行核对。

（4）检查相关文件和报告，例如检查销售单、发运凭证、客户对账单等。

（5）实施穿行测试，即追踪销售交易从发生到最终被反映在财务报表中的整个处理过程。例如，选取一笔已收款的销售交易，追踪该笔交易从接受客户订购单直至收回货款的整个过程。

注册会计师通过上述程序了解销售与收款循环的内部控制，对相关控制的设计和是否得到执行进行评价。

测试 9-1 即测即评

# 第二节　销售与收款循环的重大错报风险评估

## 一、销售与收款循环的重大错报风险

在一般制造企业的赊销中，相关重大错报风险通常包括：发生的收入交易未能得到准确记录；期末收入交易和收款交易可能未计入正确的期间；应收账款坏账准备的计提不准确，等。由于收入确认的特殊性，出于职业谨慎的考虑，中国注册会计师审计准则要求注册会计师做出收入确认存在舞弊风险的假定。下文重点说明对收入确定存在的舞弊风险的评估。

视频 9-2 重大错报风险

## 二、收入确认存在的舞弊风险

### （一）舞弊风险假定

假定收入确认存在舞弊风险，并不意味着注册会计师应当将与收入确认相关的所有认定都假定为存在舞弊风险。注册会计师需要结合对被审计单位及其环境的具体了解，考虑收入确认舞弊可能如何发生。被审计单位不同，管理层实施舞弊的动机或压力不同，其舞弊风险所涉及的具体认定也不同，注册会计师需要做出具体分析。例如,管理层难以实现预期的利润目标,则可能有高估收入的动机或压力,因此,收入发生认定存在舞弊风险的可能性较大,而完整性认定则通常不存在舞弊风险;相反,如果管理层有隐瞒收入而降低税负的动机,则注册会计师需要更加关注与收入完整性认定相关的舞弊风险。

如果注册会计师认为收入确认存在舞弊风险的假定不适用于业务的具体情况,从而未将收入确认归为舞弊导致的重大错报风险领域,注册会计师应当在审计工作底稿中记录得出该结论的理由。

### (二)常见的舞弊手段

常见的舞弊手段包括但不限于以下几个方面:

(1)利用与未披露关联方之间的资金循环虚构交易。

(2)通过未披露的关联方进行显失公允的交易。例如,以明显高于其他客户的价格向未披露的关联方销售商品。

(3)通过虚开销售发票或虚构交易单据虚增收入,而将货款挂在应收账款销售与收款循环审计中,并可能在以后期间计提坏账准备,或在期后冲销。

(4)为了虚构销售收入,将商品从某一地点移送至另一地点,以出库单和运输单据为依据记录销售收入。

(5)在与商品相关的风险和报酬全部转移给客户之前确认销售收入。例如,被审计单位隐瞒退货条款,在发货时全额确认销售收入。

(6)通过隐瞒售后回购协议,而将以售后回购方式发出的商品作为销售商品确认收入。

(7)采用代理商的销售模式时,在代理商仅向购销双方提供中介服务的情况下,按照相关购销交易的总额而非净额确认收入。

(8)被审计单位为了达到报告期内降低税负或转移利润等目的,采用以旧换新的方式销售商品时,以新旧商品的差价确认收入。

### (三)常见的舞弊迹象

存在舞弊迹象并不必然表明发生舞弊,但了解舞弊迹象,有助于注册会计师对审计过程中发现的异常情况保持警觉,可能存在舞弊的迹象包括以下情况:

(1)已经销售给货运代理人的商品,在期后有大量退回。

(2)在接近期末时发生了大量或大额的交易。

(3)交易之后长期不进行结算。

(4)交易标的对交易对手而言不具有合理用途。

(5)在被审计单位业务或其他相关事项未发生重大变化的情况下,询证函回函相符比例明显异于以前年度等。

### 三、根据重大错报风险评估结果设计进一步审计程序

测试 9-2 即测
即评

注册会计师通过实施询问、观察、检查、分析程序等风险评估程序，了解被审计单位的内部控制及其他方面，进而评估重大错报风险。在此基础上，注册会计师制订实施进一步审计程序的总体方案（包括综合性方案和实质性方案），继而实施控制测试和实质性程序，以应对识别出的认定层次的重大错报风险。

## 第三节 销售与收款循环的控制测试

视频 9-3 控制
测试

### 一、控制测试的基本原理

作为进一步的审计程序，控制测试并非在任何情况下都需要实施，但发生下列两种情形时，注册会计师应当实施控制测试：①在评估认定层次的重大错报风险时，预期控制的运行是有效的；②仅实施实质性程序不足以提供认定层次充分、适当的审计证据。

控制测试常用的审计程序是询问、观察、检查和重新执行，其提供的保证程度依次递增。如果在期中实施了控制测试，注册会计师应当在年末审计时就控制在剩余期间的运行情况获取证据，以确定控制是否在整个审计期间持续运行有效。

控制测试的范围取决于注册会计师需要通过控制测试获取的保证程度。对由计算机执行的自动化控制，注册会计师除了要测试自动化应用控制的运行有效性，还需要就相关的信息技术一般控制的运行有效性获取审计证据。对利用了系统生成的信息或报告的人工控制，注册会计师除了测试人工控制，还需要就系统生成的信息或报告的可靠性获取审计证据。例如，与坏账准备相关的管理层控制中使用了系统生成的应收账款账龄分析表，其准确性影响管理层控制的有效性，因此，注册会计师需要同时测试应收账款账龄分析表的准确性。

上述有关控制测试的基本要求，就其原理而言，适用于所有循环的控制测试，因此，后文不再赘述。

## 二、以风险为起点的控制测试

风险评估和风险应对是整个审计过程的核心,因此,注册会计师通常以识别的重大错报风险为起点,选取拟测试的控制并实施控制测试。

表9-1仅列示了销售与收款循环中较为常见的内部控制和相应的控制测试程序,而非全部,目的在于帮助注册会计师根据具体情况设计控制测试。在实务工作中,注册会计师需要从实际出发,设计适合被审计单位具体情况的控制测试,而非照搬此表的相关内容。

**表9-1  销售与收款循环的风险、存在的控制及控制测试程序示例**

| 风险 | 相关认定 | 自动化控制 | 人工控制 | 内部控制测试程序 |
|---|---|---|---|---|
| 可能向没有获得赊销授权或超出了其信用额度的客户赊销 | 营业收入:发生<br>应收账款/合同资产:存在 | 订购单上的客户代码与应收账款主文档记录的代码一致。目前未偿付余额加上本次销售额在信用限额范围内。上述两项均满足才能生成销售单 | 对于不在主文档中的客户或是超过信用额度的客户订购单,需要经过适当授权批准,才可生成销售单 | 询问员工销售单的生成过程,检查是否所有生成的销售单均有对应的客户订购单为依据。检查系统中自动生成销售单的生成逻辑,是否确保满足了客户范围及其信用控制的要求。对于系统外授权审批的销售单,检查是否经过适当批准 |
| 已销售商品可能未实际发运给客户 | 营业收入:发生<br>应收账款/合同资产:存在 | | 客户要在出库单上签字以作为收到商品且商品与订购单一致的证据 | 检查出库单上客户的签名,作为收货的证据 |
| 商品发运可能未开具销售发票或已开出发票没有出库单的支持 | 应收账款/合同资产:存在/完整性/权利和义务<br>营业收入:发生/完整性 | 发货以后系统根据出库单及相关信息自动生成连续编号的销售发票。系统自动复核连续编号的发票和出库单的对应关系,并定期生成例外报告 | 复核例外报告并调查原因 | 检查系统生成发票的逻辑。检查例外报告及跟进情况 |

**续 表**

| 风险 | 相关认定 | 自动化控制 | 人工控制 | 内部控制测试程序 |
|---|---|---|---|---|
| 由于定价或产品摘要不正确，以及销售单或出库单或销售发票代码输入错误，可能导致销售价格不正确 | 营业收入：准确性 应收账款/合同资产：准确性、计价和分摊 | 通过逻辑登录限制控制定价主文档的更改。只有得到授权的员工才能进行更改。系统通过使用和检查主文档版本序号，确定正确的定价主文档版本已经被上传。系统检查录入的产品代码的合理性 | 核对经授权的有效的价格更改清单与计算机获得的价格更改清单是否一致。如果发票由手工填写或没有定价主文档，则有必要对发票的价格进行独立核对 | 检查文件以确定价格更改是否经授权。更新执行以确定打印出的更改后价格与授权是否一致。通过检查IT的一般控制和收入交易的应用控制，确定正确的定价主文档版本是否已被用来生成发票（如果发票由手工填写，检查发票中价格复核人员的签名）。通过核对经授权的价格清单与发票上的价格，重新执行该核对过程 |
| 坏账准备的计提可能不充分 | 应收账款/合同资产：准确性、计价和分摊 | 系统自动生成应收账款/合同资产账龄分析表（假定企业以账龄组合为基础计提预期信用损失） | 管理层对财务人员基于账龄分析表，采用预期信用损失模型计算编制的坏账准备计提表进行复核。复核无误后需在损失准备计提表上签字。管理层复核坏账核销的依据，并进行审批。（假定企业以账龄组合为基础计提预期信用损失） | 检查系统计算账龄分析表的规则是否正确。询问管理层如何复核损失准备计提表的计算，检查是否有复核人员的签字。检查坏账核销是否经过管理层的恰当审批 |

【思考9-1】甲公司主要生产和销售汽车零部件。W注册会计师连续三年负责审计甲公司的财务报表。在202×年财务报表审计中，W注册会计师了解的相关情况、实施的部分审计程序及相关结论如下：

（1）甲公司的内部控制制度规定，应当将销售合同、发运凭证、销售单、顾客验收单和销售发票核对一致后记录收入。对该项控制，W注册会计师预计控制偏差率为零，并抽取25笔交易作为样本实施控制测试，发现其中2笔交易没有客户验收单。管理层解释客户验收单已遗失，但属于意外情况。W注册会计师接受了管理层的解释，认为该控制运行有效。

（2）甲公司与现金销售有关的内部控制设计合理并得到执行。W注册会计师经询问财务经理,了解到202×年相关制度运行有效,未发现例外事项。W注册会计师认为该控制运行有效。

讨论:针对以上资料中所述的审计程序及相关结论,假定不考虑其他条件,逐项指出是否恰当,并简要说明理由。

测评9-3 即测即评

# 第四节　销售与收款循环的实质性程序

在完成控制测试后,注册会计师基于控制测试的结果(即控制运行是否有效),确定从控制测试中已获得的审计证据及其保证程度,确定是否需要对具体审计计划中设计的实质性程序的性质、时间安排和范围做出适当调整。例如,如果控制测试的结果表明内部控制未能有效运行,注册会计师需要从实质性程序中获取更多的相关审计证据,注册会计师可以修改实质性程序的性质,如采用细节测试而非实质性分析程序、获取更多的外部证据等,或修改实质性审计程序的范围,如扩大样本规模。本节主要介绍针对营业收入和应收账款的实质性程序。

## 一、营业收入的实质性程序

视频9-4 主营业务收入的实质性程序

### （一）营业收入的审计目标

一般来说,营业收入的审计目标包括营业收入的发生、完整性、准确性、截止、分类、列报与披露。相关内容已在第三章阐述,本章及后续的章节不再赘述。

### （二）营业务收入的实质性程序

（1）获取或编制营业收入明细表,复核加计是否正确,并与总账和明细账合计数核对相符。检查非记账本位币营业务收入的折算汇率及折算金额是否正确。

（2）实施实质性分析程序。注册会计师实施营业务收入的实质性分析程序的思路是:通过对被审计单位重要比率和收入的趋势分析,建立营业务收入的期望值,将实际金额与期望值相比较,查明财务指标是否存在异常,有无发生异常事项。

例如,可以通过比率分析,将被审计单位年度内各期营业收入的实际数与计划数或预算数相比较;将行业毛利率与以前年度平均值相比较;分析年末最后一个月的销售额占总销售额的比率、销售折扣占赊销收入的比率以及销售退回及折让占销售额的比率等,判断有无发生异常情况。又如,可以通过趋势分析,将被审计单位营业收入变化趋势与行业趋势、经济状况相比较,将本期毛利率与上年同期毛利率、行业平均毛利率相比较,了解其变动趋势;计算本期重要产品和重要客户的销售额和毛利率,分析本期相比上期有无明显变化;分析各月销售并与以前年度及同期预算相比较,查明是否存在季度末或年末销售激增的现象。

## 【拓展资料】

### 上市公司报表"美颜神技"

A上市公司主营电子连接器和精密组件,是国内家电连接器行业领军企业。2017年A上市公司的净利润为1.48亿元,扣除非经常性损益后的净利润为0.64亿元,其中0.61亿元来自与经营相关的政府补助,2018年A上市公司的净利润为2.46亿元,扣除非经常性损益后的净利润为0.1亿元,其中0.05亿元来自与经营相关的政府补助。

A上市公司自2015年以来的研发投入资本化率持续攀升,2015—2018年的研发投入资本化率分别为21.79%、46.47%、49.11%、53.81%。而同期可比公司的研发投入资本化率大部分为零,最高也仅有11.27%。

A上市公司2017年以发行股份及支付现金方式收购了B公司60%的股份,形成商誉1.04亿元。在这起并购中,B公司原股东承诺B公司2017—2019年合并报表中净利润(扣除非经常性损益后)分别不低于1.2亿元、1.4亿元、1.6亿元。在2017年、2018年两个业绩承诺期,B公司净利润分别为1.23亿元、1.43亿元,实现"精准达标"。

(3)检查主营业务收入确认方法是否符合企业会计准则或制度的规定。

例如,交款提货情形下,注册会计师应检查被审计单位是否收到货款,以及发票和提货单是否已交付购货单位。又如,预收账款情形下,注册会计师应检查被审计单位是否收到了货款,商品是否已经发出。再如,附有销售退回条件的商品销售,如果对退货部分能做合理估计的,注册会计师应检查其是否按估计不会退货部分确认收入;如果对退货部分不能做合理估计,注册会计师应检查其是否在退货期满时确认收入。

【思考9-2】ZQ公司鉴于消耗性道具难以预计玩家消耗具体时点,永久性道具难以确认存续时间,在道具收费模式下,以游戏玩家实际使用虚拟货币购买虚拟道具时确认收入,其会计处理如下:

借：银行存款

    贷：主营业务收入

讨论：根据《企业会计准则第14号——收入》，分析ZQ公司虚拟道具收入确认是否正确。如不正确，请做出审计调整。

（4）实施与营业收入的发生和完整性认定相关的审计程序。以营业收入明细账中的会计分录为起点，检查相关原始凭证如订购单、销售单、发运凭证、发票等，以评价已入账的主营业务收入是否真实发生。

从发运凭证中选取样本，追查至销售发票存根和主营业务收入明细账，以确定是否存在遗漏事项；注册会计师必须能够确信全部发运凭证均已归档，可以通过检查发运凭证的顺序编号来查明。

（5）实施主营业务收入的截止测试。①选取资产负债表日前后若干天的发运凭证，与主营业务收入明细账进行核对，同时，从主营业务收入明细账中选取在资产负债表日前后若干天的凭证，与发运凭证核对，以确定销售是否存在跨期现象。②复核资产负债表日前后销售和发货水平，确定业务活动水平是否异常，并考虑是否有必要追加实施截止测试程序。③取得资产负债表日后所有的销售退回记录，检查是否存在提前确认收入的情况。④结合对资产负债表日应收账款的函证程序，检查有无未取得对方认可的销售。

（6）存在销售退回的，检查手续是否符合规定，结合原始销售凭证检查其会计处理是否正确，并结合存货项目审计其真实性。

（7）检查销售折扣与折让。检查相关授权批准手续是否符合规定，会计处理是否正确，并结合存货项目审计其真实性。

（8）检查营业收入是否在财务报表中做出恰当的列报。

## 二、应收账款的实质性程序

### （一）获取或编制应收账款明细表

（1）复核加计是否正确，并与总账数和明细账合计数核对是否相符；结合坏账准备科目与报表数核对是否相符。

（2）检查非记账本位币应收账款的折算汇率及折算是否正确。

（3）分析有贷方余额的项目，必要时，建议做重分类调整。

（4）结合其他应收款、预收账款等往来项目的明细余额，调查有无同时挂账的项目、异常余额或销售无关的其他款项（如关联方账户、员工账户），如有，应予以记录，必要时做出调整。

资料9-3 其他业务收入的实质性程序
资料9-4 营业收入工作底稿
视频9-5 应收账款的实质性程序

### （二）实施分析程序分析应收账款变动及其趋势

注册会计师运用分析程序,检查涉及应收账款的相关财务指标,分析应收账款与营业收入的变动,以验证其合理性。

涉及应收账款的财务指标较多,例如应收账款周转率(次数)、应收账款账龄、坏账准备占应收账款的百分比、坏账费用占赊销净额的百分比等。注册会计师应分析这些指标,并将本期应收账款的余额与上年相比,本期期末应收账款占本期销售额的比例与上年期末相比,或本期赊销收入净额占平均应收账款金额的比率与上年相比,以了解其变动趋势;同时,将其与管理层考核指标、同行业同期相关指标对比,以检查有无重大异常或不合常规的变动情况,从而确定进一步审核的重点。

### （三）检查应收账款账龄分析是否正确

（1）获取应收账款账龄分析表,进行逻辑测试(见表9-2)。

表9-2 应收账款账龄分析表

年 月 日 货币单位:

| 客户名称 | 期末余额 | 账龄 | | | |
|---|---|---|---|---|---|
| | | 1年以内 | 1～2年 | 2～3年 | 3年以上 |
| | | | | | |
| | | | | | |
| | | | | | |
| 合计 | | | | | |

（2）从账龄分析表中抽取一定数量的项目,追查至相关销售原始凭证,测试账龄划分的准确性。

（3）了解和评估应收账款的可收回性,结合应收账款账龄分析表检查坏账准备的计提数。

### （四）对应收账款实施函证程序

#### 1. 函证的范围和对象

注册会计师应当对应收账款进行函证,除非有充分证据表明应收账款对被审计单位财务报表而言是不重要的,或者函证很可能是无效的。如果注册会计师不对应收账款进行函证,应当在审计工作

资料9-5 应收账款工作底稿

底稿中说明理由。如果认为函证很可能是无效的,注册会计师应当实施替代审计程序,获取相关的、可靠的审计证据。

函证范围取决于应收账款在全部资产中的重要程度、被审计单位内部控制的有效性、以前期间的函证结果等诸多因素。例如,应收账款在全部资产中所占的比重较大,被审计单位相关内部控制有缺陷,以前期间函证中发现过重大差异,或欠款纠纷较多,则应扩大函证范围。

一般情况下,以下项目应作为函证对象:大额或账龄较长的项目、与债务人发生纠纷的项目、关联方项目、主要客户(包括关系密切的客户)项目、交易频繁但期末余额较小甚至为零的项目,及可能产生重大错弊的非正常项目。

### 2. 函证的方式

注册会计师可采用积极的或消极的函证方式实施函证,也可将两种方式结合使用。应收账款通常存在高估风险,且与之相关的收入确认存在舞弊风险假定,因此,实务中通常对应收账款采用积极的函证方式。

### 3. 函证时间的选择

审计实务中,注册会计师通常以资产负债表日为截止日,在资产负债表日后适当时间函证。如果重大错报风险评估为低水平,注册会计师可选择资产负债表日前的适当日期为截止日实施函证,并对所函证项目自该截止日起至资产负债表日发生的变动实施其他实质性程序。

### 4. 函证的控制

注册会计师通常利用被审计单位提供的应收账款明细账户名称及客户地址等资料据以编制询证函,但注册会计师应当对函证全过程保持控制,并对确定需要确认或填列的信息、选择适当的被询证者、设计询证函以及发出和跟进(包括收回)询证函保持控制。

注册会计师可通过函证结果汇总表的形式对询证函的收回情况加以汇总。

### 5. 对不符事项的处理

对回函中出现的不符事项,注册会计师需要调查核实原因,确定其是否构成错报。注册会计师不能仅通过询问被审计单位相关人员了解不符事项的性质和原因得出结论,而是要在询问原因的基础上,检查相关的原始凭证和文件资料并予以证实。必要时注册会计师应与被询证方联系,获取相关信息和解释。

对于应收账款而言,登记入账的时间不同而产生的不符事项主要表现为:

(1)客户已经付款,被审计单位尚未收到货款。

(2)被审计单位的货物已经发出并已做销售记录,但货物仍在途中,客户尚未收到货物。

(3)客户由于某种原因将货物退回,而被审计单位尚未收到。

(4)客户对收到的货物的数量、质量及价格等方面有异议而全部或部分拒付货款等。

### 6. 对未回函项目实施替代程序

如果未收到被询证方的回函,注册会计师应当实施替代审计程序,例如:

(1)检查资产负债表日后收回的货款,注册会计师不能仅查看应收账款的贷方发生额,还要查看相关的收款单据,以证实付款方确为该客户且确与资产负债表日的应收账款相关。

(2)检查相关的销售合同、销售单、发运凭证等文件、注册会计师需要根据被审计单位的收入确认条件和时点,确定能够证明收入发生的凭证。

(3)检查被审计单位与客户之间的往来邮件,如有关发货、对账、催款等事宜的邮件。

### 7. 检查应收账款是否在财务报表中做出恰当的列报。

除了企业会计准则要求的披露之外,如果被审计单位为上市公司,注册会计师还要评价其披露是否符合证券监管部门的特别规定。

测试 9-4 即测即评

### [本章小结]

销售与收款循环是企业对外销售商品和劳务及收款的过程。销售与收款循环的主要业务活动包括:接受客户订购单,批准赊销信用,按销售单编制出库单并发货,按销售单发运货物,向客户开具发票,记录销售,办理和记录现金、银行存款收入,确认和记录可变对价的估计和结算情况,计提坏账准备,核销坏账等。了解销售与收款循环业务活动和相关内部控制,以便评估重大错报风险。由于收入确认的特殊性,出于职业谨慎的考虑,中国注册会计师审计准则要求注册会计师做出收入确认存在舞弊风险的假定。我们需要了解常见的舞弊迹象和舞弊手段。根据重大错报风险评估结果设计进一步审计程序,包括控制测试和实质性程序。我们需要了解销售与收款循环中较为常见的控制测试程序以及营业收入和应收账款等项目的实质性程序。

### [思考题]

1.销售与收款业务循环有哪些主要的业务活动?

2.什么是收入舞弊风险假定?

3.销售与收款业务循环的关键控制点有哪些?

4.列举销售与收款业务循环常见的控制测试和实质性程序。

### [案例分析题]

1.甲公司相关内部控制摘录如表9-3所示,假定不考虑其他条件,逐项指出所列控制的设计是否存在缺陷。如认为存在缺陷,请说明理由。

表9-3 甲公司内部控制设计(部分)

| 序号 | 风险 | 控制 |
|---|---|---|
| 1 | 向客户提供过长的信用期而增加坏账损失风险 | 客户的信用期由信用管理部审核批准,如长期客户临时申请延长信用期,由销售部经理批准 |
| 2 | 已记账的收入未发生或不准确 | 财务人员将经批准的销售订单、客户签字确认的发运凭单及发票所载信息相互核对无误后,编制记账凭证(附上述单据),经财务部经理审核后入账 |
| 3 | 应收账款记录不准确 | 每季度末,财务部向客户寄送对账单,如客户未及时回复,销售人员需要跟进,如客户回复表明差异超过该客户欠款余额的5%,则进行调查 |

2.注册会计师对甲公司202×年度财务报表进行审计,该公司提供了以下资料和信息。

(1)公司坏账准备按账龄分析法计提。坏账准备计提比例见表9-4。

表9-4　坏账准备计提比例

| 1年以内(含1年) | 1～2年(含2年) | 2～3年(含3年) | 3年以上 |
|---|---|---|---|
| 0.5% | 1% | 10% | 20% |

(2)资产负债表中应收账款的年末数为278.6万元。

(3)202×年12月31日应收账款明细账借方余额合计数为400万元,贷方余额合计数为80万元。

(4)坏账准备——应收账款明细账贷方余额为41.4万元。

(5)202×年12月31日应收账款余额账龄分析如表9-5所示。

表9-5　应收账款账龄分析表

单位:万元人民币

| 客户名称 | 期末余额 | 账龄 | | | |
|---|---|---|---|---|---|
| | | 1年以内 | 1～2年 | 2～3年 | 3年以上 |
| A | 120 | 120 | | | |
| B | 50 | | | | |
| C | 100 | | 50 | | |

续　表

| 客户名称 | 期末余额 | 账龄 | | | |
|---|---|---|---|---|---|
| | | 1年以内 | 1~2年 | 2~3年 | 3年以上 |
| D | 130 | | | 100 | |
| E | -80 | -80 | | | 130 |
| 合计 | 320 | 40 | 50 | 100 | 130 |

假定应收账款账龄划分无误。

要求:分析该公司坏账准备计提是否正确,资产负债表中应收账款项目列报是否正确。

第九章案例分析
参考答案

# 第十章 采购与付款循环审计

## 【学习目标】

### ●知识目标

简述采购与付款循环中的主要业务活动及相关单据。

解释采购与付款循环的内部控制及控制测试。

列举采购与付款循环主要账户的实质性程序。

### ●能力目标

能针对具体审计环境,设计控制测试程序和主要账户的实质性程序,提升审计方案设计能力。

能针对具体审计环境,编制主要账户的审计工作底稿,提升审计协作与沟通能力。

### ●价值目标

结合采购与付款循环中主要业务活动相关知识,深入实践,参与行业相关业务流程和业务特征的认知活动,体会"事上磨"的实干精神。

结合采购与付款循环的内部控制及控制测试相关知识,能学以致用,融会贯通,在相关领域能够发挥关键作用。

## 【导入案例】

### 绿大地瞒天过海通过上市审核①

资料 10-1 行政处罚决定书：绿大地

　　云南绿大地生物科技股份有限公司（以下简称"绿大地"）成立于2001年3月，前身为云南河口绿大地实业有限责任公司，其主营业务是绿化苗木种植及销售、绿化工程设计及施工，是云南省绿化苗木种植龙头企业。2006年11月，绿大地第一次闯关深圳证券交易所中小企业板以失败告终。2007年12月，绿大地终于通过了中国证券监督管理委员会的核准，在深圳证券交易所中小企业板上市。然而，好景不长，2010年3月17日，绿大地就因涉嫌信息披露违规，被证监会立案调查。2010年12月23日，云南绿大地生物科技股份有限公司发表公告称控股股东、董事长何学葵持有的4325.8万股（占总股本28.63%）绿大地股票于12月20日被公安机关依法冻结。2011年3月17日，绿大地再次发表公告称其董事长何学葵因涉嫌欺诈发行股票罪被逮捕。绿大地财务舞弊案逐渐浮出水面。

　　2004年至2007年间，绿大地公司在不具备首次公开发行股票并上市条件的情况下，为达到上市目的，使用虚假合同、财务资料，虚增云南省马龙县旧县村委会960亩荒山使用权、马龙县马鸣乡3500亩荒山使用权以及马鸣基地围墙、灌溉系统、土壤改良工程等项目的资产共计人民币7011.4万元。其中，马鸣基地的围墙作为固定资产的价值为686.9万元，而该基地4块地总共3500亩，如果围墙只围地块的周长，则其每米的造价高达1268.86元。另外，该基地的三口深水井也以每口72.27万元的价值计入固定资产，而其在招股说明书中记载的位于"金殿"基地的另一口深水井的价值却只有8.13万元，相差近十倍。正是这些被堂而皇之地写进了上市招股书中的虚增资产，帮助绿大地顺利通过上市审核。不仅如此，绿大地还通过虚增收入、虚增利润等手段瞒天过海。

　　导入案例中，绿大地通过虚增资产操控采购成本，竟然瞒过了注册会计师的眼睛。那么，在采购与付款循环审计中，注册会计师应如何开展核查？本章将围绕采购与付款循环审计展开介绍。

---

① 资料来源：中国证监会行政处罚决定书（云南绿大地生物科技股份有限公司、赵国权、胡虹等12名责任人）〔2013〕23号［EB/OL］.（2013-05-13）［2023-01-13］. http://www.csrc.gov.cn/csrc/c101928/c1043133/content.shtml.

# 第一节 采购与付款循环的业务活动和相关内部控制

## 一、采购与付款循环概述

采购与付款循环是企业对外购置商品和劳务及付款的过程,主要涉及原材料、物料用品、加工劳务以及机器设备等固定资产的购进和价款的支付。

根据财务报表项目与业务循环的相关程度,采购与付款循环所涉及的资产负债表项目主要有预付账款、固定资产、在建工程、工程物资、固定资产清理、无形资产、开发支出、商誉、长期待摊费用、应付票据、应付账款和长期应付款等。

采购与付款循环包括制订采购计划、供应商认证及信息维护、请购商品和劳务、编制订购单、验收商品、储存已验收的商品、编制付款凭单、确认与记录负债等诸多环节,涉及业务广、相关账户多,对此审计需要花费较多的时间和人力。采购与付款循环审计所涉及的资产和负债,在企业的资产负债中占有相当的比重,管理上也存在一定的难度。因此,重视和加强采购与付款循环的审计具有重要的意义。

## 二、采购与付款循环的业务活动

### (一)制订采购计划

基于企业的生产经营计划,生产、仓库等部门定期编制采购计划,经部门负责人等适当的管理人员审批后提交采购部门。

资料 10-2 采购与付款内部控制

### (二)供应商认证及信息维护

企业对合作的供应商事先进行资质等审核,将通过审核的供应商信息录入系统,形成完整的供应商清单,并及时对其信息变更进行更新。采购部门只能向通过审核的供应商进行采购。

### (三)请购商品和劳务

生产部门、仓库部门和其他部门对所需要购买的商品或劳务编制请购单,请购单可手写或计算机编制。

由于企业内不少部门都可以填列请购单,因此请购单不便预先编号,企业可以分部门设置请购单的连续编号,每张请购单必须经过对这类支出预算负责的主管人员签字批准。请购单是证明有关采购交易的"发生"认定的凭据之一,也是采购交易轨迹的起点。

### (四)编制订购单

采购部门在收到请购单后,只能对经过恰当批准的请购单发出订购单。订购单应正确填写所需商品名、数量、价格、厂商名称和地址等。

对每张订购单,采购部门应货比三家,确定最佳的供应来源,对大额、重要的采购项目,应采取竞价方式来确定供应商,以保证供货的质量、及时性和成本的低廉。采购部门询价与确定供应商应当职责分离。订购单应预先按顺序编号并经过被授权的采购人员签名,其正联应送交供应商,副联则送至企业内部的验收部门、应付凭单部门和编制请购单的部门。随后,应独立检查订购单的处理,以确定是否确实收到商品并正确入账。这项检查与采购交易的"完整性"和"发生"认定有关。

### (五)验收商品

验收部门应比较所收商品与订购单上的要求是否相符,并检查商品有无损坏。验收后,验收部门编制一式多联、预先按顺序编号的验收单,其中的一联验收单送交应付凭单部门。验收人员将商品送交仓库或其他请购部门时,应取得经过签字的收据,或要求其在验收单的副联上签收确认。定期独立检查验收单的顺序以确定每笔采购交易都已编制凭单。采购与验收应当职责分离。

验收单是支持资产以及与采购有关的负债的"存在"认定的重要凭据。定期独立检查验收单的顺序以确定每笔采购交易都已编制凭单,则与采购交易的"完整性"认定有关。

### (六)储存已验收的商品

将已验收的商品入库保管。已验收商品的保管与采购的其他职责应当相分离。存放商品的仓储区应相对独立,限制无关人员接近。

### (七)确认和记录采购交易与负债

正确确认已验收商品和已接受服务的债务,对企业财务报表和实际现金支出具有重大影响。在记录采购交易前,财务部门需要检查订购单、验收单和供应商发票的一致性,确定供应商发票的内容是否与相关的验收单、订购单一致,以及供应商发票的计算是否正确。在检查无误后,会计人员编制转账凭证/付款凭证,经会计主管审核后据以登记相关账簿。如果月末尚未收到供应商发票,财务部门需根据验收单和订购单暂估相关的负债。这些控制与"存在""发生""完整性""权利和义务"和"准确性、计价和分摊"等认定有关。

### (八)办理付款

企业通常根据国家有关支付结算的相关规定和企业生产经营的实际情况选择付款结算方式。

### (九)记录现金、银行存款支出

会计部门应根据货币资金的支出情况,及时准确编制付款记账凭证,并据以登记银行存款日记账和其他相关账簿。

【思考10-1】在某机械厂202×年财务报表审计中,W注册会计师了解到如下情况:

(1)供应部门设立两个小组,第一组负责决定请购、审批、询价并确定供应商,第二组负责采购、验收;财务部负责付款并进行会计处理。

(2)由于长期的业务关系,第一组收到"关系户"(此时出现产品库存超标,因此要求机械厂采购)的采购邀请,考虑到平时关系不错,因此第一组决定采购100吨钢材。第二组采购员发现第一组人员可能获得个人私利,因此心理不平衡,在采购途中将购入的20吨钢材私自低价转卖2吨,获利3000元,并以其他地方钢材便宜为由从其他供应商购入30吨。

(3)采购过程中有一供应商宣称,可以向机械厂提供特殊合金材料,50吨钢材的价钱可以购买该合金40吨,而40吨合金可以充当80吨钢材使用。采购员信以为真,就用准备购买50吨钢材的款项购入40吨合金,然后办理正常验收入库手续。后来在使用中发现,该合金根本只能发挥相当于45吨钢材的用途。

讨论:说明机械厂在采购控制中存在的问题及正确的做法。

## 三、了解采购与付款循环业务活动和相关内部控制的程序

注册会计师通常实施以下程序,了解采购与付款循环的业务活动和相关内部控制。

(1)获取并阅读被审计单位的相关业务流程图或内部控制手册等资料。

(2)询问各部门的相关人员,例如,注册会计师可以询问采购部门的人员,了解采购流程;也可以询问仓库人员,了解入库的流程;还可以询问会计部门的人员,了解有关账务处理流程。

(3)观察操作流程,例如观察入库流程、账务处理流程等。

(4)检查相关文件和报告,例如订购单是否按顺序编号,是否有相关人员签字。

（5）实施穿行测试，例如，选取一笔已付款的采购交易，追踪该笔交易从请购处理、订购单的编制、商品验收并储存、付款凭单编制至负债的确认与记录的整个过程。

注册会计师通过上述程序了解采购与付款循环的内部控制，对相关控制的设计和是否得到执行进行评价。

# 第二节　采购与付款循环的重大错报风险

## 一、采购与付款循环存在的重大错报风险因素

### （一）低估负债或相关准备

在承受反映较高盈利水平和营运资本的压力下，被审计单位管理层可能试图低估应付账款等负债或资产相关准备，包括低估对存货计提的跌价准备。重大错报风险常集中体现在：

（1）遗漏交易，如不计提已收取货物但尚未收到发票的采购相关的负债。

（2）采用不正确的费用支出截止期，例如，将本期的支出延迟到下期确认。

（3）将应当及时确认损益的费用性支出资本化，然后通过资产的逐步摊销予以消化等。

### （二）管理层错报负债、费用支出的偏好和动因

被审计单位管理层可能为了完成预算，满足业绩考核要求，融资、吸引潜在投资者、影响公司股价等，通过操纵负债和费用的确认控制损益。

（1）平滑利润。通过多计准备或少计负债和准备，把损益控制在被审计单位管理层的预期。

（2）利用特别目的实体把负债从资产负债表中剥离，或利用关联方间的费用定价优势制造虚假的收益增长趋势。

（3）被审计单位管理层把私人费用计入企业费用。

### （三）舞弊和盗窃的固有风险

（1）采购商品的数量及支付的款项庞大，交易复杂，容易造成商品发运错误，员工和客户发生舞弊和盗窃的风险较高。

（2）通过在应付账款主文档中擅自添加新的账户来虚构采购交易。

此外,被审计单位费用支出的复杂性,可能导致费用支出分配或计提错误;采购涉及外币交易,可能由于采用不恰当的外币汇率而导致采购记录出现差错;采购涉及运费、报销费和关税等相关税费,可能存在相关税费未能正确分摊的风险。

## 二、根据重大错报风险评估结果设计进一步审计程序的总体方案

注册会计师通过实施询问、观察、检查、分析程度等风险评估程序,了解被审计单位的内部控制及其他方面,进而评估重大错报风险。在此基础上,注册会计师设计进一步审计程序的总体方案(包括综合性方案和实质性方案),继而实施控制测试和实质性程序,以应对识别出的重大错报风险。

测试 10-2 即测即评

# 第三节 采购与付款循环的控制测试

在已识别的重大错报风险的基础上,注册会计师选取拟测试的控制并实施控制测试。以下举例说明几种常见的采购与付款循环的内部控制以及注册会计师相应可以实施的控制测试程序(见表10-1)。

表 10-1 采购与付款循环的风险、存在的控制及控制测试程序示例

| 可能发生错报的环节 | 相关的财务报表项目及认定 | 存在的内部控制示例(自动) | 存在的内部控制示例(人工) | 内部控制测试程序示例 |
|---|---|---|---|---|
| 新增供应商或供应商信息变更未经恰当的认证 | 存货:存在 其他费用:发生 应付账款:存在 | 采购订单上的供应商代码必须在系统供应商清单中存在匹配的代码,才能生效并发送供应商 | 复核人复核并批准供应商数据的变更请求,包括供应商地址或银行账户的变更以及新增供应商等 | (1)询问复核人复核供应商数据变更请求的过程 (2)抽样检查变更需求是否有相关文件支持及有复核人的复核确认 (3)检查系统中采购订单的生成逻辑 |
| 采购订单与有效的请购单不符 | 存货:存在/准确性、计价和分摊 其他费用:发生/准确性 应付账款:存在/准确性、计价和分摊 | — | (1)复核人复核采购订单是否有经适当权限人员签署的请购单支持 (2)复核人确认采购订单的价格与供应商协商一致且该供应商已通过审批 | (1)询问复核人复核采购订单的过程,包括复核人提出的问题及其跟进记录 (2)抽样检查采购订单是否有对应的请购单及复核人签署确认 |

续　表

| 可能发生错报的环节 | 相关的财务报表项目及认定 | 存在的内部控制示例(自动) | 存在的内部控制示例(人工) | 内部控制测试程序示例 |
|---|---|---|---|---|
| 接收了缺乏有效采购订单或未经验收的商品 | 应付账款:存在/完整性存货:存在/完整性其他费用:发生/完整性 | 入库确认后,系统生成连续编号的入库单 | 收货人员只有完成以下程序后才能在系统中确认商品入库:(1)检查是否存在有效的采购订单(2)检查是否存在有效的验收单(3)检查收到货物的数量是否与发货单所载一致 | (1)检查系统入库单编号的连续性(2)询问收货人员的收货过程,抽样检查入库单是否有对应一致的采购订单及验收单 |
| 临近会计期末的采购未被记录在正确的会计期间 | 应付账款:存在/完整性存货:存在/完整性其他费用:发生/完整性 | 系统每月末生成包含所有已收货但相关发票未录入系统货物信息的例外报告 | 复核人复核该例外报告中的项目,确定采购是否被记录在正确的期间以及负债计提是否有效 | (1)检查系统例外报告的生成逻辑(2)询问复核人对报告的复核过程,核对报告中的采购是否计提了相应负债,检查复核人的签署确认 |
| 批准付款的发票上存在价格、数量错误或劳务尚未提供的情形 | 应付账款:完整性/准确性、计价和分摊存货成本:完整性/准确性、计价和分摊 | 当入库单录入系统后,系统将其与采购订单进行核对。当发票录入系统后,系统将其详细信息与采购订单及入库单进行核对。对不符事项生成例外报告 | 负责应付账款且无职责冲突的人员负责跟进例外报告中的所有项目。仅当不符信息从例外报告中消除后才可以付款 | (1)检查系统报告的生成逻辑(2)与复核人讨论其复核过程,抽样选取例外报告。检查是否存在复核的证据、复核人提出问题的跟进是否适当等(3)抽样选取采购发票,检查与入库单和采购订单所记载的价格、供应商、日期、描述及数量是否一致 |

测试 10-3　即测即评

# 第四节　采购与付款循环的实质性程序

## 一、应付账款的实质性程序

与应收账款审计不同,应付账款审计主要是为了查明债务入账的完整性,审查有无隐匿负债或利用应付款项调整利润的情况。

### (一)获取或编制应付账款明细表

(1)复核加计正确,并与报表数、总账数和明细账合计数核对是否相符。

(2)检查非记账本位币应付账款的折算汇率及折算是否正确。

(3)分析出现借方余额的项目,查明原因,必要时,做重分类调整。

(4)结合预付账款等往来项目的明细余额,调查有无同时挂账的项目、异常余额或购货无关的其他款项(如关联方账户、员工账户),如有,应予以记录,必要时做出调整。

### (二)函证应付账款

(1)注册会计师应向企业的采购部门索取本期卖方(供应商)相关清单,确定函证对象并对有关应付账款账户进行函证。进行函证的账户包括应付账款金额较大、欠账时间较长的账户;账证不符、余额为零、往来频繁、变动很大的账户;与被审计单位正常业务无关的异常项目的账户等。

(2)注册会计师应当对询证函保持控制,包括确定需要确认或填列的信息、选择适当的被询证者、设计询证函,还包括正确填列被询证者的姓名和地址,及被询证者直接向注册会计师回函的地址等信息,必要时再次向被询证者寄发询证函等。

(3)将询证函余额与已记录金额相比较,如存在差异,检查支持性文件。

(4)对于未做回复的函证实施替代程序:如检查付款文件(现金支出、电汇凭证和支票复印件)、相关的采购文件(采购订单、验收单、发票和合同)或其他适当文件。

应付账款的函证不是必须执行的审计程序。首先,注册会计师可获得相关的外部凭证来证实应付账款的余额,如购货发票、每月的卖方对账单等;其次,函证不能保证查出未记录的应付账款。但是,如果应付账款的重大错报风险比较高,某应付账款明细账户金额较大,则应进行应付账款的函证。

### （三）检查应付账款是否计入了正确的会计期间,是否存在未入账的应付账款

（1）对本期发生的应付账款增减变动,检查至相关支持性文件,确认会计处理是否正确。

（2）检查资产负债表日后应付账款明细账贷方发生额的相应凭证,关注其验收单、购货发票的日期,确认其入账时间是否合理。

（3）获取并检查被审计单位与其供应商之间的对账单以及被审计单位编制的差异调节表,确定应付账款金额的准确性。

（4）针对资产负债表日后付款项目,检查银行对账单及有关付款凭证(银行汇款通知、供应商收据等),询问被审计单位内部或外部的知情人员,查找有无未及时入账的应付账款。

（5）结合存货监盘程序,检查被审计单位在资产负债日前后存货入库资料(验收报告或入库单),检查相关负债是否计入了正确的会计期间。

### （四）检查长期持账的应付账款

检查应付账款长期挂账的原因并做出记录,检查其对确实无须支付的应付款的会计处理是否正确。

资料 10-3 应付
账款工作底稿

### （五）检查应付账款列报

检查应付账款是否在财务报表中做出恰当的列报。

【思考 10-2】W 注册会计师负责审计甲公司 202×年度财务报表。审计工作底稿中与负债审计相关的部分内容摘录如下:

（1）为查找未入账的应付账款,W 注册会计师检查了资产负债表日后应付账款明细账贷方发生额的相关凭证,并结合存货监盘程序,检查了甲公司资产负债表日前后的存货入库资料,结果令人满意。

（2）甲公司有一笔账龄三年以上、金额重大的应付账款,因 202×年未发生变动,W 注册会计师未实施进一步审计程序。

（3）甲公司应付账款年末余额有 550 万元,W 注册会计师认为应付账款存在低估风险,选取了年末余额合计为 480 万元的两家主要供应商实施函证,未发现差异。

讨论:针对上述第(1)至(3)项,逐项指出 W 注册会计师的做法是否恰当。如不恰当,简要说明理由。

## 二、固定资产的实质性程序

### (一)获取或编制固定资产及累计折旧分类汇总表、固定资产明细表

复核加计是否正确,并与总账数和明细账数核对是否相符,结合累计折旧和固定资产减值准备与报表数核对是否相符。

### (二)实质性分析程序

(1)基于对被审计单位及其环境的了解,通过进行以下比较,考虑有关数据间关系的影响,建立有关数据的期望值。

①分类计算本期计提折旧额与固定资产原值的比率,并与上期比较。

②计算固定资产修理及维护费用占固定资产原值的比例,并进行本期各月、本期与以前各期的比较。

(2)确定可接受的差异额。

(3)将实际情况与期望值相比较,识别需要进一步调查的差异。

(4)如果其差额超过可接受的差异额,调查并获取充分的解释和恰当的佐证审计证据(例如检查相关的凭证)。

### (三)实地检查重要固定资产

如为首次接受审计,应当适当扩大检查范围,确定其是否存在,关注是否存在已报废但仍未核销的固定资产。

资料 10-4 固定资产工作底稿

### (四)检查固定资产的所有权或控制权

对各类固定资产,获取、收集不同的证据以确定其是否归被审计单位所有;对外购的机器设备等固定资产,审核采购发票、采购合同等;对房地产类固定资产,查阅有关的合同、产权证明、财产税单、抵押借款的还款凭据、保险单等书面文件;对融资租入的固定资产,检查有关融资租赁合同;对汽车等运输设备,检查有关运营证件等;对受留置权限制的固定资产,结合有关负债项目进行检查。

### (五)检查本期固定资产的增减变动

#### 1. 检查本期固定资产的增加

(1)询问管理层当年固定资产的增加情况,并与获取或编制的固定资产明细表进行核对。

（2）检查本年度增加固定资产的计价是否正确，手续是否齐备，会计处理是否正确。

①对于外购固定资产，通过核对采购合同、发票、保险单、发运凭证等资料，抽查测试其入账价值是否正确，授权批准手续是否齐备，会计处理是否正确；如果购买的是房屋建筑物，还应检查契税的会计处理是否正确；检查分期付款购买固定资产入账价值及会计处理是否正确。

②对于在建工程转入的固定资产，应检查固定资产确认时点是否符合会计准则的规定。

**2. 检查本期固定资产的减少**

（1）结合固定资产清理科目，抽查固定资产账面转销额是否正确。

（2）检查出售、盘亏、转让、报废或毁损的固定资产是否经授权批准，会计处理是否正确。

（3）检查因修理、更新改造而停止使用的固定资产的会计处理是否正确。

（4）检查投资转出固定资产的会计处理是否正确。

（5）检查债务重组或非货币性资产交换转出固定资产的会计处理是否正确。

（6）检查其他减少固定资产的会计处理是否正确。

**（六）检查累计折旧的适当性与正确性**

（1）获取或编制累计折旧分类汇总表，复核加计正确，并与总账数和明细账合计数核对。

（2）检查被审计单位制定的折旧政策和方法是否符合相关会计准则的规定，确定其所采用的折旧方法能否在固定资产预计使用寿命内合理分摊其成本，前后期是否一致，预计使用寿命和预计净残值是否合理。

（3）复核本期折旧费用的计提和分配。

①了解被审计单位的折旧政策是否符合规定，计提折旧范围是否正确，确定的使用寿命、预计净残值和折旧方法是否合理；如采用加速折旧法，是否取得批准文件。

②检查被审计单位折旧政策前后期是否一致。

**（七）检查固定资产列报**

资料 10-5 管理费用工作底稿

检查固定资产是否已在财务报表中做出恰当列报。

## 三、管理费用的实质性程序

管理费用的审计目标一般包括：利润表中记录的管理费用是否

已发生,且与被审计单位有关(发生认定);所有应当记录的管理费用是否均已记录(完整性认定);与管理费用有关的金额及其他数据是否已恰当记录(准确性认定);管理费用是否已记录于正确的会计期间(截止认定);管理费用是否已记录于恰当的账户(分类认定);管理费用是否已在财务报表中做出恰当的列报(列报认定)。

(1)获取或编制管理费用明细表。

①复核其加计数是否正确,并与报表数、总账数和明细账合计数核对是否相符;

②将管理费用中的职工薪酬、无形资产摊销、长期待摊费用摊销额等项目与各有关账户进行核对,分析其勾稽关系的合理性,并做出相应记录。

(2)对管理费用实施分析程序。

①计算分析管理费用中各项目发生额及占费用总额的比率,将本期、上期管理费用各主要明细项目做比较分析,判断其变动的合理性;

②将管理费用实际金额与预算金额进行比较;

③比较本期各月份管理费用,对有重大波动和异常情况的项目应查明原因,必要时做适当调整。

(3)检查管理费用的明细项目的设置是否符合规定的核算内容与范围,结合成本费用的审计,检查是否存在费用分类。

(4)选择重要或异常的管理费用,检查费用的开支标准是否符合有关规定,计算是否正确,原始凭证是否合法,会计处理是否正确。

(5)抽取资产负债表日前后若干天的若干张凭证,实施截止性测试,若存在异常迹象,考虑是否有必要追加审计程序,对于重大跨期项目,应做必要调整。

测试 10-4 即测即评

(6)确定管理费用是否已在财务报表中做出恰当列报。

**[本章小结]**

采购与付款循环包括制订采购计划,供应商认证及信息维护,请购商品和劳务,编制订购单,验收商品,储存已验收的商品,确认和记录采购交易与负债,办理付款、记录现金、银行存款支出等主要业务活动。采购与付款循环存在的重大错报风险因素包括但不限于低估负债或相关准备,管理层错报负债、费用支出,舞弊和盗窃等。根据重大错报风险评估结果设计进一步审计程序,包括控制测试和实质性程序。我们需要了解采购与付款业务循环的主要风险和常用控制测试以及应付账款、固定资产以及管理费用等项目的实质性程序。

**[思考题]**

1.采购与付款业务循环有哪些主要活动?

2.关键控制点有哪些?

3.列举销售与收款业务循环常见的控制测试

4.列举销售与收款业务循环常见的实质性程序。

**[案例分析题]**

1.注册会计师对ABC公司进行审计时,决定对其下列四个明细账户中的两个进行函证,有关资料如表10-2所示。

表10-2 ABC公司四个明细账户的情况

| 单位 | 应付账款年末余额/元 | 本年度供货总额/元 |
|---|---|---|
| A公司 | 42650 | 66100 |
| B公司 | – | 2880000 |
| C公司 | 85000 | 95000 |
| D公司 | 589000 | 3032000 |

要求:(1)说明注册会计师应该选择哪两家公司进行函证,分析其理由。(2)假定上述四家公司均为ABC公司的客户,如表10-2中后两栏分别是应收账款年末余额和本年销货总额,说明审计人员应选择哪两家公司进行函证,分析其理由。

2.注册会计师对ABC公司进行审计时,记录了采购与付款循环控制测试情况,如表10-3所示,假定不考虑其他条件,指出注册会计师的处理是否恰当。如不恰当,提出改进意见。

表10-3 ABC公司采购与付款循环控制测试情况

| 序号 | 控制活动 | 控制测试 |
|---|---|---|
| 1 | 采购人员将新增供应商信息表递交至采购部高级经理处,审批通过后由系统管理员录入供应商主文档 | 注册会计师抽取了本期若干新增供应商信息表,检查是否经过采购部高级经理审批 |
| 2 | 验收人员在收到商品时在系统中填写入库通知单,计算机将入库通知单与订购单进行比对,对不符事项形成例外报告,并进行后续处理 | 注册会计师询问验收人员,以获取本期系统是否生成例外报告的证据 |

续　表

| 序号 | 控制活动 | 控制测试 |
|---|---|---|
| 3 | 财务人员将原材料订购单、供应商发票和入库单核对一致后,编制记账凭证(附上述单据)并签字确认 | 注册会计师抽取了本期若干记账凭证及附件,检查是否经财务人员签字 |
| 4 | 财务总监负责审批金额超过50万元的付款申请单,并在系统中进行电子签署 | 注册会计师从系统中导出本期已经财务总监审批的付款申请单,抽取样本进行检查 |

第十章案例分析
参考答案

# 第十一章　生产与存货循环审计

## 【学习目标】

● 知识目标

简述生产与存货循环中的主要业务活动及相关单据。

解释生产与存货循环的内部控制及相关控制测试。

列举掌握生产与存货循环主要账户的实质性程序。

● 能力目标

能针对具体审计环境,设计控制测试程序和主要账户的实质性程序,提升审计方案设计能力。

能针对具体审计环境,编制主要账户的审计工作底稿,提升审计协作与沟通能力。

● 价值目标

结合生产与存货循环循环中主要业务活动相关知识,了解特定行业的工艺特点、存货特征,养成"业财审"融合思维。

结合生产与存货循环的内部控制及控制测试相关知识,能梳理关键问题,学会从复杂信息中发现线索,养成洞悉本质、灵活应对复杂经济环境的思维。

## 【导入案例】

### A股戏精獐子岛：存货审计①

　　从2014年到2019年，獐子岛持续上演"扇贝逃亡"的戏码，不断出现扇贝跑了、扇贝死了的故事，也因此被人们称为A股"戏精"公司。中国证监会利用北斗卫星跟踪技术，对獐子岛旗下渔船的数百万条位置信息进行分析，最终实锤了獐子岛的财务造假行为。

资料11-1　A股戏精獐子岛：存货审计

　　獐子岛系于2001年4月经辽宁省大连市人民政府大政［2001］84号文批准，由大连獐子岛渔业集团有限公司整体变更设立的股份有限公司，于2006年9月在深圳证券交易所上市（股票代码002069）。

　　2014年10月，獐子岛"扇贝逃亡"戏码首度上演。獐子岛于2014年9月15日至10月12日进行秋季底播虾夷扇贝存量抽测，10月31日，獐子岛发布公告称在2014年秋季底播虾夷扇贝存量抽测时，发现部分海域的底播虾夷扇贝存货出现异常。根据抽测结果，獐子岛决定放弃对73461.93万元的底播虾夷扇贝存货的本轮采捕，进行核销处理，对30060.15万元的底播虾夷扇贝存货计提存货跌价准备28305万元，合计影响净利润达7.63亿元。受此影响，獐子岛前三季业绩出现大变脸，由上半年的盈利4845万元转而变为亏损约8.12亿元。扇贝首次遇劫，獐子岛管理层面对投资者和媒体的质疑，表现出"尽力止损"的态度。虽然外界对于獐子岛集团底播养殖品的实际情况仍存在许多质疑，但此次，獐子岛没有被证监会调查。

　　2018年1月30日，獐子岛发布业绩预告修正公告称，公司预计2017年亏损5.3亿元～7.2亿元。之前的2017年3季报中，公司还预计2017年归属于上市公司股东的净利润为0.9亿元～1.1亿元，同比增长13.07%～38.20%，业绩大变脸的原因可能是"因为去年降雨量减少，海底食物变少，扇贝饵料受到重大影响，扇贝营养摄入不够，最终导致死亡"。二度绝收让獐子岛不再对约5.78亿元底播养殖品进行捕捞，并做核销处理，对约1.26亿元虾夷扇贝计提约5110.04万元的存货跌价准备，累计减少利润6.29亿元。

　　关于獐子岛扇贝的离奇死亡，除了死亡原因，宣布死亡的时间点也是非常蹊跷。根据獐子岛2017年10月25日发布的公告，公司秋季底播虾夷扇贝抽测结

① 资料来源：中国证监会行政处罚决定书（獐子岛集团股份有限公司、吴厚刚等16名责任人员）［2020］29号［EB/OL］.（2020-06-15）［2023-01-13］. http://www.csrc.gov.cn/csrc/c101928/c1042334/content.shtml.

果正常,涉及2014—2016年底播预估到2017年10月末未收获的135万亩虾夷扇贝尚不存在减值风险。而在2018年1月31日,公司公告巨额亏损,称大量扇贝突然死亡。

2018年2月12日,獐子岛集团回复深交所关注函的公告中称,"此次虾夷扇贝遭灾,公司虽然监测到相关指标异常情况,但是基于历史经验、抽测结果以及生产经营数据,对相关指标异常及虾夷扇贝偏瘦等情况未给予足够重视"。

面对獐子岛扇贝的二次绝收,大众普遍觉得不可思议。事出有一再有二,投资者对这次绝收事件产生了怀疑,引起了对獐子岛扇贝再次逃亡的激烈讨论。獐子岛也因涉嫌信息披露违法违规,被证监会立案调查。

常说事不过三,獐子岛绝收事件居然真的发生了第三次。2019年11月,獐子岛发布2019年秋季底播虾夷扇贝抽测公告,结果显示:獐子岛在养的2017年度底播虾夷扇贝面积26万亩、2018年度底播虾夷扇贝面积32.35万亩,共计58.35万亩,平均亩产仅有4.64公斤/亩。根据抽测结果,因亩产过低,采捕变现价值不足以弥补采捕成本的海域面积39.07万亩,需核销成本1.956亿元;因亩产较低,需计提存货跌价准备区域的面积13.9万亩,预计计提跌价准备金额0.82亿元。最终獐子岛决定不再捕捞底播的虾夷扇贝,也没有对外披露此次绝收的原因。

未披露的扇贝消失原因,为第三次逃亡的扇贝披上了迷幻的色彩,投资者十分质疑这次的绝收事件是否又是獐子岛自导自演。经过三次的扇贝的逃亡,獐子岛公司的名声和发展都受到极大不利影响。

导入案例中,獐子岛利用生物资产的特殊性,粗暴调节存货项目粉饰财务报表。对此,注册会计师在生产与存货循环应重点核查哪些环节?该业务循环的关键控制点有哪些?如何识别和评估该环节的重大错报风险?如何根据识别出的风险,设计控制测试和实质性程序?本章将逐一展开介绍。

# 第一节 生产与存货循环的业务活动和相关内部控制

## 一、生产与存货循环概述

生产与存货循环是企业处理有关生产成本计算和存货管理等业务的过程。它与销售与收款循环、采购与付款循环等业务循环密切关联,涉及材料采购、产品生产、货物储存、商品销售以及薪酬支付等诸多业务,其中的采购业务、销售业务分别在采购与付款循环、销售与收款循环中加以阐述,本章重点阐述原材料入库之后至产成品发出之间的业务活动。

根据财务报表项目与业务循环的相关程度,生产与存货循环所涉及的资产负债表主要是存货。

生产与存货循环中,业务复杂,存货种类和数量繁多,计价方法各异,且生产成本与存货计价直接影响当期损益,其所涉及的部门多,相关账户多,因而,审计风险较高。为此,审计人员应给予高度重视,需安排较多的时间,了解该业务循环的特点及内部控制,实施控制测试,评估审计风险,拟订审计方案,进行余额和交易额的实质性程序。

## 二、生产与存货循环的业务活动和相关内部控制

### (一)计划和安排生产

生产计划部门根据客户订购单或者销售部门对销售预测和产品需求的分析,决定生产授权,并编制月度生产计划书和材料需求报告。

生产计划部门通常根据经审批的月度生产计划书,签发预先按顺序编号的生产通知单。

资料 11-2 生产与存货内部控制

### (二)发出原材料

生产部门收到生产通知单后,在领料单上列示所需的材料数量和种类,以及领料部门的名称,并经生产主管签字批准。领料单可以一料一单,也可以多料一单,通常是一式三联。仓库管理员发料并签署后,将其中一联连同材料交给领料部门(生产部门存根联),一联留在仓库登记材料明细账(仓库联),一联交会计部门进行材料收发核算和成本核算(财务联)。仓库管理员应把领料单编号、领用数量、规格等信息输入计算机系统,经仓储经理复核并以电子签名方式确认后,系统自动更新材料明细台账。

### (三)生产产品

生产部门在收到生产通知单和领取原材料后,将生产任务分解到每一个生产工人,落实生产任务。生产工人在完成生产任务后,将完成的产品交生产部门统计人员查点,转交检验员验收并办理入库手续,或将所完成的半成品移交下一个部门,做进一步加工。通过产量和工时记录登记生产工人所耗费工时数量。

### (四)核算产品成本

企业应当建立健全成本会计制度,将生产控制和成本核算有机结合起来。

生产过程中的生产通知单、领料单、产量和工时记录、产量统计记录表、生产统计报告、入库单等文件资料都要汇集到会计部门，由会计部门对其进行检查和核对。同时，会计部门设置相应的会计账户，对生产过程中的成本进行核算和控制。

### （五）产成品入库及储存

产成品入库，质量检验员先行点验和检查，然后签收并编制按顺序编号的验收单。仓库管理员应检查产成品验收单，并清点产成品数量，填写预先按顺序编号的产成品入库单。签收后，将实际入库数量通知会计部门。经质检经理、生产经理和仓储经理签字确认后，由仓库管理员将产成品入库单信息输入计算机系统，系统自动更新产成品明细台账。

仓储部门还应根据产成品的品质特征分类存放，只有经过授权的人员可以接触存货。

### （六）发出产成品

产成品的发出需由独立的发运部门进行。装运产成品时必须持有经有关部门核准的发运通知单，并据此编制预先按顺序编号的出库单。

### （七）存货盘点

管理人员编制盘点指令，安排适当人员对存货实物进行定期盘点。

### （八）计提存货跌价准备

财务部门根据存货货龄分析表信息、生产部门和仓储部门每月上报残次冷背存货明细、采购部门和销售部门每月上报原材料和产成品最新价格信息，结合存货盘点的结果计提存货跌价准备，财务经理和总经理复核批准并入账。

【思考 11-1】甲公司主要生产木制品。在 202×年财务报表审计中，W 注册会计师了解的相关情况如下：

（1）董事长常年在国外，材料的采购是由董事长个人掌握，材料到达仓库后，仓库的保管员按实际收到的材料的数量和品种入库，实际的采购数量和品种保管员无法掌握，也没有合同等相关的资料。

（2）财务入账不及时，会计自己估价入账，发票几个月以后，甚至有的长达一年以上才回来，发票的数量和实际入库的数量不一致，也不进行核对，造成材料的成本不准确，忽高忽低。

（3）期末仓库的保管员自己盘点，盘点的结果与财务核对不一致的，不去查找原因，也不进行处理。

（4）材料的领用没有建立规范的领用制度，车间在生产中随用随领，没有计划，多领不办理退库的手续。生产中的残次料随处可见，随用随拿，浪费现象严重。

讨论：说明甲公司内部控制存在的问题以及正确的做法。

### 三、了解生产与存货循环业务活动和相关内部控制的程序

注册会计师通常实施以下程序，了解生产与存货循环的业务活动和相关内部控制：

（1）获取并阅读被审计单位的相关业务流程图或内部控制手册等资料。

（2）询问参与生产与存货管理的相关人员，例如，询问生产部门的人员，了解生产的流程；询问仓库管理人员，了解领料和产品入库的流程。

（3）观察生产与存货流程中特定控制的运用，例如观察仓库人员的盘点过程。

（4）检查相关文件和报告，例如检查存货盘点记录。

（5）实施穿行测试。例如，选取一笔生产与存货交易，追踪其从计划和安排生产、发出原材料、生产产品、核算产品成本、存储产成品、发出产成品到生成记账凭证的整个过程。

注册会计师通过上述程序了解生产与存货循环的内部控制，对相关控制的设计和是否得到执行进行评价。

测试 11-1 即测即评

## 第二节　生产与存货循环的重大错报风险

### 一、生产与存货循环存在的重大错报风险因素

#### （一）交易规模庞大和成本核算复杂

制造类企业交易规模庞大，业务复杂。同时，成本核算也比较复杂。虽然原材料和人工等直接成本的归集和分配比较简单，但间接费用的分配可能较为复杂，并且同一行业中的不同企业也可能采用不同的认定和计量标准。这就增加了错误和舞弊的风险。

#### （二）产品的多元化

这可能要求聘请专家来验证其质量、状况或价值。此外，计算库存存货数量

的方法也可能是不同的。例如,计量煤堆、筒仓里的谷物或糖、黄金或贵重宝石、化工品和药剂产品的存储量的方法都可能不一样。

### (三)某些存货项目的可变现净值难以确定

例如,受全球经济供求关系影响的存货,由于其可变现净值难以确定,会影响存货采购价格和销售价格的确定,并将影响注册会计师对与存货准确性、计价和分摊认定有关的风险进行的评估。

### (四)存货多地存放

大型企业可能将存货存放在很多地点,并且可以在不同的地点之间配送存货,可能会增加商品途中毁损或遗失的风险,或者导致存货在两个地点被重复列示,也可能产生转移定价的错误或舞弊。

### (五)寄存的存货

有时候存货虽然还存放于企业,但可能已不归属于企业。反之,企业的存货也可能被寄存在其他企业。

### (六)存在存货跌价风险

存货可能由于技术进步或竞争对手推出新产品而跌价;或者鲜活、易腐烂的存货也可能因变质而跌价;也可能因销路不畅或行业低迷而跌价。

## 二、根据重大错报风险评估结果设计进一步审计程序

注册会计师通过实施询问、观察、检查、分析程度等风险评估程序,了解被审计单位的内部控制及其他方面,进而评估重大错报风险。在此基础上,注册会计师制定实施进一步审计程序的总体方案(包括综合性方案和实质性方案),继而实施控制测试和实质性程序,以应对识别出的认定层次的重大错报风险。

测试 11-2 即测即评

## 第三节　生产与存货循环的控制测试

由于生产与存货循环跟其他业务循环紧密联系,在对生产与存货循环的内部控制实施测试时,要考虑其他业务循环的控制测试是否与本循环相关,避免重

复。在已识别的重大错报风险的基础上,注册会计师选取拟测试的控制并实施控制测试。表11-1举例说明几种常见的生产与存货循环的内部控制以及注册会计师相应可能实施的控制测试程序。

表11-1　生产与存货循环的风险、存在的控制及控制测试程序示例

| 风险 | 相关认定 | 自动化控制 | 人工控制 | 内部控制测试程序 |
|---|---|---|---|---|
| 原材料的发出可能未经授权 | 生产成本:发生 | — | 所有领料单由生产主管签字批准,仓库管理员凭经批准的领料单发出原材料 | 选取领料单,检查是否有生产主管的签字授权 |
| 生产成本和制造费用在不同产品之间、在产品和产成品之间的分配可能不正确 | 存货:准确性、计价和分摊 营业成本:准确性 | — | 成本会计执行产品成本日常核算,财务经理每月末审核产品成本计算表及相关资料(原材料成本核算表、工资费用分配表、制造费用分配表等),并调查异常项目 | (1)询问财务经理如何执行复核及调查 (2)选取产品成本计算表及相关资料,检查财务经理的复核记录 |
| 存货可能被盗或因材料领用、产品销售未入账而出现账实不符的情况 | 存货:存在 | — | (1)仓库保管员每月末盘点存货并与仓库台账核对并调节一致;成本会计监督其盘点与核对,并抽查部分存货进行复盘 (2)每年末盘点所有存货,根据盘点结果分析盘盈盘亏并进行账面调整 | 观察存货盘点的过程,检查存货盘点记录 |
| 可能存在残次冷背的存货,影响存货的价值 | 存货:准确性、计价和分摊 资产减值损失:完整性 | 系统根据存货入库日期自动统计货龄,每月末生成存货货龄分析表 | 财务部根据系统生成的存货货龄分析表,结合生产和仓储部门上报的存货损毁情况及存货盘点中对存货状况的检查结果,计提存货减值准备,经管理层审核批准后入账 | 询问财务经理识别减值风险并确定减值准备的过程,检查管理层的复核批准记录 |

测试 11-3 即测即评

# 第四节　生产与存货循环的实质性程序

## 一、存货的实质性程序

存货审计涉及数量和单价两个方面。针对存货数量的实质性程序主要是存货监盘。针对存货单价的实质性程序包括对购买和生产成本的审计程序和对存货可变现净值的审计程序。

### （一）获取或编制存货余额明细表

复核单项存货金额的计算和明细表的加总计算是否准确。将本年末存货余额与上年末存货余额进行比较,总体分析变动原因。

### （二）实施实质性分析程序

存货的实质性分析程序中较常见的是对存货周转天数的实质性分析程序。

（1）根据对被审计单位的经营活动、供应商、贸易条件、行业惯例和行业现状的了解,确定存货周转天数的预期值。

（2）计算实际存货周转天数和预期周转天数之间的差异。

（3）调查存在重大差异的原因。例如,可以询问管理层和相关员工,并评估差异是否表明存在重大错报风险,是否需要设计恰当的细节测试程序以识别和应对重大错报风险。

### （三）存货监盘

#### 1. 存货监盘的目的及作用

注册会计师存货监盘的目的在于获取有关存货数量和状况的审计证据。因此,存货监盘针对的主要是存货的存在认定,对存货的完整性认定及准确性、计价和分摊认定,也能提供部分审计证据。此外,注册会计师还可能在存货监盘中获取有关存货所有权的部分审计证据。例如,如果注册会计师在监盘中注意到某些存货已经被法院查封,需要考虑被审计单位对这些存货的所有权是否受到了限制。但存货监盘本身并不足以供注册会计师确定存货的所有权,注册会计师可能需要执行其他实质性审计程序以应对所有权认定的相关风险。

存货监盘的相关程序可以用作控制测试或者实质性程序。实施存货监盘是注册会计师的责任,但不能取代被审计单位管理层定期盘点存货、合理确定存货的数量和状况的责任。管理层通常制定程序,对存货每年至少进行一次实物盘点。

**2. 编制存货监盘计划**

注册会计师应当根据被审计单位存货的特点、盘存制度和存货内部控制的有效性等情况,在评价被审计单位管理层制定的存货盘点程序的基础上,编制存货监盘计划,对存货监盘做出合理安排。

**3. 实施存货监盘**

监盘前,注册会计师应确定存货盘点范围是否准确。注册会计师在被审计单位盘点存货前,应观察盘点现场,确定应纳入盘点范围的存货是否已经被适当地整理和排列,并附有盘点标识,防止遗漏或重复。对未纳入盘点范围的存货,应查明原因。

监盘时,注册会计师应当实施下列审计程序:

(1)评价管理层用以记录和控制存货盘点结果的指令和程序。

(2)观察管理层制定的盘点程序。注册会计师一般应当获取盘点日前后存货收发及移动的凭证,检查库存记录与会计记录期末截止是否正确。在存货入库和装运过程中采用连续编号的凭证时,注册会计师应当关注盘点日前的最后编号。

(3)检查存货。在存货监盘过程中检查存货,确定存货的存在,以及识别过时、毁损或陈旧的存货,为测试被审计单位存货跌价准备计提的准确性提供证据。检查所有权不属于被审计单位的存货是否未被纳入盘点范围。检查是否存在某些存货不属于被审计单位的迹象。此外,注册会计师还应当设计关于特殊类型存货监盘的具体审计程序,如糖、煤、钢废料等堆积型存货、谷类粮食等散装存货、贵金属、艺术品等。获取存货的截止性信息,例如获取盘点日前后存货收发及移动的凭证,检查库存记录与会计记录期末截止是否正确。

(4)执行抽盘。在对存货盘点结果进行测试时,注册会计师可以从存货盘点记录中选取项目追查至存货实物,以及从存货实物中选取项目追查至盘点记录,以获取有关盘点记录准确性和完整性的审计证据。注册会计师应尽可能避免让被审计单位事先了解将被抽盘的存货项目。对于抽盘时发现的差异,一方面,注册会计师应当查明原因,并及时提请被审计单位更正;另一方面,注册会计师应当考虑错误的潜在范围和重大程度,在可能的情况下,扩大检查范围以减少错误的发生。注册会计师还可要求被审计单位重新盘点。重新盘点的范围可限于某一特殊领域的存货或特定盘点小组。

监盘结束时,注册会计师应当再次观察盘点现场,以确定所有应纳入盘点范围的存货是否均已被盘点;取得并检查已填用、作废及未使用盘点表单的号码记录,确定其是否连续编号,查明已发放的表单是否均已收回,并与存货盘点的汇总记录进行核对。

### 4. 特殊情况的处理

（1）存货盘点日不是资产负债表日。注册会计师应当实施适当的审计程序，确定盘点日与资产负债表日之间存货的变动是否已得到恰当的记录。

（2）存货盘点现场实施存货监盘不可行。某些情况下，由存货性质和存放地点等因素，存货盘点现场实施存货监盘不可行，例如，存货存放在对注册会计师的安全有威胁的地点。但是审计中的困难、时间或成本等事项，不能作为注册会计师不实施存货监盘的理由。

如现场监盘存货不可行，应实施替代审计程序，以获取有关存货的存在和状况的充分、适当的审计证据，如检查盘点日后出售，盘点日之前取得或购买的特定存货的文件记录。但在其他情况下，如果不能实施替代程序，或实施替代程序可能无法获取有关存货的存在和状况的充分、适当的审计证据，注册会计师需要考虑发表非无保留意见。

（3）因不可预见的情况导致无法实施现场监盘。由于不可抗力导致注册会计师无法到达存货存放地实施存货监盘，或者由于恶劣的天气导致注册会计师无法实施存货监盘程序或无法观察存货，注册会计师应当另择日期监盘，并对间隔期内的交易实施审计程序。

（4）由第三方保管或控制的存货。如果由第三方保管或控制的存货对财务报表是重要的，应实施下列一项或两项审计程序，以获取该存货存在和状况的充分、适当的审计证据：

①向持有被审计单位存货的第三方函证存货的数量和状况；

②实施检查或其他适合具体情况的审计程序，例如，实施或安排其他注册会计师实施对第三方的存货监盘；检查与第三方持有的存货相关的文件记录，如仓储单等。

【思考11-2】W注册会计师负责审计甲公司202×年度财务报表，与存货审计相关的部分事项如下：

（1）甲公司的存货存在特别风险，W注册会计师在了解相关内部控制后，未测试控制运行的有效性，直接实施了细节测试。

（2）在对甲公司存货实施监盘时，W注册会计师在存货盘点现场评价了管理层用以记录和控制存货盘点结果的程序，认为其设计有效，W注册会计师在检查存货并执行抽盘后结束了现场工作。

（3）202×年12月25日，W注册会计师对存货实施监盘，结果令人满意。因年末存货余额与盘点日余额差异较小，W注册会计师根据监盘结果认可了年末存货数量。

讨论：针对上述第（1）至（3）项，逐项指出W注册会计师的做法是否恰当。如不恰当，简要说明理由。

### （四）存货计价审计

一般来说,存货计价审计包括样本的选择、计价方法的确认以及计价测试。

#### 1. 样本的选择

计价审计的样本,应从存货数量已经盘点,单价和总金额已经记入存货汇总表的结存存货中选择。选择样本时,注册会计师应着重选择结存余额较大且价格变化比较频繁的项目,同时考虑所选择样本的代表性。

#### 2. 计价方法的确认

注册会计师应当了解被审计单位存货的计价方法,并对其合理性与一贯性予以关注。

#### 3. 计价测试

进行计价测试时,注册会计师应首先审核存货价格的组成内容,然后按照所了解的计价方法对所选择的存货样本进行独立计价测试,并将测试结果与被审计单位的账面记录对比。如有差异,应分析差异的原因。如果差异过大,应扩大范围继续测试,并根据审计结果考虑或做出审计调整建议。

资料 11-3 存货工作底稿

### （五）检查存货列报

检查存货是否在财务报表中做出恰当的列报。

## 二、主营业务成本的实质性程序

（1）获取或编制主营业务成本明细表。复核加计是否正确,并与总账数和明细账合计数核对是否相符,结合其他业务成本科目与营业成本报表数核对是否相符。

（2）实质性分析程序(必要时)。

①针对已识别需要运用分析程序的有关项目,注册会计师基于对被审计单位及其环境的了解,通过进行以下比较,并考虑相关数据间关系的影响,以建立注册会计师有关数据期望值。

资料 11-4 营业成本工作底稿

②确定可接受的差异额。

③将实际的情况与期望值相比较,识别需要进一步调查的差异。

④如果其差额超过可接受的差异额,调查并获取充分的解释和恰当的佐证审计证据。

（3）检查主营业务成本的内容和计算方法是否符合企业会计准则规定,前后期是否一致。

（4）复核主营业务成本明细表的正确性,编制生产成本与主营业务成本倒轧表,并与相关科目交叉索引。

（5）抽查若干个月主营业务成本结转明细清单,比较计入主营业务成本的品种、规格、数量和主营业务收入的口径是否一致,是否符合配比原则。

（6）针对主营业务成本中重大调整事项(如销售退回)、非常规项目,检查相关原始凭证,评价真实性和合理性,检查其会计处理是否正确。

（7）在采用计划成本、定额成本、标准成本或售价核算存货的条件下,应检查产品成本差异或商品进销差价的计算、分配和会计处理是否正确。

（8）结合期间费用的审计,判断被审计单位是否通过将应计入生产成本的支出计入期间费用,或将应计入期间费用的支出计入生产成本等手段调节生产成本,从而调节主营业务成本。

（9）根据评估的舞弊风险等因素增加的审计程序。

（10）检查主营业务成本是否在财务报表中做出恰当列报。

测试 11-4 即测即评

**[本章小结]**

生产与存货循环包括计划和安排生产、发出原材料、生产产品、核算产品成本、产成品入库及储存、发出产成品、存货盘点、计提存货跌价准备等主要业务活动。生产与存货业务循环存在的重大错报风险因素包括:交易规模庞大和成本核算复杂、产品的多元化、某些存货项目的可变现净值难以确定、存货多地存放、寄存的存货、存在存货跌价风险等。我们需要了解生产与存货循环常见的风险和控制测试以及存货、主营业务成本等项目的实质性程序。

**[思考题]**

1.生产与存货循环包括哪些主要业务活动?

2.生产与存货循环有哪些重大错报风险?

3.生产与存货循环常见的控制测试有哪些?

4.生产与存货循环常见的实质性程序有哪些?

**[案例分析题]**

1.W注册会计师负责审计甲公司202×年财务报表,与存货审计相关的事项如下:

（1）因甲公司存货品种和数量较少,W注册会计师仅将监盘程序用作实质性程序。

（2）甲公司管理层未将以前年度已全额计提跌价准备的存货纳入本年末盘

点范围,W注册会计师检查了以前年度审计工作底稿,认可了管理层的做法。

（3）W注册会计师获取了盘点日前后存货收发及移动的凭证,以确定甲公司是否将盘点日前后入库的存货、盘点日后出库的存货以及已确认为销售但尚未出库的存货包括在盘点范围内。

（4）由于甲公司人手不足,W注册会计师受管理层委托,于202×年12月31日代为盘点甲公司异地专卖店的存货,并将盘点记录作为甲公司的盘点记录和审计项目组的监盘工作底稿。

要求:针对上述第（1）至（4）项,逐项指出W注册会计师的做法是否恰当。如不恰当,简要说明理由。

2.W注册会计师在审计甲公司202×年度财务报表时发现:

（1）甲公司在202×年初与A公司签订了一项经营租赁合同。甲公司租用A公司两台设备,租期为3年,每月租金15000元,第一年免交租金。甲公司认为202×年无相关租赁费用。

（2）202×年1月1日,甲公司租入办公设备一台,租期3年。设备价值为2000000元。预计使用年限为10年,3年的租金总额为1500000元。在租赁开始日,甲公司一次性支付租金1500000元,全部计入当期的管理费用。

要求:

（1）W注册会计师是否同意甲公司的会计处理？说明理由。

（2）如何编制审计调整分录？

第十一章案例分析参考答案

# 第十二章　货币资金审计

## 【学习目标】

### ● 知识目标

简述货币资金循环的主要业务活动及相关单据。

解释货币资金循环的内部控制。

列举库存现金、银行存款的控制测试。

列举库存现金、银行存款的实质性程序。

### ● 能力目标

能针对具体审计环境,设计控制测试程序和库存现金、银行存款的实质性程序,提升审计方案设计能力。

能针对具体审计环境,编制库存现金、银行存款账户的审计工作底稿,提升审计协作与沟通能力。

### ● 价值目标

结合货币资金循环的主要业务活动相关知识,了解货币资金在企业业务循环中的重要作用,恪守"君子爱财,取之有道"的底线,体悟"诚信"作为财务工作基石的意义。

结合货币资金循环的控制测试和实质性程序相关知识,深刻领会作为资本市场"看门人"发挥资金监督、管控、追踪的意义,从而树立职业荣誉感和使命感。

## 【导入案例】

### 康美药业300亿现金"蒸发"

康美药业2018年报披露：2018年12月28日收到中国证券监督管理委员会《调查通知书》（编号：粤证调查通字180199号），公司被立案调查。公司对此进行自查以及必要的核查，2018年之前，康美药业在营业收入、营业成本、费用及款项收付方面存在账实不符的情况。通过企业自查后，对前期资产负债表进行重述，结果如下：分别调减货币资金、营业收入、营业成本299.44亿元、88.98亿元、76.62亿元等，调增存货、其他应收款、应收账款、在建工程金额为195.46亿元、57.14亿元、6.41亿元和6.32亿元等。

最引人注目的当然是299.44亿元现金的凭空蒸发。按照公司的说法，这笔现金很大一部分转为存货，金额达到195.46亿元。

导入案例中，货币资金作为最难舞弊的项目之一，竟然也被康美药业玩出了"新花样"，刷新了注册会计师审计风险记录。本章主要介绍货币资金循环的相关内部控制货币资金循环的重大错报风险以及针对性的控制程序和实质性程序。

# 第一节　货币资金循环的业务活动和相关内部控制

## 一、货币资金循环概述

货币资金是企业资产的重要组成部分，是企业资产中流动性最强的一种资产。企业资金营运过程，从资金流入企业形成货币资金开始，到通过销售收回货币资金、成本补偿确定利润、部分资金流出企业为止。企业资金的不断循环，构成企业的资金周转。可见，货币资金与各业务循环均直接相关。

货币资金按照存放地点及用途不同，可分为库存现金、银行存款及其他货币资金。

## 二、货币资金循环的相关内部控制

本节主要介绍其他业务循环中未涉及的与货币资金业务相关的主要业务活动，其他已经在本书第九至十一章的业务循环中涉及的与货币资金相关的业务活动不再在本节中重复。此外,以下业务活动要点仅为举例,实务中因不同企业货币资金管理方式或内部控制不同而有所不同。

### (一)岗位分工及授权批准

#### 1. 岗位分工

企业应当建立货币资金业务的岗位责任制,明确相关部门和岗位的职责权限,确保办理货币资金业务的不相容岗位之间相互分离、制约和监督。

企业不得由一人办理货币资金业务的全过程。货币资金内部控制中不相容岗位分离的基本要求是钱账分管。具体要求如下:

(1)出纳人员不得兼任稽核,会计档案保管和收入、支出、费用、债权债务账目的登记工作。

(2)负责银行存款账目调节的人员与负责银行存款账目、现金账目、应收账款账目及应付账款账目登记的人员应该相互分离。

(3)货币资金支出的审批与出纳人员、支票保管人员和银行存款账目、现金账目的记录人员应当职责分离。

(4)支票保管职务与支票印章保管职务应当相互分离。

【思考12-1】注册会计师小张负责A外贸服装公司202×年报审计工作。在了解被审计单位及其环境时,注册会计师小张注意到如下细节:

Lee是这家外贸服装公司的财务总监助理兼出纳,利用每月收取其他公司的复印费给部门职员发午餐补助等福利。

Lee注册了一家与该外贸服装公司名称非常相似的服装进口公司C,也在A公司开户银行开了一个账户。A公司收到的顾客的现金和支票却被存入C公司的账户。Lee将这笔钱存一段时间,赚取利息,然后Lee签发支票,把钱转入A公司。

Lee可以在收款时,决定是否给予客户现金折扣。因此,她在给客户5%的折扣时,在公司账户上登记的折扣却是7%,并将多余的折扣款收入囊中。

讨论:该公司货币资金内部控制存在哪些缺陷?如何改进?

#### 2. 授权审批

企业应当对货币资金业务建立严格的授权审批制度,明确审批人对货币资金业务的授权审批方式、权限、程序、责任和相关控制措施,规定经办人办理货币资金业务的职责范围和工作要求。

审批人应当根据货币资金授权批准制度的规定,在授权范围内进行审批,不得越权审批。

经办人应当在职责范围内,按照审批人的批准意见办理货币资金业务。对于审批人超越授权范围审批的货币资金业务,经办人有权拒绝办理,并及时向审批人的上级授权部门报告。

**3. 货币资金支付流程**

（1）支付申请。向审批人提交货币资金支付申请，注明款项的用途、金额、预算、支付方式等内容。

（2）支付审批。根据职责和权限进行审批。

（3）支付复核。复核无误后，交由出纳人员办理支付手续。

（4）办理支付。出纳人员办理支付并及时登记库存现金和银行存款日记账。

**（二）现金与银行存款的业务活动和相关内部控制**

**1. 现金的业务活动和相关内部控制**

现金收支的主要业务活动如图12-1所示。

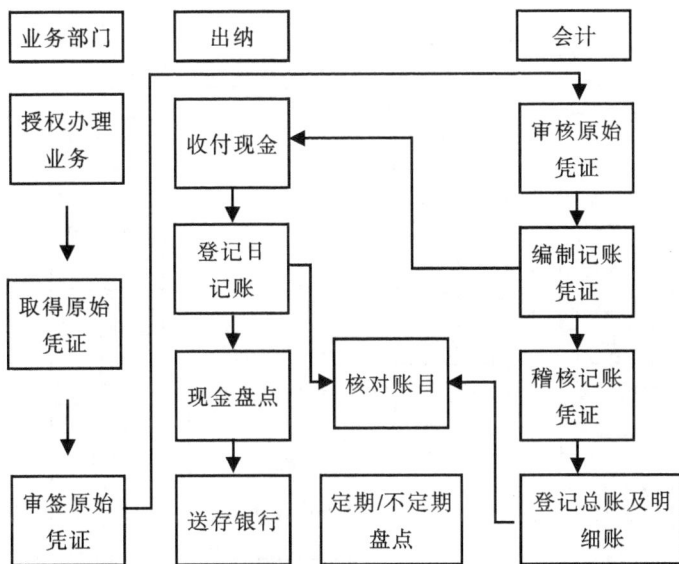

资料12-1 货币资金内部控制原则
资料12-2 现金使用范围

**图12-1 现金收支的主要业务活动**

（1）现金使用范围控制。企业必须根据《现金管理暂行条例》的规定，结合本企业的实际情况，确定本企业现金使用范围。不属于开支范围的业务应当通过银行办理转账结算。

（2）现金限额控制。按规定，企业一般可以按三至五天的日常零星开支所需现金核定库存现金的限额。对超过库存限额的现金及时存入银行。

（3）现金收支控制。企业的现金收入应于当日送存开户银行，当日送存有困难的，由开户银行确定送存时间。企业支付现金，可以从本单位库存现金限额中支付或者从开户银行提取；超过一定限额的现金支出，应当使用支票。不得从本单位的现金收入中直接支付（坐支）。特殊情况需坐支现金的，应事先报经开户银行审查批准。

（4）现金记录控制。出纳根据本企业关于现金结算的相关规定，办理现金结算业务，并每日自行盘点库存现金，编制现金日报表，将每日结余与实际库存现金核对，如有差异及时查明原因。会计主管不定期检查现金日报表。

每月末，会计主管指定出纳以外的人员对现金进行盘点，编制库存现金盘点表，将盘点金额与现金日记账余额进行核对。对冲抵库存现金的借条、未提现支票、未做报销的原始票证，在库存现金盘点报告中予以注明。会计主管复核库存现金盘点表，如果盘点金额与现金日记账余额存在差异，需要查明原因并报经财务经理批准后进行处理。

**2. 银行存款收支的业务活动和相关内部控制**

银行存款收支的主要业务活动如图12-2所示。

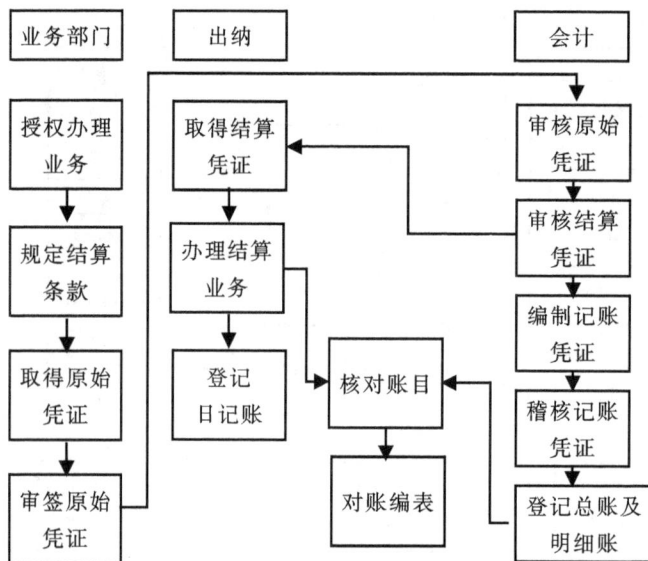

**图12-2　银行存款收支的主要业务活动**

（1）银行账户管理。企业的银行账户的开立、变更或注销须经财务经理审核，报总经理审批。

（2）编制银行存款余额调节表。每月末，会计主管指定出纳以外的人员核对银行存款日记账和银行对账单，编制银行存款余额调节表，使银行存款账面余额与银行对账单调节相符。如调节不符，查明原因。会计主管复核银行存款余额调节表，对需要进行调整的调节项目及时进行处理。

（3）票据及印章管理。企业应当加强银行预留印鉴的管理。财务专用章应由专人保管，个人名章必须由本人或其授权人员保管。严禁一人保管支付款项所需的全部印章。

### 三、了解货币资金循环业务活动和相关内部控制的程序

注册会计师通常实施以下程序以了解货币资金循环业务活动和相关内部控制：

（1）获取并阅读被审计单位的相关业务流程图或内部控制手册等资料。

（2）询问参与货币资金业务活动的被审计单位人员，如销售部门、采购部门和财务部门的员工和管理人员。

（3）观察货币资金业务流程中特定控制的执行，例如观察被审计单位的出纳人员如何进行现金盘点。

（4）检查相关文件和报告，例如检查银行存款余额调节表是否恰当编制及其中的调节项是否经会计主管的恰当复核等。

（5）实施穿行测试，即追踪货币资金在财务报告信息系统中的处理过程。

注册会计师通过上述程序了解货币资金的内部控制，对相关控制的设计和是否得到执行进行评价。

测试 12-1 即测即评

# 第二节　货币资金的重大错报风险

### 一、货币资金存在的重大错报风险因素

当被审计单位存在以下事项或情形时，可能表明存在舞弊风险，注册会计师需要保持警觉：

（1）被审计单位的现金交易比例较高，并与其所在的行业常用的结算模式不同。

（2）库存现金规模明显超过业务周转所需资金。

（3）银行账户开立数量与企业实际的业务规模不匹配。

（4）在没有经营业务的地区开立银行账户。

（5）企业资金存放于管理层或员工个人账户。

（6）货币资金收支金额与现金流量表不匹配。

（7）不能提供银行对账单或银行存款余额调节表。

（8）存在长期或大量银行未达账项。

（9）银行存款明细账存在非正常转账的"一借一贷"。

（10）违反货币资金存放和使用规定（如上市公司未经批准开立账户转移募集资金、未经许可将募集资金转作其他用途等）。

（11）存在大额外币收付记录，而被审计单位并不涉足外贸业务。

（12）被审计单位以各种理由不配合注册会计师实施银行函证。

（13）存在长期挂账的大额预付款项。

（14）付款方账户名称与销售客户名称不一致、收款方账户名称与供应商名称不一致。

（15）存在没有具体业务支持或与交易不相匹配的大额资金往来。

（16）存在大额自有资金的同时，向银行高额举债。

（17）开具的银行承兑汇票没有银行承兑协议支持。

（18）银行承兑票据保证金余额与应付票据余额比例不合理。

## 二、根据重大错报风险评估结果设计进一步审计程序的总体方案

注册会计师通过实施询问、观察、检查、分析程度等风险评估程序，了解被审计单位的内部控制及其他方面，进而评估重大错报风险。在此基础上，注册会计师设计进一步审计程序的总体方案（包括综合性方案和实质性方案），继而实施控制测试和实质性审计程序，以应对识别出的重大错报风险。

测试 12-2 即测即评

# 第三节　货币资金的控制测试

## 一、库存现金的控制测试

在已识别的重大错报风险的基础上，注册会计师选取拟测试的控制并实施控制测试。表 12-1 举例说明几种常见的库存现金内部控制以及注册会计师相应可以实施的控制测试程序。

表12-1 库存现金控制测试示例

| 环节 | 关键内部控制 | 内部控制测试程序 |
|---|---|---|
| 现金付款的审批和复核 | (1)部门经理审批本部门的付款申请,在复核无误后签字确认<br>(2)财务经理再次复核经审批的付款申请及后附相关凭据或证明,如核对一致,进行签字确认并安排付款 | (1)询问部门经理和财务经理其在日常现金付款业务中执行的内部控制<br>(2)观察财务经理复核付款申请的过程,是否核对了付款申请的用途、金额及后附相关凭据,以及在核对无误后是否进行了签字确认<br>(3)重新核对经审批及复核的付款申请及相关凭据,并检查是否经签字确认 |
| 现金盘点 | (1)会计主管指定应付账款会计每月末对库存现金进行盘点,编制库存现金盘点表,将盘点余额与现金日记账余额进行核对,并对差异调节项进行说明<br>(2)会计主管复核库存现金盘点表,如差异金额超过2万元,需查明原因并报财务经理批准后进行财务处理 | (1)观察现金盘点程序是否按照盘点计划的指令和程序执行<br>(2)检查是否编制了现金盘点表并根据内控要求经财务部相关人员签字复核<br>(3)针对调节差异金额超过2万元的调节项,检查是否经财务经理批准后进行财务处理 |

## 二、银行存款的控制测试

在已识别的重大错报风险的基础上,注册会计师选取拟测试的控制并实施控制测试。表12-2举例说明几种常见的银行存款内部控制及注册会计师相应可以实施的控制测试程序。

表12-2 银行存款控制测试示例

| 环节 | 关键内部控制 | 内部控制测试程序 |
|---|---|---|
| 银行账户的开立、变更和注销 | 会计主管根据被审计单位的实际业务需要就银行账户的开立、变更和注销提出申请,经财务经理审核后报总经理审批 | (1)询问会计主管被审计单位本年开户、变更、撤销的整体情况<br>(2)取得本年度账户开立、变更、撤销申请项目清单,检查是否经财务经理和总经理审批 |
| 银行付款的复核和审批 | (1)部门经理审批本部门的付款申请,在复核无误后签字确认<br>(2)财务经理再次复核经审批的付款申请及后附相关凭据或证明,如核对一致,进行签字认可并安排付款 | (1)询问部门经理和财务经理其在日常银行付款业务中执行的内部控制<br>(2)观察财务经理复核付款申请的过程,是否核对了付款申请的用途、金额及后附相关凭据,以及在核对无误后是否进行了签字确认<br>(3)重新核对经审批及复核的付款申请及其相关凭据,并检查是否经签字确认 |

续 表

| 环节 | 关键内部控制 | 内部控制测试程序 |
|---|---|---|
| 编制银行存款余额调节表 | (1)会计主管指定应收账款会计核对银行存款日记账和银行对账单,编制银行存款余额调节表,如存在差异项,查明原因并进行差异调节说明<br>(2)会计主管复核银行存款余额调节表,对需要进行调整的调节项目及时进行处理,并签字确认 | (1)询问应收账款会计和会计主管银行存款余额调节表的编制和复核过程<br>(2)检查银行存款余额调节表<br>(3)针对调节项目,检查是否经会计主管签字复核 |

测试 12-3 即测即评

# 第四节　货币资金的实质性程序

## 一、库存现金的实质性程序

资料 12-3 货币资金工作底稿

首先,核对库存现金日记账与总账的余额是否相符;检查非记账本位币库存现金的折算汇率及折算金额是否正确。

其次,监盘库存现金,可从以下几点考虑。

(1)制订监盘计划,确定监盘时间。企业盘点库存现金,通常包括对已收到但未存入银行的现金、零用金、找换金等的盘点。监盘范围一般包括被审计单位各部门经管的所有现金。如被审计单位库存现金存放部门有两处或两处以上,应同时进行盘点。盘点库存现金的时间和人员应视被审计单位的具体情况而定,但现金出纳员和被审计单位会计主管人员必须参加,并由注册会计师进行监盘。注册会计师应查看被审计单位制订的盘点计划,以确定监盘时间。对库存现金的监盘最好实施突击性的检查,时间最好选择在上午上班前或下午下班时。

(2)将盘点金额与现金日记账余额进行核对,如有差异,应要求被审计单位按管理权限批准后做出调整。

（3）在非资产负债表日进行盘点时，应调整至资产负债表日的金额。

（4）若有充抵库存现金的借条、未提现支票、未做报销的原始凭证，须在盘点表中注明，如有必要应做调整，特别关注数家公司混用现金保险箱的情况。

再次，抽查大额库存现金收支。检查原始凭证是否齐全、记账凭证与原始凭证是否相符、账务处理是否正确、是否记录在恰当的会计期间等内容。

最后，检查库存现金是否在财务报表中做出恰当列报。

库存现金监盘表参考格式如表12-3所示。

**表12-3　库存现金监盘表**

被审计单位名称：　　　　　　　　索引号：　　　　　　　　页次：

审计项目名称：　　　　　　　　　执行人：　　　　　　　　复核人：

会计报表截止日：　　　　　　　　执行日期：　　　　　　　复核日期：

| 检查账目记录 | | | | 现金盘点记录 | | |
|---|---|---|---|---|---|---|
| 项目 | 行次 | 币种 | 金额 | 面额 | 数量 | 金额 |
| 一、盘点日（　月　日）账面余额 | 1 | | | 100 | | |
| 　加：未记账收款金额 | 2 | | | 50 | | |
| 　减：未记账付款金额 | 3 | | | 20 | | |
| 　盘点日账面应有余额 | 4=1+2-3 | | | 10 | | |
| 二、盘点日库存实有金额 | 5 | | | 5 | | |
| 　加：白条抵库 | 6 | | | 2 | | |
| 　盘点日库存实有金额 | 7=5+6 | | | 1 | | |
| 三、盘点日现金应存与实存差异（溢余） | 8=4-7 | | | 0.5 | | |
| 四、追溯调整　加：报表日至盘点日现金付出数 | 9 | | | 0.1 | | |
| 四、追溯调整　减：报表日至盘点日现金收入数 | 10 | | | 合计 | | |
| 四、追溯调整　报表日现金实有金额 | 11=7+9-10 | | | 存放地点 | | |
| 四、追溯调整　报表日现金账面应存金额 | 12 | | | 盘点日期　　年　月　日 | | |
| 四、追溯调整　报表日应存与实存差额（溢余） | 13=12-11 | | | 盘点人 | | |
| 库存限额 | 14 | | | 出纳人员 | | |
| 情况说明及审计结论 | | | | 会计主管 | | |

**【思考12-2】**在对甲公司202×年度财务报表进行审计时，注册会计师小张

负责审计货币资金项目,以下是相关情况摘要:

(1)甲公司总部和营业部均设有出纳部门,为顺利监盘库存现金,注册会计师小张在监盘前一天通知甲公司会计主管人员做好监盘准备。

(2)甲公司工作时间为每日上午九点至下午五点,考虑到出纳人员的日常工作安排,对总部和营业部库存现金的监盘时间分别定在上午八点和下午五点。

(3)监盘时,由出纳人员与注册会计师共同参与,出纳人员将现金放入保险柜,并将已办妥现金收付手续的交易登入现金日记账,结出现金日记账余额。

(4)由注册会计师小张当场盘点现金,并将盘点金额与库存现金日记账余额进行核对。

(5)由注册会计师小尉编制"库存现金监盘表",在其签字后纳入审计工作底稿。

讨论:针对上述第(1)至(5)项,指出库存现金监盘工作中存在的不当之处,并提出改进建议。

## 二、银行存款的实质性程序

(1)获取或编制银行存款余额明细表,复核加计是否正确,并与总账和日记账合计数核对是否相符。检查非记账本位币银行存款的折算汇率及折算金额是否正确。

---

**【小贴士】**

　　如果注册会计师对被审计单位银行账户的完整性存有疑虑,应亲自从中国人民银行或基本户开立银行查询并打印被审计单位的账户清单,以确认被审计单位账面记录的银行账户的完整性。

---

(2)实施实质性分析程序。计算银行存款累计余额应收利息收入,分析比较被审计单位银行存款应收利息收入与实际利息收入的差异是否恰当,评估利息收入的合理性,检查是否存在高息资金拆借,确认银行存款余额是否存在,利息收入是否已经完整记录。

(3)检查银行存款账户发生额

①获取相关账户相关期间的全部银行对账单。

②如果对被审计单位银行对账单的真实性存有疑虑,注册会计师可以在被审计单位的协助下亲自到银行获取银行对账单。在获取银行对账单时,注册会计师要全程关注银行对账单的打印过程。

③从银行对账单中选取样本与被审计单位银行日记账记录进行核对;从被审计单位银行存款日记账上选取样本,核对至银行对账单。

④浏览银行对账单,选取大额异常交易,如银行对账单上有一收一付相同金额,或分次转出相同金额等,检查被审计单位银行存款日记账上有无该项收付金额记录。

(4)取得并检查银行对账单和银行存款余额调节表。取得并检查银行对账单和银行存款余额调节表是证实资产负债表中所列银行存款是否存在的重要程序。

①取得并检查银行对账单。

a.将获取的银行对账单余额与银行日记账余额进行核对,如存在差异,获取银行存款余额调节表。

b.将被审计单位资产负债表日的银行对账单与银行询证函回函核对,确认是否一致。

②取得并检查银行存款余额调节表。

a.检查调节后银行存款日记账余额与银行对账单余额是否一致。

b.检查调节事项。

对于企业已收付、银行尚未入账的事项,检查相关收付款凭证,并取得期后银行对账单,确认未达账项是否存在,银行是否已于期后入账。对于银行已收付、企业尚未入账的事项,检查期后企业入账的收付款凭证,确认未达账项是否存在。

c.关注长期未达账项,查看是否存在挪用资金等事项。

d.特别关注银付企未付、企付银未付中支付异常的领款事项,包括没有载明收款人、签字不全等支付事项,确认是否存在舞弊。

银行存款余额调节表如表12-4所示。

**表12-4　银行存款余额调节表**

被审计单位名称:　　　　　索引号:　　　　　页次:

审计项目名称:　　　　　执行人:　　　　　复核人:

会计报表截止日:　　　　　执行日期:　　　　　复核日期:

| 银行名称及账号: | | 币种: | |
|---|---|---|---|
| 企业银行存款日记账余额: | | 银行对账单余额: | |
| 加:银行已收,企业尚未入账金额 | | 加:企业已收,银行尚未入账金额 | |
| | | | |
| 减:银行已付,企业尚未入账金额 | | 减:企业已付,银行尚未入账金额 | |
| | | | |
| 调节后余额: | | 调节后余额: | |
| 审计说明及调整分录: | | | |
| 审计结论: | | | |

(5)函证银行存款余额,编制银行函证结果汇总表,检查银行回函。

①向被审计单位在本期存过款的银行发函,包括零余额账户和在本期内注销的账户。通过向往来银行函证,注册会计师不仅可了解企业资产的存在,还可了解企业账面反映所欠银行债务的情况,并有助于发现企业未入账的银行借款和未披露的或有负债。

②确定被审计单位账面余额与银行函证结果的差异,对不符事项做出适当处理。

③在实施银行函证时,注册会计师需要以被审计单位名义向银行发函询证,以验证被审计单位的银行存款是否真实、合法、完整。

银行询证函(积极式)参考格式如下所示。

银行询证函(积极式)

编号:

××银行:

本公司聘请的××会计师事务所正在对本单位年度(或期间)的财务报表进行审计,按照中国注册会计师审计准则的要求,应当询证本单位与贵行的存款、借款往来等事项。下列数据出自本公司账簿记录,如与贵行记录相符,请在本函下端与本行记载信息相符处签章证明;如有不符,请在存在以下不符处列明不符金额。有关询证费用可直接从本单位存款账户中收取。回函请直接寄至××会计师事务所××注册会计师。

通信地址:

邮编: 电话: 传真:

截至 年 月 日,本公司银行存款、借款账户余额等列示如下:

1. 银行存款

| 账户名称 | 银行账号 | 币种 | 利率 | 余额 | 起止日期(活期/定期/保证金) | 是否被抵押或质押或其他限制 | 备注 |
|---|---|---|---|---|---|---|---|
| | | | | | | | |
| | | | | | | | |
| | | | | | | | |

除以上所述,本单位并无其他在贵行的存款。

2. 银行借款

| 账户名称 | 币种 | 余额 | 借款日期 | 还款日期 | 利率 | 其他借款条件 | 抵(质)押品/担保人 | 备注 |
|---|---|---|---|---|---|---|---|---|
|  |  |  |  |  |  |  |  |  |
|  |  |  |  |  |  |  |  |  |
|  |  |  |  |  |  |  |  |  |

除以上所述,本单位并无其他自贵行的银行借款。

（盖章）

经办人：

年　　　月　　　日

结论：

经本行核对,所函证项目与本行记载信息相符。特此函复。

（盖章）

经办人：

年　　　月　　　日

经本行核对,存在以下不符之处。

（盖章）

经办人：

年　　　月　　　日

（6）抽查大额银行存款收支的原始凭证,检查原始凭证是否齐全、记账名字与原始凭证是否相符、账务处理是否正确、是否记录在恰当的会计期间等。

（7）检查银行存款收支的截止是否正确。

（8）关注是否存在质押、冻结等对变现有限制的情况或存在境外的款项。如果存在,是否已提请被审计单位做出必要的调整和披露。

（9）检查银行存单。编制银行存单检查表,检查是否与账面记录金额一致,是否被质押或者限制使用,存单是否为被审计单位所拥有。

①对已质押的定期存款,应检查定期存单,并与相应的质押合同核对,同时关注定期存单对应的质押借款有无入账。

②对未质押的定期存款,应检查开户证明书原件。

③对审计外勤工作结束日前已取款的定期存款,应核对相应的兑付凭证、银行对账单和定期存款复印件。

(10)检查银行存款是否在财务报表中做出恰当的列报。

测试12-4 即测即评

**[本章小结]**

货币资金是企业资产的重要组成部分,是企业资产中流动性最强的一种资产。货币资金内部控制应做到岗位分工、授权批准、按照流程办理支付手续。其中,现金应按照规定的范围内使用,现金要限额控制,对超过库存限额的现金及时存入银行,不得从本单位的现金收入中直接支付(坐支),做好现金记录控制。要严格审核企业的银行账户的开立、变更或注销,定期编制银行存款余额调节表,做好票据及印章管理工作。库存现金审计中最主要的实质性程序是监盘库存现金。银行存款审计中最主要的实质性程序包括银行存款函证和银行存款余额调节表的检查。

**[思考题]**

1.健全货币资金内部控制包括哪些内容?

2.简述库存现金的主要实质性程序?

3.简述银行存款的主要实质性程序?

4.简述银行存款函证和应收账款函证有何区别?

**[案例分析题]**

1.2023年1月8日16时,注册会计师对甲公司的库存现金进行突击盘点。相关记录如下:(1)人民币:100元币11张,50元币9张,20元币5张,10元币16张,5元币19张,2元币22张,1元币25张。

(2)已收款尚未入账的收款凭证2张,计130元。

(3)已付款尚未入账的付款凭证3张,计820元,其中有500元白条。

(4)2023年1月8日的库存现金日记账余额为1890.2元,2023年1月1日至8日收入现金4560元,付出现金3730元,2022年12月31日库存现金日记账余额为1060元。

开户银行核定的库存限额为1000元。

要求:编制库存现金盘点表,指出该公司库存现金管理存在的问题。

2.要求:针对下列第(1)至(5)项,逐项指出审计项目组的做法是否恰当。如不恰当,提出改进建议。

ABC会计师事务所负责审计甲公司2022年度财务报表,审计项目组认为货币资金的存在和完整性认定存在舞弊导致的重大错报风险,审计工作底稿中与货币资金审计相关的部分内容摘录如下:

(1)2023年2月2日,审计项目组要求甲公司管理层于次日对库存现金进行盘点,2月3日,审计项目组在现场实施了监盘,并将结果与现金日记账进行了核对,未发现差异。

(2)因对甲公司提供的银行对账单的真实性存有疑虑,审计项目组要求甲公司管理层重新取得了所有银行账户的对账单,并现场观察了被审计单位打印对账单的过程,未发现异常。

(3)审计项目组未对年末余额小于10万元的银行账户实施函证,这些账户年末余额合计小于实际执行的重要性,审计项目组检查了银行对账单原件和银行存款余额调节表,结果令人满意。

(4)针对年末银行存款余额调节表中企业已开支票银行尚未扣款的调节项,审计项目组通过检查相关的支票存根和记账凭证予以确认。

(5)审计项目组发现×银行询证函回函上的印章与以前年度的不同,甲公司管理层解释×银行于2022年中变更了印章样式,并提供了×银行的收款回单,审计项目组通过比对印章样式,认可了甲公司管理层的解释。

第十二章案例分析参考答案